KB022887

레스토랑의 탄생에서
미슐랭 가이드까지

일러두기

- 신문, 잡지, 단행본 등의 제목은 《》로, 시와 음악 등의 제목은 〈〉로 표시했다.
- 레스토랑, 식품점의 이름은 주인의 이름과 구별하기 위해 〈〉로 표시했다.
- 지은이의 해설은 원서와 마찬가지로 본문 속 ( )에 넣었다.
- 옮긴이의 주석은 각주로 넣었다.

레스토랑의 탄생에서

미슐랭 가이드까지

야기 나오코 지음
위정훈 옮김

프랑스요리와 비평의 역사

| 옮긴이 서문 |

21세기는 미식의 전성기다. 이전 세대의 기아의 기억은 모조리 잊고 포식을 넘어 미식의 시대를 마음껏 누리고 있기도 하다. 우리나라도 현재 포식의 단계에서 미식의 단계로 이행 중이라는 데에는 별로 이견이 없을 것이다. 태국, 베트남, 인도 등 아시아권 식당이 지형을 넓히고 있고, 이탈리아를 선두로 터키, 그리스, 스페인 등 유럽 각국의 요리도 각자의 개성을 뽐내며 위세를 떨치고 있다.

그러나 누가 뭐라 해도 미식, 하면 프랑스가 떠오르는 것은 어쩔 수 없을 것이다. 세계적으로 고급요리, 미식의 대명사인 프랑스요리는 언제 그리고 어떻게 요리계의 왕좌를 손에 넣었을까? 이 책은 프랑스의 자랑이자 자부심인 요리라는 분야가 단순히 굶주림을 채워주는 먹거리에서 예술의 영역으로 승화되어가는 역사적 과정을 탐색한다.

어떤 분야든지 생산자와 소비자 사이에는 그들을 매개해주는 제3의 존재가 있기 마련이다. 그것은 유통일 수도 있고, 매스컴일 수도 있다. 미식의 세계에는 생산자인 레스토랑/요리인과 소비자인 일반 시민 그리고 그 둘을 이어주는 제3의 존재로 '가스트로놈'이 있다. 여기서 가스트로놈이란 단순히 미식가나 대식가가 아니라 "먹는 일과 먹거리에 대해서 고찰, 분석하고 그것을 글로 써서 남긴 사람"을 말한다. 이 책은 각 장별로 대표적인 가스트로놈을 주인공으로 내세워 '세 치 혀의 즐거움'을 탐닉한 그들의 드라마틱한 미식 여정과 더불어 한 사람의 개인으로서 역사의 거대한 수레바퀴에 휩쓸렸던 삶을 조명하면서 프랑스요리 역사의 뒤안을 파헤쳐 간다.

버림받은 아이에서 절대왕정 시대 최고의 스타 요리인이 된 앙토냉 카렘, 프랑스 혁명기라는 격동의 시대를 살면서 미식을 전파하고 그것의 상업화를 꾀한 최초의 음식 저널리스트 그리모 드 라레니에르, 나폴레옹 제정과 왕정복고로 이어지는 불안한 시대를 헤쳐나가면서 미식을 통해 삶의 즐거움과 여유를 만끽한 엘리트 미식가 브리야사바랭, 자동차의 등장으로 대표되는 과학의 시대가 싹틔운 관광과 미식의 결합을 주창한 근대의 미식비평가 퀴르농스키 그리고 누벨 퀴진의 시대를 도발적으로 선언하고 이끌어간 현대의 미식비평가 앙리 고에 이르기까지, 각 장별로 미식 역사의 한 자락을 화려하게 수놓은 빛나는 이름들이 우리를 미식의 과거사로 안내한다. 물론, 사람은 아니지만 《미슐랭 가이드》 역시 어엿하게 한자리를 차지하고 있다.

지은이에 따르면 프랑스의 요리계는 크게 네 번의 전환기를 맞았다. 프랑스 대혁명, 20세기 초반, 68혁명 그리고 21세기 초반이 그것이다. 프랑스 대혁명은 사회체제의 변화와 더불어 왕실과 귀족의 음식문화가 대중 앞에서 드러나는 결과를 낳았다. 왕실과 귀족들의 고용 요리인들이 레스토랑을 차림으로써 왕의 식탁, 귀족의 식탁이 궁전 밖으로 나왔고, 귀족을 대신하여 새로운 권력자가 된 부르주아가 풍성한 식탁을 향유하고 혁명으로 인구이동이 활발해지면서 외식문화가 발달한다. 20세기 초반에는 과학의 발달로 파리에 비해 상대적으로 알려지지 않았던 지방음식이 널리 발견되면서 음식지도의 지평이 한껏 넓어진다. 《미슐랭 가이드》가 태어난 시기이기도 하다. 또한 1968년 5월 혁명의 영향으로 기존 프랑스요리의 권위를 깨부수고 새로움을 추구한 '누벨 퀴진'이 한 시대를 풍미했으며, 21세기의 프랑스요리는 세계 요리계의 새로운 패자를 꿈꾸는 스페인요리의 강력한 도전에 직면하여 다시금 변화를 요구받고 있다.

백조는 우아하게 물 위에 떠 있는 것처럼 보이지만 그 몸통을 유지하기 위해 백조의 붉은 두 발은 물 밑에서 쉼 없이 발버둥치고 있다. 미식계의 왕좌를 지키는 것도 이것과 마찬가지일 것이다. 기존의 것에 만족하고 안주하지 않고 반역을 꿈꾸는 새로운 세력을 환영하고 지지해준 가스트로놈이 있었기에 오늘날 프랑스요리는 최고의 자리에 오를 수 있었을 것이다. 그리고…… 프랑스에서 요리혁명은 여전히 진행형일 것이며 그 뒤에는 나이프와 포크로 무장한 '보이지 않는 손'들이 밤을 새워 자판을 두들겨대고 있을 것이다. 이 책은 그런 맛있는 혁명 뒤의 보이지 않는 손, 가스트로놈에게 바치는 먹음직스러운 헌사다.

일본의 명문 요리학교 '쓰지초 요리 그룹' 부설 '쓰지 시즈오 요리교육 연구소'의 연구주간인 지은이 역시 가스트로놈이라 부르기에 손색이 없을 것이다. 《미슐랭 가이드》 일본판 출간을 계기로 선배 가스트로놈들의 발자취를 더듬어 프랑스요리의 역사를 되짚어보는 작업을 통해 일본요리의 정체성과 현주소에 대한 반성을 촉구하고 있기 때문이다. 그렇다면 똑같은 이유로 우리도 '공부를 좀 해야' 할 필요가 생겼다. 2011년 5월에 프랑스에서 《미슐랭 그린 가이드 한국》 편이 나왔다. 레스토랑 · 호텔 가이드북인 '레드 가이드'와는 달리 '그린 가이드'는 여행지를 소개하는 가이드북이라 음식점에 별점을 달지는 않았지만, 194개의 한국 음식점을 소개했다.

어쨌거나 《미슐랭 가이드》 한국판이 나온 이상, 지은이가 《미슐랭 가이드》 일본판에 품었던 기대와 우려, '고유의 식문화를 타자의 혀가 과연 객관적으로 평가할 수 있을까?'라는 의문이 앞으로 고스란히 우리의 그것이 될 가능성이 높기 때문이다. 이 책을 거울삼아 자랑스러운 한국의 맛을 발굴하고 그것을 알리고 있는 수많은 '한식 가스트로놈'들의 공정하고 활발한 활동을 기대해본다. 우리도 그들처럼, 프랑스의 가스트로놈처럼, 말이다.

| 차례 |

제5장 자동차 시대의 가스트로노미와 지방의 발견

제6장 레스토랑 평가기준의 확립 —《미슐랭 가이드》

《미슐랭 가이드》의 일본 상륙

2007년 11월 《미슐랭 가이드 도쿄》 2008년판 발매는 예상을 웃도는 반향을 불러일으켰다. 프랑스의 유서 깊은 타이어회사 미슐랭의 호텔 · 레스토랑 가이드북은 '레드 가이드red guide'라는 이름으로 친숙하며, 최고 3개까지의 성인(별도장)으로 표시하는 레스토랑의 등급 매기기가 해마다 봄에 발표될 때마다 거리는 온통 그 이야기로 떠들썩해진다. 업계 사람들은 물론, 먹보임을 자처하는 프랑스인은 자신들이 편애하는 레스토랑에 대한 평가를 둘러싸고 요란한 논쟁을 벌이곤 하는 것이다.

발행부수 50만 부에 이르는 프랑스 편을 중심으로 독일, 이탈리아, 스페인, 베네룩스, 영국 등 유럽 각국을 커버해온 《미슐랭 가이드》가 갑작스레 세계 진출로 돌아선 것은 《미슐랭 가이드 뉴욕 시티》 2006년판 간행부터였다. 그리고 미국에 이어 마침내 아시아 최초로 《미슐랭 가이드 도쿄》 편이, 약간 늦게 《미슐랭 가이드 교토 ·

오사카》 편이 나왔다.

레드 가이드의 세계 진출은 책의 판로 확대를 노린 비즈니스전략의 일환으로 생각할 수 있지만, 좀 더 파고들어보면 프랑스 기준의 미식 낙점인 별을 전세계에 흩뿌림으로써 패자의 위엄과 영광을 과시하는 작전으로 볼 수도 있을 것이다. 왜냐하면 요리 분야에서도 세계화가 두드러져 〈엘 불리El Bulli〉의 페란 아드리아Ferran Adrià i Acosta 같은 스페인의 전도유망한 요리인의 등장으로 상대적으로 프랑스요리계의 지위가 저하하자, 과연 프랑스가 패권을 지켜낼 수 있을까 하는 의문이 슬슬 절정으로 치닫고 있었기 때문이다. 프랑스의 미식신화 붕괴가 가이드북으로서는 생사가 걸린 문제임은 두말할 나위도 없다.

일본요리 전문점 다수를 포함한 도쿄 편의 등급 매기기를 둘러싸고 일본에서도 열띤 논쟁이 벌어졌다. 별 셋까지의 별점을 획득한 음식점 수가 파리를 웃돌아 일본 요식업계의 높은 수준이 실증되었다고 환영하는 경향이 있는가 하면, 요리의 배경에 있는 문화를 이해하지 않고 내리는 평가는 오히려 음식문화를 왜곡시킨다고 우려하는 목소리도 있었기 때문이다. 《미슐랭 가이드 도쿄》가 가져온 임팩트의 크기는 단지 그 국제적 타이어회사의 탁월한 선전전략 덕분만은 아니며, 만드는 사람과 먹는 사람 사이에 출현한 '평가자'라는 제3의 존재를 처음으로 맞이한 쌍방(만드는 쪽과 먹는 쪽)의 당혹스러움을 말해주고 있다고 볼 수 있지는 않을까? 일본에도 레스토랑 평가나 비평이 없지는 않았다. 그러나 이만큼 사회적 영향력을 가진 것은 그전까지는 없었다.

지금부터 더듬어 가겠지만, 프랑스에서는 시대가 움직이고 사회가 크게 변화할 때 음식 분야에서도 왕성한 비평활동이 펼쳐져 기존 가치체계를 뒤흔들어왔다. 결과적으로는 그것이 먹는 쪽과 만드는 쪽 모두를 자극시켜 프랑스요리와 음식업계를 진화시키는 하나의 원동력이 되었다. 그렇다면 일본의 음식 분야에서는 지금도 진정한 비평활동이 전개되고 있지 않은 것이 유감이라고 말할 수밖에 없다. 비록 외부에서 가해진 압력일지라도 우리가 자국요리와 음식문화를 객관적으로 다시 볼 수 있는 계기가 된다면, 등급 매기기에 다소 불합리한 점이 있더라도 평가자의 등장 자체는 당연히 환영해야 하지 않을까?

그런데 세계적으로 권위 있는 가이드북으로 인정받아온《미슐랭 가이드》도 내부적으로 문제를 안고 있었다. 2003년 2월, 별 셋에 빛나는 천재 요리인 베르나르 루아조Bernard Loiseau가 스스로 목숨을 끊었다. 그 배경에는 직접적인 요인은 아니더라도 가이드북의 평가에서 오는 압박감이 있었다고들 한다. 주방을 무대 삼아 매일매일 진지하게 실력을 겨루는 요리인들을, 과연 가이드북은 그에 걸맞은 진지함으로 평가하고 있을까? 청렴한 이미지로 호감도가 높았던《미슐랭 가이드》의 평가에 전례 없이 엄격한 눈길이 향하게 되고 내부고발에 의한 폭로성 책까지 출판되는 상황이 되었다.

거기에 프랑스요리계 자체의 침체까지 겹쳐서 100년 역사를 자랑하는《미슐랭 가이드》의 위엄과 영광도 이젠 막을 내렸다고 보는 분위기가 팽배했다. 그러던 2004년에 씩씩하게 등장한 사람이 그 가이드북의 새로운 총책임자 장 뤽 나레Jean-Luc Naret다. 미슐랭 사의 토박이이던 역대 책임자들과 달리 외부에서 스카우트된 나레는 글로벌화하는 세계를 감지하여 미국 · 아시아 진출전략을 내세웠고 그것은 비즈니스적으로 성공했다. 프랑스에서도 젊은 셰프를 과감하게 높이 평가하고 세대교체를 촉진시킨 효과도 있어, 경직되어 있던 가이드북에 새 바람을 불러일으키고 새로운 세기에 걸맞은 재출발을 뚜렷하게 인상 지었다.

그러나 재점검의 압박을 받고 있던 평가방식이나 평가기준의 문제는 해결되었을까? 가치관이 다양해지고 눈이 핑핑 도는 속도로 사람들의 기호가 바뀌고 더 이상 프랑스에만 집중되지도 않게 된 미식의 세계를 어떤 척도로 평가할 것인가? 현안을 고스란히 쌓아둔 채로 다른 문화권으로 진출한 것이 물의를 빚었던 도쿄 편 평가의 위화감으로 이어진 원인은 아닐까?

《미슐랭 가이드》는 별점으로 등급을 매길 뿐 코멘트는 달지 않는, 말하자면 평가는 하지만 비평은 하지 않는 자세로 일관해왔다. 하지만 뉴욕 편부터는 상당히 긴 코멘트가 덧붙여졌다. 코멘트에는 레스토랑에 관한 정보가 흘러넘치고 있었지만, 도쿄 편을 읽어본 바로는 어디서 평가가 나뉘고 무엇을 기준으로 좋다고 했는지 파악하기 힘들다. 가이드북의 역할은 정보 제공이므로 일부러 비평은 하지 않는다는 방침일지도 모르겠다. 그러나 다른 음식문화를 가진 나라에 새로운 평가의 잣대를 들여온다면 독자가 수긍할 수 있을 만큼의 비평적 코멘트는 있었으면 하는 바람이다. 2008년 말에 간행된 홍콩 · 마카오 편은 코멘트는 짧지만 적어도 평가자가 어디에 가치를 두었는지는 알 수 있다. 도쿄 편의 방식에 대한 문제제기는 이제부터 시작일 것이다.

가스트로노미의 발전과 미식비평

프랑스에서 2007년에 별 셋으로 승격한 다섯 명의 셰프 가운데 안느 소피 픽Anne-Sophie Pic이 있다. 반세기 만에 등장한 별 셋을 받은 여성 셰프이며, 38세로 나이도 젊어서 일약 주목을 받았다. 프랑스 남부의 발랑스Valence에 있는 〈픽〉은 할아버지 때부터 프랑스에서 손꼽히는 명문 레스토랑이다. 안느 소피의 할아버지 앙드레는 페르낭 푸엥, 알렉상드르 뒤멘과 더불어 1, 2차 세계대전 시기의 3대 요리인으로 존경을 한 몸에 받았다.

안느 소피는 매니지먼트를 공부한 다음 넓은 세상을 보기 위해 일단 집을 떠났다. 그러나 요리인이 되고 싶다는 생각이 차츰 간절해져 아버지 자크가 지휘하는 별 셋 레스토랑의 주방에 들어갔다. 그 직후에 아버지가 갑자기 사망했고, 1995년에 〈픽〉은 별 둘로 강등되었다. 다른 레스토랑에서 연수를 한 경험도 없이 거의 독학으로 요리를 배운 딸이 아버지의 유지를 이어 세 번째 별을 되찾은 것은 그로부터 12년 뒤의 일이었다.

2007년 11월에 내가 일하고 있는 쓰지초辻調 그룹 학교*에서 그녀를 초빙하여 요리강습 행사를 연 적이 있었다. 불굴의 정신력으로 스태프들을 결속시키고 주방을 지휘하는 여걸이리라 생각했지만, 실제로 만나보니 주위를 세심하게 배려하는 우아한 여성이었다. 프랑스요리의 전통적인 테크닉을 확실하게 토대로 삼고서 섬세한 색채와 조형감각으로 빚어낸 그녀의 요리는 아름답고 맛도 있다. 강습 행사가 끝난 다음 교장인 쓰지 요시키辻芳樹(1984~)**가 그녀와 인터뷰를 했다.

그중에서 강하게 인상이 남았던 것은 "별 둘로 강등되었을 때, 그것을 어떻게 받아들이셨습니까?"라는 질문에 대한 그녀의 대답이었다. "아버지가 돌아가신 지 얼마 안 되었을 때여서 무척 힘들었죠. 하지만 프랑스에는 역사적으로 가이드북이 레스토랑을 평가하는 전통이 있어요. 그러므로 별 둘로 강등되었다고 해서 특별히 부당하다고 생각하지도 않았고, 평가는 평가로서 객관적으로 받아들였지요"라고 망설임 없이 대답한 것이다.

모든 요리인에게 그녀 같은 담담함을 기대할 수 있을지 어떨지는 모르겠다. 또한 그녀의 진짜 속마음도 알 수 없다. 하지만 타인의 평가가 완벽하지는 않다는 것을 알고서 그것을 솔직하게 받아들이는 태도는 프랑스요리에서 평가 시스템이 갖는 역사적 가치를 인정하고 있기 때문에 가능할 것이다. 비평하고 평가하는 일은 분명히 프랑스요리의 발전을 지탱해왔다고 말할 수 있을 것이다.

음식 분야에서 프랑스의 압도적인 우위는 기술적으로 세련된 요

* 일본 프랑스요리의 발전에 지대한 공헌을 한 쓰지 시즈오辻静雄(1933~1993)가 1960년에 오사카에 세운 조리·제빵 전문학교

** 프랑스요리 연구가, 실업가. 쓰지초 학교를 설립한 쓰지 시즈오의 장남으로, 1993년에 아버지의 뒤를 이어 쓰지초 그룹 학교 교장에 취임했다.

리 덕분만은 아니다. 과학, 기술, 예술 등의 지식을 총동원하여 사람이 먹는다는 행위를 체계적 · 분석적으로 포착하려 하는, 유독 프랑스적인 정신이 낳은 가스트로노미gastronomie(미식학)의 역할이 지극히 크다. 가스트로노미의 담당자는 음식을 둘러싼 고찰이나 비평을 써서 기록하고, 다음 시대의 요리를 열어젖히는 데 이바지한 가스트로놈gastronome(미식가)들이었다.

그들의 활약으로 인해 프랑스에는 이른바 미식문학, 미식비평이라는 분야가 확립되었다. 레스토랑이라는 새로운 미식의 장치가 본격적으로 기능하기 시작한 19세기 초 이후 비평에 손을 댐으로써 가스트로놈은 만드는 쪽과 먹는 쪽, 양쪽에 막대한 영향을 미쳤다. 미디어의 영향력이 강력해진 20세기 후반부터는 미식비평의 중요성이 한층 더 높아지고 프랑스요리의 흐름까지 좌지우지하게 되었다.

2008년, 사르코지 대통령이 프랑스의 가스트로노미를 유네스코 세계 유산으로 등록 신청한다고 발표해서 화제가 되었다. 유럽에서 미국, 아시아, 아프리카까지, 각 나라마다 독자적인 요리가 있고 거기 사는 사람에게 그것은 절대적으로 맛이 있다. 그리고 대다수 사람들은 그것으로 만족하고 있다. 하지만 프랑스인은 다르다. 프랑스요리는 자신들의 일상적인 식사인 동시에 세계에 자랑하는 귀중한 문화재이므로 전세계가 동경의 눈길을 보내는 것이 당연하다고 생각한다. 왜 유독 프랑스인에게는 요리가 그 정도로 특별한 것이 되었을까?

만드는 쪽인 요리인의 기술 진화 관점에서 프랑스요리의 역사를 더듬어가는 책이나 먹는 쪽에 서서 식생활이나 레스토랑의 변천을 사회학적으로 검증한 책은 이미 나와 있다. 그러나 펜을 한 손에 쥐고 음식을 다각적 · 분석적으로 고찰하고 표현함으로써 그런 미식문화, 즉 가스트로노미의 발전에 이바지한 가스트로놈을 중심에 둔 역사 서술은 많지 않다. 이 책에서는 만드는 쪽과 먹는 쪽 그리고 그 양자를 이어주는 비평가라는 세 주체에 의한 프랑스 특유의 미식문화의 진화 과정을 알아보고 거기서 비평이 해낸 역할을 검토해볼 것이다.

| 제1장 |

가스트로노미 시대의 개막

LA GASTRONOMIE,

OU

L'HOMME DES CHAMPS

A TABLE,

Pour servir de suite à *l'Homme des Champs*

PAR J. DELILLE.

Seconde édition, revue et augmentée,

AVEC FIGURE.

A PARIS,

CHEZ GIGUET ET MICHAUD, IMP.-LIBRAIRES,

RUE DES BONS-ENFANS, N°. 6.

1803.—(AN XI.)

《가스트로노미 또는 식탁에 앉은 전원의 사람》 제2판 표지

가스트로노미에 대하여

앞에서부터 사용하고 있는 가스트로노미라는 말은 약간 설명이 필요할 것이다. 종종 '미식'이나 '미식학' 등으로 번역되며 경우에 따라서는 '미식문화'라는 뜻을 갖기도 하고 구체적으로는 '고급요리'를 가리키기도 하지만, 어떤 것도 일본어로는 딱 떨어지지 않는다. 딱 떨어지게 일본어로 옮겨지지 않는다는 것은, 역으로 일본문화에 정착되어 있지 않은 개념임을 말해주는 것이다.

프랑스어 가스트로노미는 원래 그리스어 가스트로미아에서 유래했으며 가스트로('위'라는 뜻) + 노미('규범, 학문'이라는 뜻)로 이루어진다. 말하자면 '위에 관한 규범', '위에 관한 학문'을 뜻한다. 《미각의 생리학Physiologie du goût》(국내 번역제 《브리야사바랭의 미식예찬》)을 쓴 브리야사바랭Jean Anthelme Brillat-Savarin의 정의에 따르면 가스트로노미란 "사람이 먹는 것에 관련된 체계적 지식의 총체이며, 그것의 목적은 보다 잘 먹음으로써 사람을 건강하게 유지하는 데에 있다."

흔히 '프랑스인은 살기 위해 먹는 것이 아니라, 먹기 위해 산다'고들 한다. 확실히 그 나라에는 단순히 먹는 것이 아니라 보다 맛있게 먹는 것을 추구해온 전통이 있다. 일본과는 달리 식탁에 엄청나게 사치를 부리는 것에 각별한 가치를 인정해온 역사도 있다(이것은 로마까지 거슬러 올라가는 전통이기도 하다). 그것은 굶주림을 채우기 위해서 먹는 것과는 완전히 차원이 다른 행위였다. 그러므로 가스트로노미는 먹는 것에 관한 막대한 지식 · 기술의 집적에 머무르지 않고 미적 가치의 추구까지 포함해서 먹는 것을 의식적으로 세련되게 하고 고도로 연구한 끝에 도달한, 유별난 프랑스적인 문화라고 말할 수 있다.

긴 역사를 돌이켜보면 프랑스에서도 대부분의 사람들이 충분히 배를 채우게 된 것은 그리 오랜 일은 아니며 프랑스인의 식생활 토대에는 당연히 일상의 식사가 있고 고급요리도 거기서 자양분을 얻어왔다. 따라서 가스트로노미가 그들의 음식문화 한 부분을 차지할 뿐이면서도 고급을 지향하는 음식이 극도로 발달한 것이 프랑스의 두드러진 특징이다. 우리나라(일본)의 음식문화와 이 구조의 차이를 생각하면, '미식'이라는 이해하기 힘든 번역어밖에 찾아낼 수 없는 것도 어쩔 수 없는 일이다. 이 책에서 가스트로노미 대신에 미식이라는 말을 쓸 때, 단순히 사치스럽고 맛있는 것을 먹는다는 뜻이 아니라 '먹거리에 미적이고 지적인 가치관과 세련됨을 추구한 성과'를 의미한다.

가스트로노미의 발달을 지탱한 것은 만드는 사람과는 다른 관점에서 먹거리에 접근하여 음식의 지적 체계화에 기여한 가스트로놈이다. 이 단어 역시 딱 떨어지는 번역어가 없어서 '식도락가'나 '미식가'라고 옮겨지는 일이 많다. 그러나 단순히 맛있는 것을 좋아하고 요리에 정통하고 지식이 있는 것만으로는 가스트로놈이라 불릴 수 없다. 가스트로놈이란 먹는 일과 먹거리에 대해서 고찰·분석하고, 그것을 글로 써서 남긴 사람을 말하며, 브리야사바랭이 그 전형이다. 우리의 대법원에 해당하는 공소원控訴院(파기원破棄院이라고도 한다) 판사를 지낸 인물인데, 음악과 문학 이외에 과학에도 소양이 있었다. 따라서 저서인 《미각의 생리학》에는 제목인 생리학뿐만 아니라 영양학적·화학적·의학적 식견이 담겨 있다. 그런 과학적 지식에 의거하여 먹는 일을 통해서 인간의 행복을 깊이 성찰하고, 경쾌하고 재치 있는 필치로 써내려간 이 책은 가스트로노미 문학의 명작으로 오늘날에도 여전히 읽히고 있다.

낳은 부모 베르슈

태초에 말이 있었다. 아무리 미식 추구가 옛날부터 프랑스의 전통이었다 해도 가스트로노미가 성립하려면 언어가 필요했다.

가스트로노미가 그리스어의 가스트로노미아에서 유래한다고 앞에서 말했다. 원조 미식가라고 불러드려야 할 고대 그리스의 시인 아르케스트라토스Archestratus가 쓴, 기원전 4세기 작품이라는 장편시 〈가스트로노미아〉가 그 시작이다. 아르케스트라토스는 남이탈리아에서 소아시아를 거쳐 흑해까지, 당시 그리스 세계 방방곡곡을 돌아다니면서 얻은 명물 식재료나 비장의 요리 정보를 그 시에서 읊었다. 운문이므로 아마도 부잣집에서 열린 저녁식사 후의 연회(심포지엄) 자리에서 낭독된 것이라고 여겨진다.

미식을 가르치는 아르케스트라토스 시의 프랑스어 번역 제목으로 '가스트로노미'라는 말이 처음으로 사용된 것은 1623년이었다. 그러나 그 말이 대중에게 퍼지려면 19세기까지 기다려야 했다. 순정 프랑스어임을 인증하는 아카데미 프랑세즈 사전에 수록된 것이 1835년에 간행된 제6판부터로, 상당히 늦다.

여기서 가스트로노미 역사상 잊을 수 없는 한 명의 시인, 조제프 베르슈Joseph Berchoux(1765~1839)가 등장한다. 베르슈야말로 가스트로노미라는 말을 퍼뜨린 으뜸 공로자다. 그는 식재료가 풍성한 미식의 땅 리옹 근처에서 변호사의 아들로 태어나 치안재판소 사법관이 되는데, 프랑스 혁명이 일어나서 반혁명파에 대한 탄압이 강해지자 과격 왕당파로 찍혔다. 추적을 따돌리기 위해 의용군에 지원하고, 피로 피를 씻는 공포정치의 폭풍이 지나간 후에는 시골에 상속받은 약간의 토지에 틀어박혀 시를 쓰면서 시간을 보냈다고 한다. 그가 쓴 장편시 제목이 〈가스트로노미 또는 식탁에 앉은 전원의 사람〉(1801)이었다. 시인 베르슈의 이름은 대박이 난 이 한 편의 시에 의해 가까스로 역사에 남게 되었을 뿐이지만, 그가 사숙한 자크 드릴Jacques Delille은 '프랑스의 베르길리우스'라는 별명을 가진 정통파 서경시인이며, 베르슈 시의 부제도 드릴의 〈전원의 사람〉에서 빌려온 것이다.

1,000행이 넘는 베르슈의 시에는 제목 말고는 어디에도 가스트로노미라는 말이 나오지 않는다. 그러나 첫머리에 이어지는 다음 시구에는 먹는 일의 규범, 즉 가스트로노미를 확립하려는 의지가 읽힌다. 아버지의 저택에서 매일 밤 열린 연회에 더해 〈베리〉, 〈로즈〉, 〈프레르 프로방소Fréres Provençaux(프로방스의 형제)〉 등 당시 파리의 명성 있는 레스토랑을 방문함으로써 베르슈는 세련된 요리에 눈을 뜨게 된다.

> 지금에 이르기까지, 나의 규범과는 인연이 없었던 그대들이여
> 주책없이 자신이 좋아하는 것에 이끌려왔던 이여
> 타성에 젖은 식욕에 사로잡혀
> 내가 탐구한 기예 따위는 생각지도 못하는 이여
> 그대들에게 중요한 가르침을 들려줄 테니
> 배우러 오게나, 나의 제자들이여

가스트로노미의 가르침

모두 네 개의 노래로 이루어진 베르슈의 시에서 식탁의 가르침을 끌어내보자.

제1가에서는 식욕만이 조미료였던 시대에서 지혜와 재능에 의해 식욕을 불러일으키게 된 요리의 역사를 이야기한다. 특히 아르케스트라토스의 이름을 들며 그를 본받아서 자신도 요리와 식탁을 칭송하고, 시의 힘으로 요리를 예술의 경지로 끌어올려보겠다고 선언한다.

제2가에서는 미식의 마음가짐을 설파한다. "저택을 짓는다면 식재료의 보물창고인 오베르뉴Auvergne나 브레스Brêsse, 리옹에 지어라. 요리인을 고를 때는 성격 좋고 취향 좋고 자신감과 위엄을 갖고 주방을 관리할 수 있는 인물을 찾아내고, 벗을 대하듯이 재능을 칭찬하며 북돋아주어야 한다." 그 시대에 요리인을 단지 고용인이 아니라 유능한 인재로 보고 있다는 점은 대단히 주목할 만하다. 그런 재능을 꽃피우는 것도 가스트로놈이 해야 할 중요한 역할이기 때문이다.

제3가에서는 혁명 이전의 수도원에서 볼 수 있는 풍성한 식탁을 그리워한다. 여기서 눈길을 끄는 것은 차갑게 식어버린 요리가 맛이 없다는 대목이다(지금이라면 당연한 말이지만 프랑스식 서비스로 다수의 요리를 줄줄이 늘어놓고 나눠 먹던 당시에는 뜨거울 때 먹는다는 의식이 희박했다). 또한 평등한 세상이 되었다면 손님의 지위에 따라 고기에 차별을 두어서는 안 된다고 설파한다. 새로운 시대에는 식탁에서야말로 사람은 평등해야 한다는 것이다.

제4가에서는 바쿠스Bacchus(술의 신)의 역할은 예술품과도 비슷한 디저트가 제공하는 기쁨을 더욱 높이는 데에만 있다고 이야기한다. 쉴 새 없이 잔을 계속해서 비우는 것이 아니라 간격을 두고 천천히 술의 취기에 몸을 맡겨야 한다는 것이다. 그렇게 하면 어쩌면 이성은 잃을지라도 그것 말고는 잃을 것이 없다. 취하면 전날 밤의 근심 걱정에서 해방된다. 다만 술자리에서 사회의 대의나 정치를 논하는 것은 금물이었다.

장 로베르 피트Jean-Robert Pitte(1949~)•는《가스트로노미 또는 식탁에 앉은 전원의 사람》복각판(1989) 머리말에서 베르슈가 평등의 정신을 노래하는 한편으로 과거의 노스탤지어를 짙게 풍기고 있음을 지적하며, 그는 본질적으로 앙시앙 레짐(구체제)의 인간이었으며 17세기의 이상적인 인간상인 오네트 옴므honnête homme(이상적인 교양인) 자체였다고까지 말할 수 있다고 쓰고 있다. 분명히 시대나 출신의 제약은 있다. 그러나 어떻게 먹을 것인지를 자유롭고 활달하게 이야기하는 베르슈의 발상은 현대인에 가까운 부분도 있어 낡았다는 느낌은 들지 않는다. 왕당파로 여겨지긴 했지만 혁명의 세례를 받은 세대였기 때문에 가능했을, 새로운 시대정신의 발로를 확인할 수 있다.

〈가스트로노미〉는 제목만이 홀로 떨어져나와 가벼운 희작으로 여겨지는 경향이 있다. 그러나 가벼운 느낌의 말 뒤에 깊은 통찰력이 숨어 있다. 브리야사바랭의 아포리즘(경구)만큼 유명하지는 않지만 "한 편의 시보다 한 번의 식사가 낫다", "그 무엇도 신사 된 이의 식사를 방해하지 말라" 등의 시구는 지금도 인용되고 있다.

가스트로노미라는 색다른 단어가 통했는지 그의 시는 차츰 판을

• 프랑스 지리학회 회장. 미식가 지리학자로 알려져 있으며, 미식을 주제로 한 책도 많이 썼다. 2003~2008년 소르본 대학의 학장을 역임했고, 2008년 3월에는 프랑스 학사원을 구성하는 다섯 개의 아카데미 가운데 하나인 '윤리 · 정치학 아카데미'의 멤버로 선출되기도 했다. 미식 관련 주요 저작으로《프랑스 문화와 풍경》,《미식과 프랑스》,《파리 역사지도》등이 있다.

거듭했고 영어와 스페인어 번역본도 나왔다. 가스트로노미, 말하자면 '위의 규범, 학문'이라 일컫기에는 작품의 완성도가 허술하지만, 피비린내 나는 시대를 살아가면서 먹는 것을 통해 인간의 행복이나 사람과 사람의 새로운 관계를 추구하려 했던 자세는 지금도 공감을 불러일으킨다. 그런 의미에서 베르슈를 명실공히 가스트로노미를 이 세상에 내놓은 어버이라고 해도 될 것이다.

〈가스트로노미 또는 식탁에 앉은 전원의 사람〉이 세상에 나온 지 2년 뒤에는 가스트로놈('가스트로노미를 담당한 사람'이라는 뜻), 6년 뒤에는 가스트로노믹('가스트로노미의'라는 뜻)이라는 파생어도 생겨났다. 1825년에 간행된 《미각의 생리학》에서 브리야사바랭이 가스트로노미를 "지금 유행하는 주제"라고 말하고 있는 것을 보아도 반향이 얼마나 컸는지 가늠할 수 있다.

술을 노래하고 요리를 노래하는 시의 전통은 이후로도 계승되어 간다. 문학사적으로는 대부분 비주류 시지만 식탁에 모여드는 사람들의 생각을 나름대로 진솔하게 전해주는 수단이 되어 가스트로노미를 옆에서 지탱하는 역할을 다했다.

레스토랑의 탄생

이렇게 해서 가스트로노미라는 말에 혼이 불어넣어졌다. 이후 브리야사바랭이나 그리모 드 라 레니에르Alexandre Balthazar Laurent

Grimod de La Reynière 등의 가스트로놈이 먹는 것을 다양한 관점에서 표현하고 비평하고 만드는 쪽과 먹는 쪽 양쪽에 말을 걸면서 가스트로노미를 이끌어간다.

한편으로 프랑스에는 전문 요리인이 요리책을 써서 기술을 공개하는 전통이 있었다. 중세의 궁중요리사 타이유방Taillevent*이 썼다고 여겨지는 《음식계보(비앙디에Le Viandier)》 이래 오늘날까지 전해지는 요리책은 왕후 귀족을 모셨던 요리인이 동업자들을 위해 썼던 것이 중심이지만, 메농Menon의 《부르주아 가정의 여자 요리인La Cuisinière Bourgeoise》(1746)처럼 귀족뿐만이 아니라 부르주아계급과 거기서 일하는 여성 요리인도 포함해서 폭넓은 대상을 노린 것도 등장했다. 메농의 책은 19세기 중반까지 122판을 거듭하여 프랑스 요리책 사상 유례없는 베스트셀러가 되었다.

요리책 시장이 확대되고 새로운 독자가 창출되자 왕궁과 귀족 저택의 주방과 식탁이라는 닫힌 세계에서 넓은 논의의 장으로 요리가 끌어내진다. 요리책이 보급될 때까지는 사회의 상층 엘리트가 즐기는 요리의 비결은 전문적인 기술을 가진 요리인의 손에 쥐어져 있었고 레시피나 요리인의 이동도 제한되어 있었기 때문에 요리기술의 유동성이 적었다. 요리책의 보급은 거기에 정보의 바람구멍을 뚫음과 동시에, 만드는 사람과 먹는 사람을 중개하는 역할을 맡았다.

그러나 가스트로노미가 진정한 의미에서 널리 공유되기 위해서는, 사람들이 먹는다는 체험을 공유하는 공간, 즉 종이에 쓰인 요

* 본명은 기욤 드 티렐Guillaume de Tirel(1310?~1395)로, 샤를 5세와 6세의 요리장

리가 아니라 접시에 담긴 요리를 맛볼 수 있는 공간이 필요했다. 궁정문화 속에서 몇 세기에 걸쳐 고도로 세련되게 다듬어진 요리나 식탁 장식, 서비스를 포함한 식문화의 정수가 혁명을 경계로 보다 폭넓은 사회층에 개방되었을 때, 마침내 본격적인 가스트로노미의 시대가 막을 연다. 그 화려한 무대는 다른 어떤 곳도 아닌, 바로 레스토랑이었다.

오늘날 레스토랑은 대도시 파리에 불가결한 요소이며 레스토랑 없는 파리는 상상조차 할 수 없다. 그러나 오늘날과 같은 레스토랑은 사실 18세기 중엽까지 파리에 존재하지 않았다. 그 뒤 국제어가 된 레스토랑이라는 말 자체가 음식점이라는 의미로는 아직 사용되고 있지 않았던 것이다.

그럼 파리 사람들은 외식을 하지 않았던 것일까? 귀족 등 유복한 사람들은 고용한 요리사가 만든 요리를 먹거나 이웃에 초대받아 식사를 했다. 트레퇴르traiteur•도 이용할 수 있었다. 문제는 가난한 사람이나 여행자의 경우다. 가난해도 부엌이 있으면 값싼 재료로 수프 등을 만들 수 있고, 돈만 지불하면 소시지나 파테pâté••를 파는 돼지고기 장수(샤르퀴티에charcutier)나 고기구이 장수(로티쇠르 rotisseur) 등의 전문식품점에서 조리된 식품을 살 수는 있었다.

그러나 이른바 외식을 한다면 타베른taverne이나 캬바레 등의 선술집에서 먹거나 여관이나 트레퇴르의 타블 도트table d'hôte(정찬 테이블)로 가야만 했다. 타블 도트에서는 정해진 시간에 정해진 식사를 정해진 가격으로 제공했는데, 생판 모르는 낯선 사람과 합석을

• 주문을 받아 요리를 만들어 배달해주는 사람이나 음식점
•• 간이나 자투리 고기, 생선살 등을 갈아서 파테라는 밀가루 반죽을 입혀 오븐에 구워낸 정통 프랑스요리

해야 하는 것이 문제였다. "기다란 식탁의 중앙(즉 모든 주요리 접시가 놓인 부근)은 늘 단골들에게 점령되어 있으며, 그런 중요한 자리에 진을 치고 앉아 있는 단골들은 거리에 떠도는 소문을 이야기하면서 흥겨운 시간을 갖지는 않는다. 피곤을 모르는 턱으로 무장하고 최초의 신호가 떨어지기가 무섭게 식탁으로 달려들어 게걸스럽게 먹어치운다"(메르시에Louis-Sébastien Mercier, 《18세기 파리 생활지Le tableau de Paris》 하권).

큰 접시에 수북이 쌓인 요리를 나눠 먹는 것이므로, 앉는 자리는 물론 넉살 좋음에 따라서도 치명적인 차이가 생겼다. 어찌 됐건 거기는 대중들의 식당이었다. 그러므로 파리를 찾아온 외국인에게 있어서 18세기 말까지의 외식환경은 미식의 도시와는 거리가 먼, 변변찮은 상황이었다.

레스토랑의 발상에 대해서는, 1789년의 대혁명 때에 주인인 귀족이 기요틴에 목이 잘리거나 외국으로 망명한 결과 일자리를 잃은 고용 요리인이 자신의 솜씨에 의지해 독립 개업한 것이 시초라는 것이 정설이다. 확실히 혁명 후 파리의 레스토랑 수는 단숨에 늘었다(그리모 드 라 레니에르에 따르면 1789년 이전에는 100곳이 채 되지 않았던 레스토랑 수가 1803년에는 5배로 늘었다). 그러나 레스토랑이라는 새로운 외식 비즈니스의 가능성에 한발 앞서 눈독을 들인 선구자는 혁명 이전부터 존재하고 있었다.

레스토랑의 기원을 둘러싼 일화에는 부용bouillon을 파는 블랑제라는 인물이 등장한다. 1765년 무렵, 파리의 루브르 궁 근처에 있었던 그의 가게는 "블랑제는 훌륭한 레스토랑을 팝니다"라고 씌어진 간판을 내걸었다고 한다. 거기서 말하는 '레스토랑'이란 고기를 푹 고아서 우려낸 맛국물인 부용을 가리키는 것이었다. 프랑스어 동사 '레스토레'(체력을 회복시킨다는 뜻)에서 파생한 레스토랑에는 '힘을 내게 해주는 먹거리'라는 의미가 있으며, 특히 진한 부용을 가리켰다.

레스토랑의 시작은 수프 가게였나 하고 실망해서는 안 된다. 예를 들어 맛있는 콩소메consommé•를 떠올려주기 바란다. 유감스럽게도 이것을 메뉴에 올리고 있는 음식점은 거의 없어졌지만, 정성껏 오래오래 끓인 호박색 콩소메는 끈끈하게 혀에 감겨드는 맛이 있고 몸속 깊숙한 곳까지 스며드는 깊은 맛이 있다. 심지어 영양이 풍부하여 참으로 건강해질 듯하다.

블랑제의 가게 간판에는 "위장이 약한 이들은 모두 나에게 오라, 내가 그대들을 치유하리라"라는 라틴어 비슷한 명문銘文••이 붙어 있었다고 한다. 복음서를 패러디한 그 문구는 심신이 허약하고 위가 약한 사람이라도 부용을 통해 무리 없이 영양보급을 할 수 있음을 강조하고 있었다. 일단 꼭꼭 씹지 않아도 되는 액체 상태의 고기이기 때문이다.

고기가 주를 이루는 프랑스요리를 꼭꼭 씹어서 먹으려면 튼튼한 이와 턱이 필수이며 나름대로 체력도 요구된다. 요즘 일본에서도 몸에 부드럽게 흡수되고 간편하게 먹을 수 있는 수프 가게가 유행하고 있는데 블랑제의 부용도 그런 부드러움이 통해서 유행했을

• 맑은 고깃국물로 된 수프
•• 금석金石이나 기명器皿 따위에 새겨넣은 글

것이다. '레스토랑'이 상품인 가게는 스스로 '건강의 집'이라 칭하기도 했다. 이윽고 '레스토랑'을 판매하는 가게 자체도 레스토랑이라고 불리게 된다.

건강의 집에서 미식의 전당으로

블랑제의 가게에서는 부용 이외에도 삶은 닭에 굵은 소금을 뿌린 것이나 달걀 따위 간단한 요리를 제공했다고 한다. 카페와 마찬가지로 대리석으로 만든 작은 테이블이 놓여 있었지만 테이블클로스tablecloth는 덮여 있지 않았다. 그의 가게가 인기를 얻자 이것에 편승하여 비슷한 가게가 잇따라 문을 열었다. 합석을 해야 하는 타블 도트(정찬 테이블)를 싫어하던 사람도 레스토라투르(레스토랑을 만들고 파는 사람이라는 뜻)의 가게에는 기꺼이 발걸음을 옮겼다. 특이함도 한몫했을 것이다. 선술집이나 타블 도트에 비해 비싼 가격이 반대로 안도감을 주었을지도 모른다. 블랑제의 가게만 놓고 보면 눈이 번쩍 뜨일 만한 요리나 시설은 없지만 좋아하는 요리를 고를 수 있고 비록 값은 비싸더라도 굶주린 배를 움켜쥔 민중과 무릎을 맞대지 않아도 되었다. 공간은 공유하지만 테이블마다 개인적인 공간이 확보되어 있다는 바로 그 점 때문에, 사람들은 예전에 없었던 식사공간으로 인식했을 것이다.

그런 특별한 서비스를 제공하는 가게를 1825년에 브리아사바랭이 명확하게 정의하고 있다. "레스토라투르란 언제든지 손님에게 맛있는 음식을 제공할 수 있도록 준비해서 장사를 하는 사람을 말하며, 요리는 손님의 요구에 맞춰서 1인분씩 정해진 가격에 판다. 그런 가게를 레스토랑이라고 부르며, 가게를 꾸려가는 이가 레스토라투르다. 요리의 이름과 가격을 쓴 목록을 메뉴라고 부르며, 제공된 요리의 양과 가격이 적힌 문서를 계산서라고 한다."

그런데 블랑제의 성공담에는 다른 일화가 있다. 그것에 따르면 블랑제는 레스토랑 말고 '화이트 소스에 절인 양다리'도 판매하고 있었다고 한다. 당시 푹 끓이는 요리(라구ragù)를 팔 권리는 트레퇴르(배달음식점)가 독점하고 있었기 때문에 트레퇴르들이 블랑제가 자신들의 권리를 침해하고 있다고 소송을 냈다. 하지만 결국 '화이트 소스에 절인 양다리'는 실제로는 소스 속에서 끓여낸 것이 아니므로 푹 끓이는 요리에 해당하지 않는다는 판결이 내려졌다고 한다. 소송 사건이 오히려 생각지도 못했던 선전이 되어 블랑제의 가게는 크게 번창했다.

이 이야기에서는 구체제하에서 요식업을 강하게 속박하고 있던 동업조합(길드)의 존재가 떠오른다. 칙령에 의해 다수의 길드로 조직된 음식업자들은 배타적인 규제를 내세워 자기 영역을 지키기에만 급급하고 있었다. 돼지고기 가게는 돼지고기 제품의 판매를 독점하고, 구운 고기 가게는 로스트한 고기는 팔 수 있지만 푹 끓이는 요리는 팔 수 없다는 등의 속박이 있었고, 푹 끓인 요리는 트레퇴르의 독점상품이었다. 건강 회복을 강조하는 카피를 내걸고 심지어 규제의 맹점을 이용, 장사의 폭을 넓혀서 성공을 거둔 블랑제는 벤처비즈니스의 영웅이라고 부를 만하다.

단, 길드의 존재를 과대평가하는 것은 문제이며《백과전서(앙시클로페디encyclopédie)》(1751~1772)를 감수한 디드로Denis Diderot처럼 기술교류를 저해하는 길드제 타파를 일찍이 호소한 사람도 있었지만, 구체제 말기에는 길드의 실질적 지배력이 저하하고 있었다고 여겨진다. 1776년, 재정총감 튀르고Anne Robert Jacques Turgot의 제안에 의해 왕정개혁의 일환으로 길드 폐지 칙령이 내려진다. 혁명을 거쳐 최종적으로 모든 종류의 동업조합을 조직하는 일이 금지된 것은 1791년이었다.

자신이 좋아하는 것을 골라서, 자신이 먹고 싶을 때에, 심지어 맛있게 먹고 싶다는 잠재적 욕구는 언제나 있었을 것이다. 그러나 상공업을 통제 아래에 두는 길드제 안에서는 상업적 재능을 발휘하여 시장을 개척하려 해도 손발이 묶여 있었다. 혁명을 경계로 상황이 바뀐 배경으로 두 가지를 들 수 있다. 하나는 새로운 국가 건설이라는 큰 뜻을 품은 이들이 지방에서 속속 올라오는 등 파리의 외식 수요가 높아진 것이다. 또 다른 하나는 혁명의 혼란 속에서 부를 축적한 신흥 엘리트를 중심으로, 사람들이 삶의 즐거움을 적극적으로 추구하기 시작했다는 점을 들 수 있다. 절호의 비즈니스 기회가 생겨나려 하고 있었던 것이다.

다시금 브리야사바랭에 따르면, 눈썰미가 좋은 사람이 이 점에 눈독을 들여, 마침내 이런 생각을 하게 되었다. "매일 일정한 시간이 되면 일정한 욕구가 생겨날 테니 그것을 기분 좋게 채울 수 있는 확실한 장소가 있다면 소비자는 모두들 그곳을 방문할 것이다. 처음에 온 사람에게 닭가슴살을 제공한다면, 반드시 두 번째 사람이 나타나서 기꺼이 허벅지살을 먹겠지. …… 맛있는 것이 빨리 그리고 깔끔하게 제공된다면 약간 값이 비싸더라도 신경 쓰지 않을 것이다."

단순히 식욕을 만족시키는 것이 아니라 손님이 가게에 머무는 동안에 쾌적하게 지내게끔 하는 것이 레스토랑 주인의 업무였다. 브리야사바랭은 "15~20프랑의 돈을 자유롭게 쓰면서 일류 레스토랑의 식탁에 앉을 수 있는 사람은 누구든지 왕후 귀족에 버금가는, 아니 그 이상의 접대를 받는다"라고 말하고 있다. 청구된 돈을 지불할 수만 있다면 최고의 맛을 경험하는 데에 태생이나 가문은 더 이상 관계없었다. 이후 가스트로노미는 새로이 출현한 '미식의 전당'인 레스토랑을 중심으로 발전해간다. 그중에서도 브리야사바랭이 더할 나위 없이 높이 평가한 곳이 앙투안 보빌리에Antoine Beauvilliers(1754~1817)의 레스토랑이었다.

일류 레스토랑의 조건

위가 약한 사람을 위한 부용 가게가 레스토랑의 시초가 되었다고는 하지만, 일찍이 1782년에 보빌리에가 본격적인 레스토랑의 효시

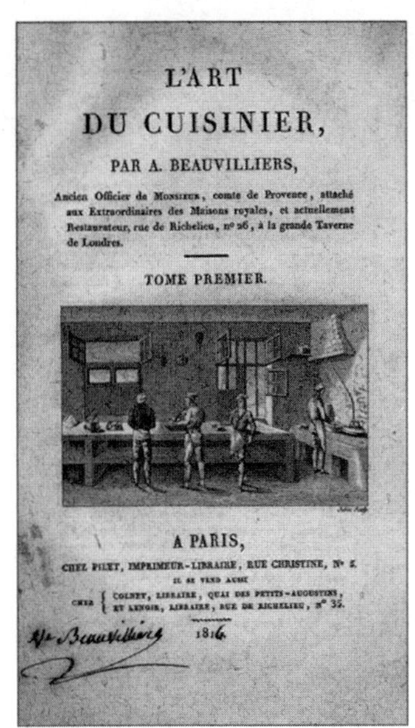

L'ART
DU CUISINIER,
PAR A. BEAUVILLIERS,
Ancien Officier de MONSIEUR, comte de Provence, attaché aux Extraordinaires des Maisons royales, et actuellement Restaurateur, rue de Richelieu, nº 26, à la grande Taverne de Londres.

TOME PREMIER.

A PARIS,
CHEZ PILET, IMPRIMEUR-LIBRAIRE, RUE CHRISTINE, Nº 5.
IL SE VEND AUSSI
CHEZ { COLNET, LIBRAIRE, QUAI DES PETITS-AUGUSTINS, ET LENOIR, LIBRAIRE, RUE DE RICHELIEU, Nº 35.
1816

《요리인의 기술》 초판 제1권 표지

인 〈그랑 타베른 드 롱드르Grande Taverne de Londres(런던의 위대한 선술집)〉를 팔레 루아얄Palais Royal 근처의 리슐리외Richelieu 거리에 열었다. 당시는 여러모로 영국 취향이 세력을 떨치고 있었으므로, 런던에서 신사를 포함한 남성들의 외식 공간으로 기능하고 있었던 타번tavern을 본떠서 파리에도 상류층 인사를 위한 가게가 생겨났을 것으로 그리모 드 라 레니에르는 추정하고 있다. 보빌리에는 혁명 후 잠시 영국에 망명했던 적도 있는 듯, 그가 쓴 《요리인의 기술L'Art du cuisinier》(1814)에는 비프 스테이크나 민스 파이mince pie*, 케첩 등의 영국요리가 등장한다.

원래 왕(루이 16세)의 동생인 프로방스 백작(나중에 왕정복고에 의해

• 밀가루와 버터를 개어 반죽을 만들고 잘게 다진 고기나 말린 과일, 아몬드 등을 넣고 구워서 만든 파이

루이 18세로 즉위)의 식탁을 담당했던 보빌리에가 왜 레스토랑 비즈니스로 직업을 바꿨는지, 그 동기는 불명확하다. 프로방스 백작은 현실감각이 뛰어나서 절대왕정이 그대로는 도저히 존속할 수 없다는 것을 예견하고 있었다고 하니, 보빌리에 역시 시대의 추이를 알아채고 남들보다 한발짝 빨리 독립 개업을 지향했던 것일까? 1789년 7월 14일에 혁명의 봉화가 오르기 전부터 명문가의 대귀족조차도 화려함의 극치를 달렸던 생활은 더 이상 유지할 수 없게 되어 있었다. 한편으로 상공업 분야에서 축재한 신흥 부르주아가 대두하면서 사회 각층의 힘의 균형은 확실하게 바뀌어가고 있었다. 귀족의 성에서 대부르주아의 저택으로 이미 미식의 중심이 이동하고 있었음은 제3장에 등장하는 그리모 드 라 레니에르의 예를 보더라도 명확하다.

독립된 하나의 영역을 확보한 보빌리에는 궁정에 버금가는 서비스를 재현했다. 궁정풍 의상에 어깨에는 망토를 걸친 차림으로, 특권의 상징인 검을 자랑스럽게 늘어뜨리고 몸소 손님들을 대접한 것이다. 귀족층 손님이 많았기 때문에 혁명 발발 후에 잠시 망명했지만(체포되었다는 설도 있다), 파리에 돌아오자 원래의 레스토랑 바로 옆에 레스토랑을 다시 열었다. 권위를 과시하는 듯한 그의 행동거지는 지금에야 우스꽝스럽게 보이지만 그때까지 궁정에서밖에 맛볼 수 없었던 산해진미를 차린 식탁, 말하자면 궁정문화 자체를 그는 상품화한 것이었다. 귀족들은 왕의, 부르주아는 귀족의 호화로운 생활을 엿보고 동경하고 모방하면서 세련됨의 극치를 달린 궁정문화를 자기 것으로 삼았다. 보빌리에의 장사는 그런 사람들의 선망에 부응함으로써 성립될 수 있었다.

그리모 드 라 레니에르는 보빌리에 이외에 메오, 로베르, 로즈, 베리, 르각, 바렌 등 초기 레스토랑 주인들의 이름을 열거하며 "이름도 없는 수습에서 출발하여 지금은 모두 엄청난 부자가 되었다"라고 쓰고 있다. 말하자면 속속 등장한 호화로운 레스토랑을 전부 메울 만큼의 손님이 파리에 존재하고 있었다는 말이다. 고객은 신흥 졸부나 혁명파 귀족뿐만이 아니었다. 매일의 빵과 와인을 구하는 민중을 이끌었던 골수 혁명가 역시 미식에 등을 돌리고 있지는 않았다. 1793년 헌법은 로베스피에르Maximilien de Robespierre나 생쥐스트Louis Antoine de Saint-Just가 단골이었던 메오의 레스토랑에서 기초가 쓰여졌다. 자코뱅 독재에서 공포정치로 나아가던 가운데 배제되어 단두대에서 사라진 당통Georges Jacques Danton은 미식취미 때문에 목숨을 잃었다는 말까지 있다. 그가 단골이었던 로즈의 레스토랑은 싹쓸이하다시피 죄다 사들인 콩티Conti 공의 비장의 와인을 포함한 술의 목록이 평판이 좋았고, 최고의 와인 로마네Romanée도 당연히 포함되어 있었다.

브리아사바랭에 따르면 보빌리에는 "그밖에 남들보다 앞선 산뜻한 살롱, 몸가짐이 단정한 서비스 담당 점원, 관리가 잘된 술저장고(카브), 훌륭한 요리를 갖추고" 15년 이상이나 파리 최고의 레스토랑 주인으로 이름을 날렸다. 또한 "뛰어난 기억력을 가져 한두 번밖에 가게에 찾아오지 않은 손님을 20년 뒤에도 또렷이 기억하고 대접했다"라고 한다. 단 한 사람의 주인만 만족시키면 되는 궁정요리인과는 달리, 손님을 상대하는 장사꾼은 불특정 다수의 욕구를 만족시켜야 한다. 그런 조건에서도 파리 제일이라는 평판을 독차지한 것을 보면, 보빌리에는 다른 사람보다 훨씬 뛰어난 재능과 감각을 갖고 있었을 것이다.

그런 레스토랑은 이후 특히 팔레 루아얄의 회랑回廊과 그 주변에서 늘어났다. 팔레 루아얄은 원래 추기경인 리슐리외의 사택이었는데 그 뒤에 소유자가 된 오를레앙 공작 가문의 필리프 에갈리테 Philippe Égalité•가 1781~84년에 정원의 세 방향을 둘러싼 회랑을 만들고 정원을 개방한 뒤로, 카페나 레스토랑이 잇따라 생겨나서 유행에 민감한 상류인사에게 인기 만점의 장소가 되었다. 망명한 콩티 공을 섬기고 있던 로베르나 메오의 레스토랑, 마호가니와 거울, 대리석, 청동을 아낌없이 배치한 호화로운 만듦새가 자랑인 〈베리〉, 남프랑스요리인 마늘이 들어간 대구포 브랑다드brandade••와 부야베스bouillabaisse가 인기 높았던 〈프레르 프로방소〉 등이 특히 훌륭한 레스토랑으로 평판이 높았다.

〈베리〉나 〈프레르 프로방소〉 같은 일류 레스토랑쯤 되면 포타주 potage 12종, 오르되브르hors-d'œuvre 24종, 쇠고기 앙트레entrée 15~20종, 양고기 앙트레 20종, 가금류나 야생조류 앙트레 30종, 송아지 요리 15~20종, 밀가루 반죽을 사용한 요리 12종, 생선 요리 24종, 로스트 15종, 앙트르메entremets 50종, 후식 50종 정도는 메뉴•••에 마련하여 손님은 그중에서 자유롭게 선택할 수 있다고

• 오를레앙 공 루이 필리프 2세

•• 말린 대구 · 올리브유 · 향료 등을 넣고 죽처럼 끓인 것

••• 포타주는 프랑스요리에서 수프의 총칭이며, 오르되브르는 전채요리, 앙트레는 주요리, 앙트르메는 후식 중에서 단맛이 나는 과자를 가리킨다.

브리야사바랭이 전하고 있으므로 요리의 품목을 갖추는 것도 큰일이었다.

파리에 출현한 레스토랑은 신흥 졸부 등의 손님을 불러들였다. 궁정 중심으로 발전한 가스트로노미가 마침내 아래쪽으로 하강하면서 널리 퍼지기 시작한 이 시기, 마치 그것에 역행하듯이 강렬한 상승의지를 도약대 삼아 유럽의 쟁쟁한 궁정으로 날아오른 천재 요리인이 있다. 바로 마리 앙토냉 카렘이다. 혁명을 거쳐 프랑스가 근대국가로 내딛는 전환기를 살면서 프랑스요리의 근대화에 공헌한 그의 삶을 살펴보자.

| 제2장 |

거성 카렘의 시대

마리 앙토냉 카렘(1783~1833)

파리의 버림받은 아이에서 희대의 거장으로

제과장인으로 출발하여 프랑스요리 역사상 최대의 거장이 된 카렘은 그 드라마틱한 생애 내내, 연기와 열기와 싸우면서 최후의 순간까지 주방을 떠나지 않았다. 프랑스요리는 그와 더불어 하나의 절정을 이루고 근대적 요리, 국민적 요리로 탈바꿈하는 발판을 얻었다. 배우지 못한 것에 대한 콤플렉스와 자신의 일에 대한 거만함이라고도 말할 수 있는 자부심, 다른 사람들보다 훨씬 강한 야심과 사심 없는 헌신이라는 얼핏 모순되는 측면을 한 몸에 갖추고 있었다는 점에서도 그야말로 슈퍼스타라고 부르기에 걸맞은 인물이다.

앙토냉, 즉 마리 앙토냉 카렘Marie-Antonin Carême(1783~1833)은 1783년에 파리 센 강 좌안의 극빈 가정에서 태어났다. 건축 현장에서 일하는 아버지는 술주정뱅이에다 25명이나 되는 자녀를 두었다고 한다. 어느 날, 드물게 아직 해가 중천에 있을 때에 집에 돌아온 아버지가 파리 남부의 성벽 밖 들판까지 산책하자며 앙토냉을 데리고 나갔다. 시내로 들어오는 세관이 있던 멘Maine 문까지 돌아와서 아버지와 아들은 최후의 만찬을 함께 했다. 마침내 고통으로 얼굴을 찡그린 아버지는 이렇게 말을 꺼냈다. "자, 얘야, 가려무나. 세상에는 좋은 일거리가 얼마든지 있단다. 이 세상에 운은 굴러다니고 있다. 머리만 잘 쓴다면 운은 열린단다. 너한테는 재능과 감각이 있어. 자, 가거라. 너에게는 신이 주신 것이 있단다."

아버지로서 아들에게 해줄 수 있는 최선의 작별인사였을 것이다. 그 예언에 어긋나지 않게 운을 자기 것으로 만든 아들은 자신의 솜씨 하나로 길을 열고 영광을 차지해간다. 신은 그를 버리지 않았다. 날이 완전히 저물자 앙토냉은 창의 불빛에 의지해서 어떤 집의 문을 두드렸다. 어찌할 바를 모르고 우두커니 서 있던 어린 아이에게 하룻밤의 잠자리를 제공한 것은 한 싸구려 식당의 주인이었다. 앙토냉은 다음 날부터 그 가게에서 허드렛일을 했다. 그가 열 살 때 일이라고 한다.

5년 정도 거기에 있은 다음, 다른 레스토랑에서의 수습을 거쳐 파리에서 손꼽히는 제과점으로 일컬어지던 바이Sylvain Bailly의 가게에 들어간 앙토냉은 열일곱 살에 어려운 파이 반죽을 담당할 정도가 되었다. 아버지의 말대로 원래 영리한 아이였지만, 그 성공담을 지탱한 것은 다른 사람보다 훨씬 강한 인내심과 야심적인 향학열이었다. 교육을 받지 못했다는 열등감을 평생 끌어안고 살았던 것은 그가 했던 말 여기저기서 느껴진다. 그만큼 배우는 일에 대해서는 허기에 가까운 탐욕을 드러냈다.

왼쪽 | 안티오키아의 폐허(《화취가 풍부한 과자장인Le Pâtissier pittoresque》 수록)
오른쪽 | 카렘의 투구 모양의 피에스 몽테 데생(《파리의 왕실과자장인》 수록)

읽고 쓰기는 희미한 촛불 아래서 새벽까지 책을 베껴가면서 익혔다. 바이의 가게가 있던 현재의 파리 2구 비비엔Vivienne 거리에는 국립도서관이 있었다. 카렘은 일하는 틈틈이 1분 1초를 아껴서 거길 다니면서 과학이나 식탁의 역사에 관한 책을 탐독했다고 한다. 그중에서도 판화실은 그를 특히 매혹해서, 중국, 인도, 이집트, 그리스의 유적이나 신전 등의 건축물 디자인에 완전히 빠져들어 모사했다. 바이는 제자의 한결같은 향학열과 천부적인 자질을 놓치지 않고 꿰뚫어보고는 특별히 편의를 봐주었다. 그런 스승에게 카렘은 평생 감사의 마음을 품고 살았다.

고전 건축의 판화 컬렉션에 매료되고 갖은 고생 끝에 문장을 읽고 이해하면서 독학을 하다 보니, 주요 건축양식의 기본이 머릿속에 들어왔다. 그중에서도 특히 고전 건축 입문서로 이름 높은 비뇰라Giacomo Barozzi da Vignola의 《건축의 다섯 가지 질서에 관한 법칙Regoladelli Cingue Ordini d'Architettura》(1562)은 그의 애독서였다. 카렘은 "나는 마침내 선조들의 업적을 알게 되었다. 알게 됨으로써 그것을 흉내 내서 연구할 수 있게 되고, 더 나아가서는 자신의 작품을 만들 수 있게 되었다"라고 나중에 회고하고 있다. 침식을 잊은 면학 끝에, 요리인으로서 일을 하면서 평생에 걸쳐 10여 권에 이르는 저서를 남기기까지 한 그에게 고개가 숙여진다.

카렘은 착실한 노력을 거듭해 익힌 고전미의 규범에 자신의 미의식을 더해서 피에스 몬테Pièce montée(밀가루를 딱딱하게 구운 반죽이나 장식용 설탕 반죽, 마르지판marzipan•, 머랭meringue••, 실처럼 가늘고 긴 사탕 등을 배합해서 만드는 대형 장식과자) 분야에서 독자적인 경지를 이룩했다. 스스로의 말을 빌리자면 "예술에는 다섯 가지가 있다. 회화와 조각, 시, 음악, 건축이다. 그리고 건축의 주요한 한 부분에 제과가 있다."

로베스피에르가 실각하고 총재정부를 거쳐 1799년에 나폴레옹Napoléon Bonaparte이 통령정부를 수립하자 새로운 귀족층이 생겨나고 다시금 호화로운 의식이 중시되었다. 일개 사관에서 출세한, 자랑스럽게 내세울 만한 혈통이나 가문이 없는 나폴레옹은 부르봉 왕조 시대를 방불케 하는 화려한 의식과 연회를 부활시킴으로써

• 아몬드 가루, 설탕, 달걀 흰자로 만든 아몬드 페이스트

•• 달걀 흰자로 거품을 낸 후 설탕을 쳐서 살짝 구운 것. 그냥 먹기도 하고 과자를 만들 때 장식용으로 쓰기도 한다.

자신의 위엄과 영광을 과시할 필요가 있었다. 나폴레옹의 궁정에는 망명지에서의 귀환이 허락된 구舊귀족도 출근했다. 한편으로 혁명 이후 계속된 소란에 진저리가 난 사람들은 즐거움의 원천을 추구하여 무도회나 연회를 동경하고 있었으므로 마렝고Marengo, 아우스터리츠Austerlitz, 예나Jena, 프리트란트Friedland 등지에서 나폴레옹군이 파죽지세로 승리를 거두고 강화조약이 체결될 때마다 고급 관료나 장군들이 한자리에 모여 화려한 축하연을 벌였다.

나폴레옹의 신뢰가 두터운 탈레랑 가의 납품업자였던 바이의 가게는 축하연의 과자를 맡는 경우가 많았다. 피에스 몬테를 맡게 된 카렘은 의욕적으로 대작에 도전하며 명성을 높여갔다. 군인의 식탁에는 투구와 전승기념비, 음악가의 모임에는 류트와 하프, 결혼식에는 혼인의 신전, 소설가용으로는 폐허와 폭포, 샘, 탑 등을 배치한 예술성 높은 피에스 몬테를 준비하여 영예로운 축하연에 모인 사람들의 칭찬과 감탄을 한 몸에 받았다. 타의 추종을 불허하는 완성도에 이른 그 작품들 덕분에 고전주의 건축의 권위자 팔라디오Andrea Palladio•에 비유되기도 했던 거장 카렘은 후세에 이름을 남긴다.

탈레랑과의 만남

샤를 모리스 드 탈레랑페리고르Charles-Maurice de Talleyrand-Périgord••와의 만남이 카렘을 한층 더 비약으로 이끈다. 루이 16세 시대부터

• 이탈리아의 건축가. 비첸차 출생으로, 로마에서 유학한 후 고향에 돌아와 많은 궁전과 저택을 설계했다.

•• 프랑스의 정치가이자 외교관으로, 나폴레옹을 정계에 등장시킨 장본인이었으나 이후 나폴레옹의 몰락을 꾀했다.

총재정부, 통령정부, 제1제정, 왕정복고로 이어지는 정치체제의 변동 속을 꿋꿋하게 살아간 정치가 탈레랑은 재기 넘치는 교양인이었다. 사교도 미식도 능란한 인물로, 그가 외무장관으로서 모셨던 나폴레옹이 밤낮없이 전쟁터에서 보내며 식탁에 앉는 시간은 기껏해야 아침식사를 하는 15분이었다고 전해지는 것과는 아주 대조적이다. 미식에 열중하는 일 따위는 나폴레옹에게는 완전히 관심 밖이었으므로 손님을 접대하는 주인 역할은 탈레랑이나 제2통령 캉바세레스Jean Jacques Régis de Cambacérès에게 글자 그대로 완전히 맡겨버리고 있었다. 센 강 좌안의 바렌Varennes 거리에 있는 외무장관 관저 오텔 드 갈리페Hôtel de Galliffet는 이후 프랑스의 특장기가 되는 미식외교의 무대가 되었다.

스무 살도 채 되지 않은 카렘의 비범한 재능을 인정하고 스카우트한 사람은 탈레랑 가의 집사장인 부셰였다고 한다. 그 자신, 혁명 전에는 콩티 공을 섬겼던 뛰어난 요리인이었던 부셰에게, 카렘은 자신의 최초 저작 《파리의 왕실 과자장인Le Pâtissier pittoresque》(1815)을 바쳤다.

카렘은 탈레랑 가에서 12년 동안 일했지만 임시 출장 일을 하는 것이 허용되어 나폴레옹 일족이나 정부 고관, 외교관의 사택에서 열리는 만찬회나 전승기념 대무도회를 위해 솜씨를 발휘했다. 출장 업무에서 그는 피에스 몬테나 냉제요리*를 담당했는데, 라귀피에르Laguipiere나 로베르 등 혁명 이전부터의 최고 요리인과 함께 일을 한 것이 그를 두 배, 세 배 성장시켰다. 거장들의 가르침을 받아

• 조리한 다음 차갑게 식혀서 내놓는 서양요리

요리기술을 갈고닦은 그는 대연회를 지휘하는 통솔력을 익혔다. 그 역량은 뒤에 나오는 베르튀의 대연회에서 유감없이 발휘된다.

탁월한 요리인의 재능을 평가할 수 있는 주인이 있던 시대, 장엄하고 화려한 가스트로노미의 창조에 과감하게 큰돈을 던지는 대범한 사람들이 있던 시대였다. 카렘은 "나는 요리예술의 가장 행복한 시절을 구가할 수 있었다"라며 그 황금시대를 살았던 행운을 술회하고 있다. 그는 이해심 있는 파트롱patron(후원자)에게 그 식탁을 통째로 위임받아 비로소 자신의 이상을 추구할 수 있었다. 바로 그렇기 때문에 불특정 다수의 손님을 상대하는 레스토랑에서 활약할 필요를 느끼지 않았을 것이다.

제정시대의 걸출한 식도락가이자 이른바 이상 실현의 파트너였던 탈레랑을 향한 카렘의 충성심은 대단해서, 탈레랑의 식탁을 "프랑스 가스트로노미의 신전"이라고 부르고 있다. 그러므로 파격적인 조건으로 그를 스카우트하려고 했던 시도들은 모두 헛수고로 끝났다. 그러나 시대의 거대한 물결이 마침내 그를 보다 넓은 세계로 끌어내게 된다.

황제의 요리인, 요리의 왕

1812년, 나폴레옹의 러시아 원정은 대실패로 끝난다(카렘이 경애해 마지않던 대요리장 라귀피에르도 나폴레옹의 한쪽 팔인 뮐러의 요리장으로서 종군했지만 퇴각 중에 동사했다). 1814년, 나폴레옹이 "문명의 수도"라 불렀던 파리에 러시아 황제 알렉산드르 1세가 승리자로서 위풍당당하게 입성했다. 탈레랑은 점차 나폴레옹의 침략정책에 반발하여 러시아 황제를 뒷방패 삼아 그의 실각을 획책하고 있었다. 그런 이유에서 그는 유럽 최강의 군주 알렉산드르를 유럽 제일이라 칭해지던 나무랄 데 없는 요리와 접대로 맞이했다.

개명군주 알렉산드르는 카렘의 요리에 이내 매혹되어 파리 체재 중에는 이 당대 최고의 셰프를 빌리기로 했다. 이리하여 카렘은 나폴레옹을 대신하여 엘리제 궁에 군림하게 된 러시아 황제를 섬기게 되었다. 그러나 황제의 러시아 귀환이 정해졌을 때에는 동행하자는 요구를 거절했다. 실력을 갈고닦을 아주 특별한 기회인 임시 고용 연회 일을 버리기 힘들었을 것이다. 게다가 고국을 떠나는 것에 대한 심리적 저항감도 컸던 것 같다.

1815년의 나폴레옹의 엘바 섬 탈출, 백일천하, 왕정복고로 상황이 급변하고, 황제 알렉산드르는 다시 엘리제 궁으로 돌아왔다. 카렘에게도 다시금 황제를 위해 솜씨를 발휘할 기회가 찾아왔다. 알렉산드르의 귀국을 맞아 나폴레옹을 결정적으로 몰락시킨 워털루 전투를 기념하고 황제에게 경의를 표하기 위해 연합국이 주최하는 의전이 베풀어졌다. 상파뉴Champagne 지방 베르튀Vertus의 평원에서 베풀어진 의전에서는 15만 러시아군이 행진을 했다고 한다. 식재료 조달도 제대로 되지 않는 땅에서 300명이 참석하는 호화로운 연회를 진두지휘하게 된 카렘은 사흘 연속으로 중대한 임무를 완수하여 대성공을 거두었다.

1816년, 마침내 카렘은 바다를 건너 영국의 섭정 왕세자(훗날의 조지 4세)를 섬기게 된다. 런던의 왕세자 궁전과 영불해협에 면한 브라이턴Brighton의 별궁이 일터였다. 건축 마니아인 왕세자가 거액을 들여 지은 별궁에는 선진적인 주방이 마련되었고 카렘의 업무에 대한 평가도 높았다. 그러나 영국 특유의 음울한 하늘과 향수병을 견디지 못한 그는 1817년에 귀국한다. 유럽의 세력판도가 뒤흔들렸던 그 시대, 열강의 권력자를 모신다는 것에 그의 애국심이 가책을 느꼈을지도 모른다. 웰링턴Wellington군이 '코르시카의 식인귀', 즉 나폴레옹을 격파한 워털루 전투 승리의 열기가 아직 채 식지 않은 영국이긴 했다.

그 뒤 빈 주재 영국대사인 스튜어트 경을 섬기고, 상트페테르부르크에도 부임해 단기간 궁정요리인으로 일했다(황제 알렉산드르는 궁을 비운 상태였고, 카렘은 결국 프랑스로 돌아간다). 파리의 사교계에서 이름을 떨친 러시아 귀족 바그라티온Bagration 공비도 잠시 섬겼다. 하지만 최종적으로 거장 카렘의 재능을 남김없이 꽃피우고, 빛나는 커리어의 최후를 장식하는 마지막 무대를 제공한 것이 왕후귀족이 아니라 신흥 부르주아인 로스차일드 부부였다는 사실은 시대의 추이를 말해주는 듯해 흥미롭다.

로스차일드 가는 창시자 메이어 암셸Mayer Amschel Rothschild이 프랑크푸르트에서 개업한 환전상을 시초로 하는데, 그의 아들들이 외국에 지점을 설립하고 금융 네트워크를 확대하여 유럽에 군림하는 재벌이 되었다. 메이어의 다섯 번째 아들 제임스James Rothschild는 파리로 이주하여 은행을 세우고 왕정복고를 재정적으로 지지해 주기에 이르렀다. 그러나 반反유대주의의 영향도 있어서 벼락부자인 유대계 대부호인 로스차일드 가에 대해 상류계급은 차갑게 문을 닫아걸고 있었다. 젊은 제임스 부부가 그 문을 열어젖히고 말겠다고 마음먹었을 때, 목적을 달성하기 위해서는 세계 최고의 솜씨를 가진 요리인을 끌어들여 세계 최고의 식탁을 차리는 수밖에 없었다. 카렘이 그 청을 받아들인 것은 1826년이었다. 제임스 부부는 국왕을 능가하는 부를 과시하며 글자 그대로 호화찬란한 미식의 전당을 구축했다. 이후 카렘이 병에 걸려 은퇴하기까지 5년 정도 사이에, 로시니Gioachino Antonio Rossini를 필두로 국내외의 이름난 명사와 식도락가들이 그의 요리에 매혹되어 열렬한 찬사를 끊임없이 바쳤다. 《삼총사》로 유명한 작가 알렉상드르 뒤마Alexandre Dumas는 만년인 1873년에 쓴 《요리대사전Grand Dictionnaire de cuisine》에 '마리 앙토냉 카렘'의 항을 만들어서 이렇게 쓰고 있다. "1833년 1월 22일에 카렘이 죽은 뒤로 수많은 대공이 그의 공국을 잃고 다수의 왕이 왕좌에서 내려갔지만, 천부의 재능이 있어 요리의 왕이 된 카렘의 지위에는 지금도 흔들림이 없다. 그리고 그 영광에 그림자를 드리우는 어떤 라이벌도 아직까지 나타나지 않고 있다."

18세기 말에서 19세기 초는 예술 분야에서 거장의 이름에 값하는 대가가 배출된 낭만주의 시대였다. 동시에, 유럽 지배를 꾀한 나폴레옹의 장대한 꿈을 많은 사람들이 공유했던 영웅의 시대이기도 했다. 요리의 세계에 찬란히 빛나는 거성 카렘 또한 시대가 낳은 영웅이었다. 나폴레옹, 러시아 황제, 영국 왕세자, 로스차일드. 부와 권력이 모이는 곳에서 요리는 발전한다고 하는데, 세상 최고의 영화를 누린 권력자라는 뒷방패가 있었기 때문에 비로소 그의 스케일 거대한 요리가 가능하게 되었다.

카렘은 제과를 예술로 간주하고 평생 동안 이상적인 미의 추구에 매진했다. 거기에서는 예술가와 일맥상통하는 비타협성이 확인된다. 예술가이고 싶은 야망을 자각한 최초의 요리 · 제과장인, 그가 카렘이었다. 음악이나 문학 분야에서의 고전주의, 낭만주의라는 구분을 그대로 요리 분야에 적용하는 것은 무리가 있겠지만, 마음가짐으로만 보자면 그는 명백히 낭만주의 예술가들과 통한다. 피에스 몬테의 데생에 묘사된 은자의 암굴이나 폐허, 중국풍 정자亭子는 이 시대, 영국을 중심으로 유행한 폐허의 미학과 통하는 독특한 서정성을 띠고 있다. 그를 자극하고 움직인 것은 장인으로서 단순히 아름다운 과자나 요리를 만드는 데에 그치지 않고, 자신의 내면을 표현하고 싶다는 뜨거운 열정이었다.

과거에의 동경과 프랑스요리의 근대화

뒤마의 말대로 오늘날에 이르기까지 카렘의 이름은 불멸의 영광을 누리고 있으며, 고급요리(오트 퀴진haute cuisine)는 그의 힘으로 하나의 정점을 이루었다. 지독한 헝그리 정신과 억센 운을 무기 삼아 사회의 밑바닥에서 성공의 계단을 뛰어올라 당시 유럽의 권력 중추에 있던 거물들과 직접 접했다. 마치 현대의 프로 스포츠 선수처럼 이 천재의 쟁탈전에서는 어마어마한 보수가 제시되었고 수많은 저작이 가져온 수입도 더해져 평생 자유로운 생활을 할 수 있었다고 한다. 이만큼 화려한 커리어를 쌓아올린 요리인은 전무후무하다고 해도 좋을 것이다.

그의 업적은 강대한 부르봉 왕조가 키운 궁정요리문화의 흐름을 수용한 최후의 장엄한 불꽃에 비유된다. 그러나 거리에서는 레스토랑이라는, 생긴 지 얼마 안 된 외식의 장이 먹는 쪽에도, 만드는 쪽에도 새로운 미식의 가능성을 열어가고 있었다. 미식을 향유하는 층이 착실하게 늘어나고 있었다는 점을 생각하면 철저히 한 줌의 엘리트에게 봉사한 그의 삶은 시대에 역행하고 있다. 저서《프랑스의 메트르 도텔Le Maitre D'Hôtel Francais》(1822)•에서 신구의 요리를 비교한 카렘은 "현대의 요리는 단순하고 우아하며 예전만큼 돈이 들지 않는다"라며 자랑스러워하고 있다. 하지만 그의 연회요리의 극단적으로 과장된 장식법(예를 들어 그 자신이 직접 고안해낸 호화로운 장식이 달린 꼬치에다 트뤼프truffes나 닭의 벼슬을 꿴 다음, 대형 요리에 꽂아서 높게 보이도록 연출한 것)이나 엄청난 공을 들인 피에스 몬테는 최후의 빛을 발하는 과거의 영광처럼 보이기도 한다.

레스토랑업으로 직업을 바꾼 보빌리에는 시대에 뒤떨어진 카렘의 요리에 대해 혀보다는 눈이 맛있어한다며 비판했다고 한다. '너

• 메트르 도텔maitre d'hôtel은 급사장, 수석 웨이터를 뜻한다.

카렘의 대형 연어 요리 구상도(《파리의 요리인Le Cuisiner parisien》 수록)

무 늦게 온 요리인' 카렘은 구체제하의 콩티 가, 오를레앙 가, 수비즈Soubise 가 등 대귀족 저택의 주방을 동경하고 있었으므로, 그곳의 일을 잘 아는 라귀피에르나 로베르, 리쇼 등과 함께 일을 했다는 사실은 그에게는 일종의 훈장이었다. 예전에 왕후 귀족의 집에서 세련되게 다듬어진 고급요리를 나폴레옹 시대의 새로운 귀족계급을 위해서, 그들의 재력을 빌려 한층 화려하게 완성시킨 것이 카렘의 연회요리였다. 갑자기 권력자가 된 이들이나 벼락부자가 된 이들이 발호한 거품의 시대, 금실 은실로 수를 놓은 궁정복이나 질질 끌리는 드레스를 휘감은 사람들이 화려한 아름다움을 다투는, 무엇이든 화려한 것을 좋아하는 시대가 대대적으로 호화로운 그의 요리를 필요로 했고, 바로 그런 시대였기 때문에 비로소 그는 자신의 꿈을 거기에 중첩시킬 수 있었다.

하지만 만약 카렘이 사회의 상층만을 바라보고, 예술성의 추구로만 시종일관했다면, 요리인들이 진정 위대한 선구자로서 오늘날까지 그의 이름을 입에 올리는 일은 없었을 것이다. 그는 사회의 변화를 간파하고, 요리가 사회 안에서 해내야 할 역할과 그것을 위해 자신이 해야 할 일을 끊임없이 자문했다. 틀림없이, 새로운 시대의 정신을 갖춘 요리인이었다고 말할 수 있을 것이다.

그의 저작은 황제나 왕족에게 제공되는 사치스러운 메뉴를 수록하는 한편, 검소한 부르주아 가정까지 폭넓은 층을 대상으로 하고, 여성 독자도 상정하고 있었다. 사회의 엘리트를 위해 최선을 다해 일하면서도 그는 요리 민주화의 필요성을 민감하게 피부로 느끼고 있었다. 우연히 자신은 대범하고 이상적인 파트롱을 만났지만, 부잣집도 엄격한 비용 관리를 강요받는 시대가 되었다고 되풀이해서 독자의 주의를 환기시키고 있다. 단, 그것을 단순히 부정적인 요소라고는 생각지 않았다. 적은 재료로 조수의 도움 없이 연회를 준비하려 할 때, 재능과 감각이 있는 요리인이라면 순서의 간략화를 생각해야 한다. 그것이 단순하고 건강에 좋은 요리를 만들어내는 하나의 계기가 될 터였다. "기술이나 손으로 하는 일에서는 낡은 방식을 뒤흔들어야만 한다. 그렇게 하지 않으면 우아함이나 완성도는 도저히 바랄 수 없다"라는 말에서, 옛날부터의 선입관이나 타성을 타파하려고 하는 그의 혁신성이 두드러지게 확인된다.

한편으로 요리를 상품으로서 파는 레스토랑 경영자에게는 소비자의 선호를 간파하고 언제나 새로움을 제공할 것이 요구되며 그 것이 요리의 세련됨을 촉진한다는 점을 그는 지적하고 있다.

근대국가로의 전환기에 탈레랑은 신구 양 체제의 엘리트를 자신의 식탁에 불러 모아 양 세력의 중재자가 됨으로써 힘의 균형 위에 프랑스의 안정을 꾀하려 했다. 그런 주인을 섬겼던 카렘도, 신구 양면을 겸비하고 있었다. 전통을 계승하고 이상적인 요리를 추구하면서도 현실을 직시해서 근대적 발상을 갖고, 구체제에서 다음 시대로의 다리를 이어주는 커다란 역할을 해낸 것이다. 요리인이 활약하는 장은 레스토랑으로 옮겨가고 있었지만, 그가 없었다면 19세기 후반의 근대 프랑스 고급요리의 발전은 없었다 해도 지나친 말은 아닐 것이다.

계급적 요리에서 국민적 요리로

앞에서 말했듯이, 카렘은 폭넓은 사람들을 향해서 책을 썼다. 요리의 기본만 익히면 칠면조 요리의 크레송cresson* 풍미든, 트뤼프 풍미든, 살림 형편에 맞춰서 맛있게 만들 수 있다. 모두가 무리하게 요리를 장식할 필요는 없다. "1년에 네 번 건성으로 친구를 부르기보다는 두 번 훌륭하게 접대하는 편이 상대방을 기쁘게 할 것이다. …… 파리의 당당한 부르주아는 새로운 접대형식을 시험해보기 바란다. 그런 습관이 결국은 파리 사람들의 위에, 아니 맛있는

• 잎이 매운 샐러드용의 물냉이, 양갓냉이

나라 프랑스 전체의 위에 영향을 미칠 것이다"라고 쓰고 있다.

책을 씀으로써 그는 새로운 미식의 향유자가 된 부르주아계급을 위해 왕후 귀족의 요리를 다시 번역했다. 귀족이든 부르주아든 요리의 기본은 같다. 단, 시간과 노력을 아끼지 않는 궁정요리는 순서가 복잡해지고 변주의 폭도 넓어져 있었다. 그것을 합리적으로 분석하고 구체화할 필요가 있었다. 그의 저작 《19세기 프랑스요리 기술L'Art de la cuisine française au 19- siécle》(1833) 제3권의 소스 개론에는 200종 이상의 소스가 수록되어 있다. 기본이 되는 그랑 소스(중요 소스)에 이어서 거기서 파생된 프티 소스(응용 소스)가 열거되고 심지어 상세한 해설이 이어진다. 기본 소스를 마스터하면 다양한 맛을 더해서 자연스럽게 변주의 폭이 넓어지는 구성을 취하고 있어 독자가 원하는 대로 고를 수 있었다. 부르주아 가정의 여성 요리인을 위해서는 경비와 시간을 절약할 수 있는 편리한 방법도 소개하고 있다.

장식성이 높은 카렘의 요리는 지나치게 복잡하다고 여겨지지만 큰 공간을 살리는 호화로운 연회요리는 별도로 치고 그가 중시한 것은 자연스러운 맛의 하모니였다. 그러기 위해서는 새로운 테크닉과 도구를 준비해서 요리를 진화시키고 재료나 순서의 낭비를 뜯어고쳐서 요리를 간소화할 필요가 있었다. 그런 생각이 일관되게 흐르는《19세기 프랑스요리 기술》은 단순한 개인의 레시피 모음집에서는 결코 달성할 수 없었던 프랑스요리의 전체상을 구체적으로 제시하는 데 성공했다. 그것은 프랑스요리의 정체성을 확립하

《19세기 프랑스요리 기술》 초판 제1권 표지

는 작업이었다고도 말할 수 있다. 과거의 요리를 세련되게 만들고 완성시켰을 뿐만 아니라 의식적으로 재구축, 재정의한 공적은 크다. "19세기 프랑스요리는 요리기술의 뛰어난 규범으로서 후세에 남을 것이다"라고 그는 잘라 말하고 있다. 200종의 소스는 계승되어온 것이며 그가 발명한 것은 아니지만, 그 중요성을 설파하고 분류해서 만드는 법의 요점을 명시함으로써 레시피의 범용성이 두드러지게 높아졌다.

《19세기 프랑스요리 기술》 제1권에서 "장인의 집에서는 포토푀 pot-au-feu•가 가장 먹을 만한 음식이다"라고 지적하고 있듯이, 그에게 있어서 기교를 잔뜩 부린 요리만이 프랑스요리는 아니었다. 프

• 고기와 채소를 많이 넣어 푹 끓인 맑은 수프

랑스 사람들의 식탁에 오르고 건강을 지키는 요리, 그것이 프랑스 요리였다. 프랑스에서 국민국가 의식이 형성된 19세기 초, 카렘이라는 위대한 요리인의 힘에 의해 계급의 틀을 뛰어넘은 국민적 요리, 프랑스의 상징으로서의 요리가 키워지는 토대가 다져진 것이다. 타의 추종을 불허하는 그 우월성을 믿어 의심치 않았던 그는 이것을 "우리나라의 위대한 요리"라고 부르고 있다. 스스로 일국의 요리를 짊어지고 일어서려 하는 기개를 담은 말이다 그런 드높은 의지는 현대의 폴 보퀴즈Paul Bocuse나 알랭 뒤카스Alain Ducasse에 이르기까지 프랑스 요리인들에게 면면히 계승되고 있다.

외국 경험이 풍부하고 타국의 식문화나 요리에 막대한 관심을 기울였던 그의 저작에는 각 나라와 프랑스의 식재료를 비교한 기술도 많다. "영국이나 러시아, 독일에서의 경험에서 실로 많은 것을 배웠고, 그것은 유용했다. 그것이 우리의 현대 메뉴를 풍부하게 했다"라는 말이 나타내듯이, 자국요리의 우월성에 대한 확신과 외국요리의 뛰어난 점을 받아들이는 일은 그에게서 모순되지 않았다. 프랑스요리에는 외래의 것을 음미하고 동화하는 노하우가 있기 때문이었다.

이국에서 일하는 요리인이나 과자장인을 위해, 예를 들면 접어서 굽는 파이용 버터를 구할 수 없는 땅에서는 쇠기름, 송아지의 유방이나 신장 기름, 라드, 일반 기름으로 대체할 수 있다고, 자신의 경험에서 얻은 지혜를 써서 남기고 있다. 이국에서 활약의 장을 추구하고 자국요리를 객관적으로 본 것은 그에게 요리에 대한 더욱 깊고 넓은 시선을 부여했다. 이런 시선이야말로 국민적 요리로서의 프랑스요리를 확립하는 데에 그치지 않고 국제적으로 통용되는 보편성을 갖추는 것을 가능케 한 원동력이었다.

장인, 직업인으로서 그리고 가스트로놈으로서

제과 · 조리기술의 요체를 파악하고 외국 체류를 통해 경험을 늘린 카렘은, 축적한 지식과 기술을 후진에게 물려주어 19세기 프랑스의 제과 · 요리업계가 달성한 성과를 후세에 전하는 것을 사명으로 생각하게 되었다. 오랜 노동에서 해방된 새벽에 하루의 일을 돌아보고, 세세한 부분에까지 응축된 연구 성과를 빠짐없이 기록해두는 것은 일찍부터의 그의 습관이었다. 그런 노하우는 최고가 되기를 원하는 사람에게는 중요한 입문서가 될 터였다. 그런 메모가 토대가 되었겠지만, 카렘은 후반생에는 홀린 듯이 저작에 몰두해 쉰 살이 채 안 된 젊은 나이에 죽을 때까지 아홉 권에 이르는 요리책과 두 권의 건축 관련 책까지 썼다.

19세기 요리의 발전에서 자신이 이룩한 역할을 도처에서 강조하는 부분은 자기과시욕이 강한 카렘답지만, 그를 저작활동으로 몰아간 원동력은 개인의 명예보다도 자신이 평생을 걸었던 제과 · 요리기술의 발전과 동종업계 종사자들의 향상을 갈구하는 마음이었다. 그는 사람들이 우러러보는 입신출세를 이루었지만 삶의 마지막 순간까지 요리 현장을 지킨 장인이었다. 저작 속에서 그가 한결같이 말을 걸고 있는 것은 현장에서 일하는 사람들이다. 대갓집에서 일을 하는 동안에 전문기술과 창조력으로 승부하는 요리인이 다른 고용인과 똑같은 취급밖에 받지 못하는 현실을 보고 처우개선이 급선무라고 생각했다. 레스토랑의 탄생 이후로도 제2차 세계대전 때까지는 부르주아 가정에 고용된 요리인이 수도 없이 많았다는 것에 주의할 필요가 있다.

"뛰어난 요리인을 평가할 수 없는 주인은 미식의 즐거움을 알 수가 없다"라며 식탁을 감독하는 주인들의 자질을 묻는 한편으로, 요리인 스스로에게도 사회적 지위향상을 위한 노력을 요구했다. "아무리 솜씨가 좋아도 메뉴도 제대로 쓰지 못해서는 주인의 신뢰를 얻을 수 없다." 그래서 그는 업무에 필요한 말을 분류해서 순서대로 쓰고, 옮겨 쓰라고 권했다. 낫 놓고 기역자도 모르던 까막눈이었던 그 자신이 그렇게 피땀 어린 노력으로 공부했을 것이다. 시간만 나면 옮겨 쓰다 보니 마침내 철자를 기억할 수 있었다고 말하고 있다. 《파리의 왕실 과자장인》 제1권에는 포타주에서 달콤한 앙트르메까지의 요리 이름을 '어휘집'에 수록했다. 단어장처럼 철자 연습에 사용할 수 있고 메뉴를 구성하는 힌트도 되기 때문이다.

카렘은 도제제도에 토대한 장인교육에 대해서도 의문을 드러냈다. 2~3년이나 수습으로 혹독하게 부려 먹으면서 과자 반죽 하나 만져보지 못하게 하는 스승이 있다는 것은 언어도단이었다. 오늘날에도 주방에서는 '기술은 어깨너머로 보고 훔쳐 배워라'는 식의

신구 요리인 복장에 대한 카렘의 데생(《프랑스의 메트르 도텔》 수록)

사고방식이 뿌리 깊다. 그 때문에 얼마나 먼 길을 돌아왔는지가 뼈에 사무쳤던 그는 젊은 수습이 이해하기 쉽도록, 비슷한 종류의 다른 책에서는 전례를 찾아볼 수 없을 정도로 아주 정성 들여 기술적인 요령을 해설했다. 예를 들면 접어서 굽는 파이 반죽을 만들 때 기온이 다른 여름과 겨울에는 버터와 반죽의 딱딱한 정도가 다른데, 카렘은 그 밸런스를 잡는 방법의 중요성을 몇 쪽에 걸쳐서 자세히 쓰고 있다. 물론 "현장에서 수많은 경험을 쌓지 않고서는 정말로 중요한 것을 파악할 수 없다"라고 타이르는 것도 잊지 않는다. 작업의 효율화를 언제나 마음에 새기고 단 한 번 만에 알맞은 양의 소스를 끼얹을 수 있는 래이들ladle(국자)을 특별주문하는 등,

주방의 도구나 시스템의 자질구레한 개량도 적극적으로 행했다.

프랑스요리에서 셰프의 상징이 된 높은 모자는 그가 살던 무렵에는 없었고, 원래는 두건 같은 모양이었다고 한다. 그래서는 패기가 느껴지지 않으므로, 카렘이 윗부분에 둥근(또는 팔각형) 골판지를 넣은 모자를 디자인해서 유행시켰다는 일화도 남아 있다. 빈에서 스튜어트 경을 섬기던 시대의 일이다. '국가적 산업의 중요한 한 분야'를 맡은 요리인의 지위향상을 내면과 외면이라는 양면에서 지향했던 것이다.

그의 머릿속에는 요리인협회 설립 구상까지 있었다. 장래의 규범이 되는 요리전서 편찬을 위해 우수한 요리인이 의견을 교환하고, 회합의 마무리에는 회원의 신작요리가 발표될 예정이었다. 결국 그 꿈을 실현하지는 못했지만 19세기 프랑스요리 총론의 집필은 그 자신이 평생에 걸친 작업으로서 죽기 직전까지 계속했다(《19세기 프랑스요리 기술》 전 5권 중에서 제4, 5권은 그의 사망 뒤에 제자인 플뤼메레Plumerey가 이어서 썼다). 직업인으로서 가져야 할 자세를 언제나 모색하고 업계의 조직화까지 구상한, 극히 선진적 발상의 소유자가 바로 카렘이었다. 프랑스요리사에 이름을 남긴 대부분의 요리인들은 요리책을 씀으로써 자신의 요리관을 웅변하고 있다. 그러나 요리의 사회적 역할에 눈길을 돌리고 요리인이라는 직업을 사회 속에 위치 지어서 문제제기를 한 사람은 카렘이 최초라고 말해도 좋을 것이다. 자타가 공인하는 19세기 프랑스요리계의 제1인자였으므로 오피니언 리더로서의 영향력은 컸다.

요리인이 가스트로노미의 담당자로서 실제로 무대 앞에 모습을 드러내는 것은 1970년대 누벨 퀴진nouvelle cuisine 이후지만, 만드는 입장에서 적극적으로 발언하고 일정한 사회적 영향력을 가진 요리인이 19세기 초반에 나타났다는 것은 가스트로노미의 진전에서 커다란 의미를 갖고 있었다. 다음 장에서 소개할 가스트로놈인 그리모 드 라 레니에르가 카렘의 존재를 의식하고 있었다는 점에서도 그것을 알 수 있다. 물론 시대의 제약은 있었지만 낡은 시대의 요리를 체현해나가면서도 카렘은 사색에 의해 새로운 시대를 불러들였다. 그것을 펜의 힘으로 이룩했다면 그를 가스트로놈이라고 불러도 별 문제는 없을 것이다.

레스토랑에 다니는 새로운 먹는 쪽이 나타난 것도 이 시대로, 먹는 쪽과 만드는 쪽에 더해서 양쪽의 중간에 선 비평가로서 가스트로놈이 등장했을 때 비로소 가스트로노미의 담당자가 면모를 갖춘다. 그것이 그리모 드 라 레니에르다.

| 제3장 |

음식 저널리즘과 가스트로노미 비평의 새벽

— 그리모 드 라 레니에르

그리모 드 라 레니에르(1758~1837)

파리 최고의 식탁

시대가 크게 움직이고 가치관이 흔들릴 때에 비평활동은 활발해진다. 가스트로노미 비평이라는 측면에서는 프랑스 대혁명 시기, 20세기 초반, 1968년 5월 혁명 때, 21세기 초반을 크게 전환기로 꼽을 수 있다. 각각의 시점에서 비평이 먹는 쪽과 만드는 쪽의 가치관 변화를 어떻게 촉진하고 어떤 영향을 미쳤는지 지금부터 확인해보자. 먼저 첫 번째 전환기의 조력자가 등장한다.

1758년 11월 20일, 총괄징세청부인 로랑 그리모 드 라 레니에르의 집에 갓 태어난 아기의 울음소리가 울려퍼졌다. 장남 알렉상드르 발타자르 로랑Alexandre Balthazar Laurent Grimod de La Reynière(1758~1837)의 탄생이다. 그러나 갓 태어난 아기를 본 사람들은 모두가 숨을 삼켰다. 아기의 오른손에는 거위 발처럼 물갈퀴가 있고 왼손은 새 발톱 같았기 때문이다.

그리모 가문은 리옹 지방 출신인데, 변호사에서 벼락출세한 증조부가 파리로 거주지를 옮겨서 총괄징세청부인이 되었다. 직무는 아들을 거쳐 손자, 즉 우리의 주인공 알렉상드르의 아버지에게로 세습되었다. 총괄징세청부인이란 계약을 통해 왕권으로부터 간접세 징수를 위임받은 어용 금융업자다. 가혹한 징세도 서슴지 않아 엄청난 부를 축적한 징세청부인에 대한 납세자의 원망과 한탄은 격렬하여 혁명기에는 수많은 징세청부인이 단두대로 보내졌다. 징세청부로 쌓은 이익을 연구비로 쏟아부은 근대화학의 아버지 라부아지에Antoine Laurent de Lavoisier도 그중 한 명이다. 다행이라고 해야 할지, 대혁명 무렵 아버지는 이미 세상을 떠났고 그 자신도 추방당한 몸이 되었기 때문에 알렉상드르는 파멸을 면했다. 예술에 미쳐 있던 아버지가 직무를 게을리했던 것도 다행이었다.

할아버지 대부터 그리모 가문의 식탁은 파리 최고라고 일컬어졌다. 볼테르Voltaire와 친했던 할아버지에게, 이 철학자는 자신의 요리인을 맡아서 가르쳐달라고 부탁한 적도 있다. 자기 같은 병자를 상대하면 솜씨가 무뎌지므로 예술을 지키는 셈치고 훈련시켜달라고 했다고 한다. 참고로 덧붙이자면, 이 할아버지는 푸아그라 파테가 목에 걸려 세상을 떠났다고 한다.

징세청부 이외에 노예무역을 포함한 다양한 사업에 손을 대서 부를 축적한 그리모 가문은 상층 부르주아라면 늘 그렇듯이, 귀족과 인척관계를 맺어 가문의 명예를 높이려 했다. 알렉상드르의 백모 가운데 한 사람은 명문 법복귀족法服貴族 말제르브Malesherbes와 결혼했다. 사법관 말제르브는 계몽주의에 경도되어 《백과전서》 간행에 이해를 보이고 루소의 옹호자가 되었다. 그는 루이 16세의 내무장관과 국무장관에 임명되어 궁정개혁에 힘썼지만 좌절되고 혁명이 일어나자 망명한다. 1792년에 귀국한 뒤에도 한결같이 루이 16세를 구명하기 위해 애썼으며, 그 혐의로 공포정치가 한창일 때 체포, 처형당했다. 알렉상드르는 양친과 충돌할 때마다 이 문인정치가의 조언에 따랐다.

그리모 드 라 레니에르의 전기를 쓴 네드 리발Ned Rival에 따르면, 알렉상드르의 아버지 로랑은 우레를 두려워하여 번개가 칠 때면 자택 지하의 모포를 둘러친 방음실에 틀어박히곤 했는데, 하늘이 갤 때까지 사람의 힘으로는 도저히 끌어낼 수 없었다고 한다. 식욕은 부모를 닮았지만 일에는 관심이 없었고 렘브란트Rembrandt, 브뤼헐Brueghel, 와토Jean-Antoine Watteau•, 프라고나르Jean-Honoré Fragonard•• 등의 작품을 수집하여 만사 제쳐놓고 그것을 베껴 그리느라 여념이 없었다.

알렉상드르의 어머니 수잔Suzanne은 오래된 귀족 가문의 딸이었지만 재산이 없었으므로 유복한 백부인 오를레앙의 사제가 지참금을 마련해주었다. 그녀는 로랑과 부부의 연을 맺는 것이 마음이 내키지는 않았지만, 가난해서 연인과 결혼할 수 없었던 친구의 지참금을 지불한다는 조건으로 받아들였다. 징세청부인의 아내가 되면 궁정에 문안드리러 가서 왕과 왕비를 알현할 것이라는 그녀의 꿈은 무참히 짓밟히고 베르사유는 영원히 문을 닫아걸었다. 친구의 행복을 대가로 꿈을 매장해버린 그녀에게 결혼생활에의 환상은 없었다.

• 프랑스 로코코 미술의 창시자 중 한 사람

•• 서정적인 매력과 우아함을 풍기는 프랑스 로코코 미술의 마지막 대가

전설적인 기인의 성장

알렉상드르 발타자르 로랑 그리모 드 라 레니에르(이하 그리모)는 희대의 기인이라 불린다. 뒤에서 쓸, 관을 둘러싼 '싱여 연회' 등등의 기행이 유별난 그리모의 이미지를 만들어냈다. 그러나 음식 저널리즘의 개척자인 그가 쓴《미식가 연감Almanach des Gourmands》(1803~12)이나 《손님접대 입문Le Manuel des Amphitryons》(1808)을 실제로 읽어보면, 원활한 사교생활을 하기 위한 마음가짐이나 예의범절이 점잔 빼듯이 설파되어 있어 의외라는 인상을 받게 된다. 사회통념을 거스르는 그의 품행과 '~해야만 한다'는 식의 매너 모음집 같은 그의 저작 사이의 간극은 크다. 그런 자가당착은 전환기를 맞이한 시대가 품고 있던 모순을 바로 자신의 모순으로 삼아서 살았기 때문에 생겨났다고 생각할 수 있다. 물론 그의 젊은 날의 반항이나 방종은 신체조건이나 가정환경과도 관계가 없지는 않다. 그것을 포함해서, 그가 무엇에 그토록 민감했으며 무엇을 파괴하고 무엇을 지키려 했는지 좀 더 자세히 살펴보자.

기형인 아들의 탄생은 거만한 수잔에게 씻을 수 없는 상처를 남겼다. 곧이어 태어난 둘째아들이 요절하자 알렉상드르의 존재가 더욱더 역겨워져 의식적으로 멀리하려 했다. 아버지는 아들을 위해 하얀 가죽으로 감싼 금속제 의수를 특별 주문했다. 의수 없이도 글씨는 쓸 수 있었으므로, 의수는 순전히 사람들 눈에 띄지 않게 하려는 용도였다. 그러나 아버지도 아들에게 각별한 애정을 쏟지는 않았다. 알렉상드르는 분명 장애에서 비롯된 고통스러운 자의식을 평생 끌어안고 살았겠지만, 그것에 더해 다른 누구도 아닌 자신의 부모에게서 존재 자체를 부정당하는 소외감에 시달렸다. 이 소외감이 한편으로는 애정에 대한 굶주림에 가까운 갈망을 돋우고 다른 한편으로는 자립을 재촉하여 양친과는 다른 자신만의 세계를 열어젖히게 했으리라 여겨진다. 결과적으로 그는 자신이 속한 계층에 갇히지 않고 심지어 시대를 앞서 가는 역할을 가스트로노미 분야에서 맡게 된다.

명문학교 루이 르 그랑Louis-le-Grand에서 수사학과 철학을 배운 알렉상드르를, 양친은 견문을 넓히라는 핑계로 가정교사와 함께 여행을 떠나보낸다. 부르보네Bourbonnais•, 리옹, 도피네Dauphiné••, 주네브(제네바) 등을 여행하고, 1년 가까이 머물렀던 로잔에서는 실연도 경험했다. 그의 인생은 저돌적으로 사랑을 향해 돌진했다가 채여서 상처받는 일의 연속이었지만 18세 때의 실연은 특히 고통스러웠고, 사랑받고 싶다는 욕구와 배신감 때문에 여성에 대한 불신을 마음속에 품게 되었다. 1776년, 그는 상심을 안고 파리로 돌아왔는데, 그 무렵에는 어머니의 정부인 브르퇴유Breteuil가 공공연히 집에 드나들어서 그의 여성 불신을 부채질했다.

그리모 가에서는 파리에서 손꼽히는 호화로운 취향이 집중된 연회가 매일 밤 열렸다. 브리야사바랭에 따르면 "금융업자는 미식의 영웅이다. …… 그들이 온갖 사치를 부린 식탁과 금고로 저항하지 않았다면 귀족계급의 칭호와 문장紋章의 중압에 그만 짜부라지고

• 프랑스 중부의 지방으로, 옛 주州의 이름이다.

•• 프랑스 남동부의 론 강에서 이탈리아 국경에 이르는 옛 지방이다.

말았을 것이다. …… 공작들은 그 집을 나서기가 무섭게 자신들을 접대한 주인을 야유했지만 그들이 거기에 온 것은 사실이며 연회석으로 이어진 시점에서 이미 그들의 패배는 정해진 것이었다." 그 말대로 알렉상드르의 어머니는 궁정이 그녀를 거부한다면 자신에게 오게끔 하면 된다는 듯이 귀족들을 불러모아 연회를 열었다.

그리모 저택이 있었던 장소는 현재는 미국대사관이 자리한 특1급 부지이다. 그러나 루이 15세 광장(현 콩코드 광장) 모퉁이의 샹젤리제 거리에 접한 광대한 토지를 아버지가 파리 시로부터 22만 5000리브르에 사들였던 당시는 도심에서 떨어진 벌판이었다. 단, 택지개발의 징후는 있었으므로 일종의 투기였다. 짓는 데 2년이라는 시간이 필요했던 저택에는 거울이나 패널로 뒤덮인 200평방미터의 대응접실과 아버지의 컬렉션 전시 갤러리도 있어서 둘러보는 데에 몇 시간이나 걸렸다고 한다. 대응접실을 사이에 두고 아버지와 어머니의 침실은 나뉘어 자리잡아 얼굴을 마주치지 않고 살 수 있었다. 이런 집의 구조는 아내가 정부를 두는 일이 드물지 않았던 프랑스의 귀족이나 상층 부르주아의 생활 실태를 반영하고 있었다. 어머니와 정부들의 관계는 사춘기 아들에게 강한 혐오감을 심어주었다. 3인 가족에게는 너무 넓은 저택은 '아늑한 우리 집'이라기보다 찬바람이 휘몰아치는 듯한 장소였으리라 상상할 수 있다.

그 뒤 법률을 공부한 알렉상드르는 변호사의 길을 택함으로써 사법관이 될 것을 권유한 부모에게 반항을 꾀했다. 변호사라면 옹호하는 쪽에 설 수도 있지만 판사라면 친아버지의 목을 매달게 될지도 모른다는 핑계를 댔다. 그는 고통받는 시민을 지킬 의무가 있다고 진심으로 생각하고 있었던 것 같다. 착취당하는 이들의 희생 위에서 이루어진 사회의 모순을 자신의 모순으로 고뇌하고 있었던 것은 확실하며, 착취하는 쪽에 서 있다는 과민함이 그를 방종으로 치닫게 한 원인의 하나였다고 봐도 좋을 것이다.

샤틀레Châtelet 재판소에서 연수를 받을 때는 코메디 프랑세즈Comédie-Française•에 드나들었다. 어머니와 친한 여배우들에게 어렸을 적부터 귀여움을 받다 보니 연극에 대한 흥미가 싹텄다. 코메디 프랑세즈에서 하녀 역할로 호평을 받은 키노Quinault 양도 그중 한 명이었다. 그가 만났을 때에는 70세였던 키노 양은 멋있고 재치가 풍부해 사교계에서도 통하고, 볼테르나 마리보Pierre Carlet de Chamblain de Marivaux••, 달랑베르Jean Le Rond D'Alembert와도 친교가 있었다. "그녀의 이야기에 귀를 기울이는 것은 명저를 읽는 것과 마찬가지였다"라고 그는 술회하고 있다.

연기자에의 동경이 문필에의 야심과 겹쳐 약관 19세에 알렉상드르는 희극평론에 손을 대서 《연극신문(주르날 데 테아트르Journal des Théâtres)》이나 스위스의 신문 《뇌샤텔Neuchâtel》에 기고했다. 저널리즘활동은 변호사가 된 것 이상으로 양친의 심기를 거슬렀지만, 그는 "사람은 유용성과 관계없이 직업을 평가한다. 우리를 먹여 살리는 빵집을 무시하고 착취자인 금융업자에게 꼬리 친다"라고 항변했다. 조숙하고 일찍이 어른의 세계를 접한 그는 세상의 가치관을 곧

• 1680년에 설립된 프랑스의 국립극장. 팔레 루아얄 서쪽에 자리잡고 있으며, 영국의 로열 셰익스피어, 러시아의 말리 극장과 함께 세계 3대 극단으로 꼽힌다.

•• 18세기 전반 프랑스의 극작가 · 소설가. 몰리에르식의 전통적 희극을 개혁하여 여성의 연애 심리에 대한 미묘하고 섬세한 분석을 특색으로 하는 희극을 썼다.

이곧대로 받아들이지 않고 비평정신을 발휘할 줄을 알았다. 가정 내에서의 고립이 내적 성장을 촉진하고 비평가 그리모의 탄생을 준비했다고 말할 수 있을 것이다.

가족과의 결별과 새로운 교우의 세계

그리모는 어머니의 식탁에 줄줄이 앉은 손님들의 공허한 대화를 몹시 싫어하여 시내의 타블 도트(정찬 테이블)에서 식사하기를 즐겼다. 또한 젊은 시절부터 시장의 북적거림을 좋아해서 채소 가게나 닭집 주인과 얼굴을 익히는 사이가 되었다. 귀족사회밖에 보지 않았던 어머니에 대한 반발이 그의 시선을 자연스럽게 민중의 생활로 향하게 한 듯하다. 단, 베리에게 뒤지지 않는 솜씨를 가진 그리모 가의 요리사 모릴리옹은 높이 평가하여, 나중에 그 요리를 기억하며 눈시울을 붉히기도 했다. 유복하고 축복받은 환경이 그의 혀를 단련시킨 것은 틀림없다.

이 무렵 두 번째 실연으로 염세적이 된 그리모는 자신의 작품에서 '독신자'를 칭하고 있었다. 그리고 1778년, 사건이 일어난다. 어머니와 격렬한 말다툼을 벌이던 그를 보다 못한 어머니의 정부 브르퇴유가, 그를 때리고 만 것이다. 후회의 눈물을 흘리면서 어머니에게 사죄하고 어머니의 명령에 따라 브르퇴유에게 사과편지를 썼지만 답이 없었다. 어머니가 아들보다 정부를 선택한 그때, 그리모의 마음에서 가족과의 연은 끊어지고 말았다. 때린 사람이 아버지였다면 아직 구원의 여지가 있었겠지만 징세청부인을 그만두고 투기에 손대고 있던 아버지는 가정을 돌보지 않았다. 그의 별난 언행이 두드러지게 된 것은 이 시기부터다. 하얀 의수가 두드러지는 검은 옷을 걸치고 매일 아침 기상천외한 가발로 머리모양을 바꾸었다. 거지들을 집 앞에 모아서 어머니의 손님들을 향해 "탐욕스러운 징세청부인이 빈털터리로 만든 가련한 놈들에게 은혜를 베푸소서"라고 연호하게 했다는 일화도 남아 있다. 둘 곳 없는 슬픔과 분노가 가족에의 반항심을 폭발시켰을 것이다.

곧 그는 미식가클럽 '수요회'의 멤버가 된다. 17명의 회원은 매주 수요일 4시에 튈르리Tuileries 궁전 옆의 레스토랑 〈르각〉에 모여서 한 접시 한 접시 심혈을 기울여서 요리를 맛보았다. 이것이 뒤에 나오는 '미식심사위원회'의 원형이 되었으리라 여겨진다.

연극과 문학에서 구원을 갈구했던 그리모는 일반 관람석에서 민중과 함께 연극을 보았다. 진솔하게 연극을 즐기는 민중의 눈은 날카로웠고, 베르사유 궁전에서 갈채를 받았던 작품이 그들의 야유를 받고 평가가 뒤집혔다. 그는 자신의 계급에 대한 죄의식으로 고뇌했지만 연극이나 문학은 가정형편이나 부와 관계없이 재능만이 사람을 빛나게 하는 것이었다. 루이 세바스티앙 메르시에Louis-Sebastien Mercier나 피에르 드 보마르셰Pierre-Augustin Caron de Beaumarchais(한때 백모의 정부였기 때문에 가족적 친교가 있었다) 등의 극작가나 문인으로부터 실력도 인정받았다. 그러나 특히 그가 경도된 것은 레티프 드

라 브레통Rétif de la Bretonne•과 아즈 씨다.

레티프와 만난 것은 그가 24세, 레티프가 48세 때였다. 이미 주된 저작을 출판했지만 생활고에 허덕이고 있던 레티프는 닳아빠진 검정 망토와 커다란 중절모 밑에 사람들의 접근을 허용치 않는 황소고집을 감추고 있었다. 고전주의의 규범에 갇히지 않고 세상의 뒷면을 그려내는 이 불량한 민중작가에게 그리모는 한눈에 반했다. 메르시에가 그랬듯이 현실의 다양한 모습을 예리하게 파헤쳐 고찰하는 레티프의 문체에서는 저널리즘의 싹이 보였고, 그들과의 교우는 문필가 그리모에게 엄청난 영향을 끼쳤다. 레티프는 그리모가 가족에게 버림받을 때에도 시종일관 그를 지탱해준 사람이었지만 혁명을 경계로 교제를 끊는다. 자세한 경위는 뒤에서 이야기하자.

다른 한 명인 아즈 씨는 수수께끼의 인물이다. 그리모보다 서른 살 이상 나이가 많았고, 귀금속 주조 공방을 소유하여 생토노레Saint-Honoré 거리에 있는 큰 보석상 일을 하청받고 있었다. 그리모와 알게 된 것은 그가 공방을 닫고 귀금속 판매점으로 변신했을 무렵이었다. 그리모에 따르면 "아즈 씨는 18세기의 가장 위대한 철학자 가운데 한 명"이며 실생활의 지혜에 토대한 그의 철학은 백과전서파를 다 합쳐놓아도 지지 않을 가치가 있었다. 아즈 씨의 교훈을 적은 《규칙서》는 그리모의 문장을 통해서 단편적으로 전해질 뿐인데, 예의범절 모음집에 가까워서 처세훈으로는 유용하지만 철학서라고 생각하기는 힘들다. 《미식가 연감》이나 《손님접대 입문》을 읽

• 본명은 니콜라 에듬 레티프Nicolas-Edme Rétif(1734~1806)로, 18세기 프랑스인들의 삶과 당시 사회의 퇴폐적인 모습을 생생하게 묘사한 작가이다.

을 때 위화감을 느끼는 이유 가운데 하나는, 그리모가 누누이 말하는 예의범절 대부분이 《규칙서》를 인용하고 있기 때문인 것 같다. 규칙에 따르면 만찬을 대접한 사람의 험담을 해서는 안 되지만 그 기간은 만찬의 질에 비례하고, 평범한 만찬이라면 1주일이며 아무리 길어도 반년까지다. 그러므로 험담을 듣고 싶지 않으면 그 기간 안에 다시금 초대해야만 한다고 쓰고 있다. 심지어 그리모는 그런 규칙을 참으로 진지하게 실천했다고 한다.

속박을 싫어하던 젊은이가 왜 이런 소소한 규칙에 얽매였을까? 전기작가 네드 리발은 정신적 안정이 결여된 그리모가 확고한 지지대를 원하여 아즈 씨의 반쯤은 유희인 규칙을 금과옥조로 삼았으리라 분석하고 있다. 영웅을 갈구하는 그의 눈에 아즈 씨는 권위와 질서의 상징으로 비쳤으며, 위대한 창조력을 갖춘 레티프와 더불어 아버지의 존재를 대신하게 되었다. 다른 계층에 속하는 아즈 씨나 레티프로부터 세상의 실용적 측면이나 저변의 실태를 배운 것이 그리모의 시야를 크게 넓힌 것은 확실하다.

연회 스캔들과 앙피트리옹에의 길

그리모와 양친의 결별을 결정지은 사건은 '상여 연회'였다. 1783년 1월, 52×40센티미터의 거대한 장의통지를 흉내 낸 초대장이 파리에 나돈다. 2월 1일 밤 10시부터 그리모 저택에서 개최하는 수페

Souper 컬렉션(가벼운 야식) 초대장으로, "올리브유와 돼지고기는 최상품을 준비하겠다"라는 묘한 문구가 있고 십자가를 얹은 관대棺臺(관을 일시적으로 안치하는 받침틀)가 그려져 있었다. 복제한 초대장도 나돌았는데, 그 특이한 취향을 마음에 들어 한 국왕 루이 16세는 액자에 넣어서 걸어두었다고 한다. 복제한 초대장은 구경꾼용으로 300장 가까이 나돌았다고 한다.

프랑스의 귀족사회가 키운 문예 살롱은 이 무렵에는 문인이나 예술가, 지식인이 문학, 예술, 정치에서 가십까지를 허물없이 논하는 장이 되어 있었다. 독일인 비평가 그림Friedrich Melchior von Grimm의 《문예통신》이나 바쇼몽Louis Petit de Bachaumont 등이 이어서 쓴 《회상록Mémoires Secrets》은 그런 부르주아적 살롱에서 태어난 당시의 문단과 세상을 알 수 있는 귀중한 자료로, 두 자료가 모두 상여 연회를 자세히 전해주고 있다. 그리모가 3년 뒤에도 똑같은 연회를 다시 한 번 열었기 때문에 혼동했는지 이들을 비롯한 여러 사람의 증언에 각각 상당한 차이가 있지만 일단 대강의 줄거리는 다음과 같다.

그날 밤, 입구에는 두 명의 보초가 서서 초대장 제시를 요구하며 "인민을 착취하는 거머리 같은 드 라 레니에르 씨의 손님인가, 그렇지 않으면 과부와 고아들의 옹호자인 그 아들의 손님인가?"라고 물었다. 그 관문을 통과한 손님이 안으로 들어가면, 창을 들고 있는 기사들에 의해 판사풍의 모자와 가발을 쓴 남자가 있는 곳까지 인도되어 이름과 신분이 기록되었다. 판사 역은 아즈 씨가 맡았다고 한다. 초대객이 모두 모이자 변호사 복장을 한 그리모가 어두운

방으로 안내한다. 어둠에 감싸인지 몇 분, 문득 문이 열리고 몇 백 개의 불빛이 빛나는 연회 공간이 나타났다. 많은 증언이, 식탁 한 가운데에 관대가 놓여 있고 방에는 검은 천이 둘러쳐져 있었다고 전하고 있다.

연회의 요리는 일곱 번(그리모 자신에 따르면 스무 번)으로 나뉘어, 매회 다섯 접시의 요리가 동시에 서비스되었다고 하는데, 내용물에 대해서는 아무도 자세히 이야기하고 있지 않다. 초대장의 문구대로 제일 먼저 서비스된 것은 온갖 돼지고기 요리였고, 다음은 올리브유를 사용한 요리였다는 것밖에 알려져 있지 않다. 돼지고기도 올리브유도 아버지 쪽 친척한테서 얻은 것이니 앞으로 애용해 달라고 그리모가 고했다고 한다. 그리모 가문은 돼지고기 제품으로 유명한 리옹 출신이긴 하지만 돼지고기 가게나 식료품점(당시 상인의 신분은 낮았다)을 하는 친척은 없으므로 일부러 아버지를 경멸한 것이리라.

다음 날 아침에는 이야기가 꼬리에 꼬리를 물고 퍼져나가 파리는 온통 상여 연회 이야기로 들끓었다. 동료들을 제외하고 대중적으로는 전혀 알려지지 않았던 그리모는 단숨에 스타가 되었다. 이 연회를 기획한 이유를 몇 가지 생각할 수 있다. 며칠 뒤에 간행될 자신의 책 《쾌락에 관한 계몽적 성찰》의 선전을 위해서라는 것이 레티프의 관점이다. 실제로 그가 며칠 뒤에 연 낭독회는 소문의 주인공을 한 번 보려고 몰려든 사람들로 북새통을 이뤘다고 한다. 평범한 풍속비평이라고 그림에게 혹평을 받은 그 책이 연거푸 쇄를 거듭했다고 하니 계획은 적중한 것이었다. 두 번째는 '조문 연회' 설. 연회 날로부터 며칠 전에 키노 양이 세상을 떠났다. 식탁에 정말로 관대가 놓여 있었다면, 모든 신문이 묵살했던 명여배우의 죽음을 애도하며 그녀가 총애하던 아이가 바친 오마주일지도 모른다. 세 번째는 교만한 어머니와 흐리멍덩한 아버지를 욕보이기 위해서였다는 설. 앞에서 말한 돼지고기 가게 발언으로 보건대 부모 얼굴에 먹칠을 하려 했다는 것은 확실한 듯하다.

그의 저작을 문학적인 견지에서 분석한 장 클로드 보네Jean-Claude Bonnet는 연회의 연극 및 의식적 측면에 착안했다. 확실히 연회에는 연극적 취향이 응축되어 있다. 그리모가 이 일생일대의 대연극의 연출을 부탁한 다장쿠르Dazincourt는 마리 앙투아네트의 낭독지도도 했던 명배우다. 단, 미식 공간과 연극적 · 음악적 공간의 융화는 원래 프랑스의 특기이며, 규모는 다르지만 루이 14세의 베르사유 궁의 축하연에서는 정원의 가설극장에서 몰리에르의 희극이나 륄리 Jean-Baptiste〔de〕Lully(1632~1687)•의 오페라가 상연되곤 했다. 거슬러 올라가서 중세의 연회에서도 한없이 이어지는 서비스 사이사이에 대규모 장치를 사용한 촌극이 공연되었다. 또한 연회의 식탁을 둘러싼 난간에 구경꾼이 무리를 짓고 있었다는 것이 이상하게 들리지만 사실 이것도 전례가 있었다. 루이 14세의 그랑 쿠베르grand couvert••라 불린 식사다. 이것은 왕과 왕세자 등 왕족이 식탁에 앉는 것으로, 종종 공개되었고, 난간 밖에서는 우르르 몰려든 갤러리들이 구경했다. 베르사유 궁전을 방문하는 여행객들에게는 이것이 최고

• 이탈리아 태생 프랑스의 궁중음악 및 오페라 작곡가

•• 왕의 만찬. 루이 14세에 의해 시작된 공개만찬으로, 당시 베르사유 궁에서는 정찬과 만찬 모두를 여러 사람이 모인 자리에서 먹었다.

의 볼거리였다고 한다.

보네에 따르면 죽음의 암시는 프리메이슨과의 관련도 시사한다. 18세기 초반에 영국에서 창설되어 세계적으로 퍼진 박애주의 집단 프리메이슨은 기원도, 활동실태도 수수께끼에 싸여 있는 부분이 많다. 신비주의적 경향을 강하게 띠고 있는데다가 입회의식은 비공개였기 때문에 비밀결사의 이미지가 더해졌다. 조직은 기본적으로 도제徒弟, 장인職人, 스승의 세 가지 지위로 구성된다. 도제와 장인의 입회의식에서 지망자는 눈이 가려진 채 로지(프리메이슨의 집회소)의 방을 돌며 "왜 여기에 왔는가"라는 질문에 답을 해야 한다. 그 시련 뒤에 눈가리개가 풀리고 어둠의 세계를 벗어나 빛의 세계로 들어간다. 스승의 입회의식에서는 죽음을 암시하는 검정색으로 실내를 치장하고 관을 나타내는 도상圖上으로 죽음과 재생을 상징적으로 재현한다. 입회자는 시련을 극복하고 자기실현과 인간적 완성을 지향하는 프리메이슨의 정신을 상징적으로 체험하는 것이다.

연회는 확실히 그런 의식을 반영하고 있다. 처음에는 귀족이나 상층 시민의 사교클럽이었던 프리메이슨은 계몽주의나 이신론理神論, 과학주의 등의 새로운 사상을 받아들여 정보 교환을 하는 장이 되었고, 18세기 말의 프랑스에는 600개의 지부가 있었다고 한다. 연회에 깊숙이 관여한 수수께끼의 장인 아즈 씨를 향한 그리모의 이해할 수 없을 정도의 외경도, 프리메이슨과 얽혀 있기 때문이라고 보는 건 지나친 생각일까? 유감스럽게도 그나 아즈 씨와 프리메이슨의 구체적인 접점은 보이지 않는다.

가십거리가 된 연회를 엄하게 지탄하는 목소리가 높아졌다. 왕의 거동을 흉내 내고 식탁에 죽음의 그림자를 떠돌게 하는 것은 불경스러운 짓임이 틀림없었다. 하지만 어쨌든 우리는 기행의 뒤편에 있는 복합적인 동기를 읽어내야만 할 것이다. 여기서는 오히려, 그가 식탁을 지배하는 앙피트리옹amphitryon(주인 역할)을 자진해서 떠맡았다는 점에 주목하고 싶다. 무의식 중에 각인된 식탁의 주인 역할, 말하자면 아버지의 지위를 찬탈하고 아버지를 밟고 넘어서서 자립하겠다는 결의의 표명으로도 해석할 수 있기 때문이다. 단, 아버지의 식탁이 미식으로 사람들을 모았던 것에 비해 그의 식탁에는 요리의 모습이 보이지 않는다. 그런 그가 언제부터 가스트로노미 세계의 주인이 되는지 계속 살펴보자.

이 무렵부터 그리모는 매주 수요일과 토요일에 아버지의 저택에서 '계몽적 점심모임'을 열었다. 문인일 것 그리고 열일곱 잔의 커피를 마실 수 있을 것, 이것이 입회조건이었다. 보네에 따르면, 앞에서 말한 상여 연회의 회식자가 17명이었던 것이나 이 커피의 17이라는 숫자 역시 프리메이슨과의 관련을 나타낸다. 점심모임이라고 해봤자 수요일은 버터를 바르고 앤초비를 얹은 빵과 카페오레뿐이었으며, 토요일은 여기에 쇠고기 덩어리가 추가되었다. 보마르셰, 레티프, 메르시에, 셰니에Chénier 형제 등 쟁쟁한 문인과 예술가가 식탁을 둘러싸고 식후에는 신작을 도마에 올리고 논하거나 자신들의 작품을 발표했다. 앙피트리옹을 담당한 그리모도 자기 작품을 발표했다. "지성과 지성이 어우러지고 감각과 감각이 충돌

하고 서로 다른 개성이 대치하는 것은 모두 천재에게 바람직한 일이다. 상상력이 솟구쳐 오르고 사고가 넓어지며 문체에 힘과 기운이 더해지기 때문이다. 절반은 영양보급을 위한 그 모임이 끝났을 때에는 틀림없이 일하기에 좋은 상태가 되어 있다"라고 그는 쓰고 있다. 절반은 영양보급을 위해서였다는 말 그대로, 먹는 것이 주목적이 아니라 고대 그리스의 향연처럼 서로 논쟁하고 정신을 고양시키는 것에 의미가 있었다. 아즈 씨의 규칙에 따라 술이 금지되어, 고대의 향연에 반드시 있었던 와인이 없었다는 것이 차이점이었다. 계몽적 점심모임에는 대신 커피의 각성효과가 요구되었다.

이 시점에서 그의 야심은 문학에 있었다. 양친도 예술을 사랑했고 살롱문화의 전통이 살아 숨 쉬는 환경에서 자랐다. 레티프는 문필가 그리모를 혹평했지만 20대 중반에 자신의 눈높이를 만족시키는 동료들을 모은 살롱을 만들고 이끌었던 것은 높이 평가해도 좋을 것이다. 펜으로 출세하는 데에 그것은 귀중한 양식이 되었다. 그러나 연회가 오래 지속되지는 않았다.

귀양의 나날과 가스트로노미에 눈뜨기

동료 변호사 뒤쇼잘이 필화사건에 휘말렸을 때 그를 힘껏 도우려는 나머지 지나친 행동을 한 그리모는 변호사 자격을 박탈당할 지경이 되었다. 그의 기행에 골머리를 썩이고 있던 친척 일동은 기회는 이때라는 듯이 파리 추방을 명하는 국왕의 봉인장封印狀을 손에 넣는다. 봉인장이란 가장의 요청에 응해 범죄나 방탕 등으로 질서를 어지럽힌 가족의 투옥이나 감금을 명하는 왕령의 일종이다. 그리모는 파리에서 동쪽으로 350킬로미터 떨어진 로렌 지방의 도메불 수도원에서 근신하는 몸이 되었다.

이송된 직후에는 거기가 최후의 거처라며 비장한 각오를 굳힌 그리모였지만, 채소와 포도를 키우는 수도사는 기꺼이 먹는 즐거움을 추구했고 거기에는 베르슈가 그리워하던 수도원의 풍성한 식탁이 있었다. 감시 역할을 맡긴 했지만 온화한 수도사들의 세심한 마음 씀씀이에 이윽고 거칠었던 그의 마음도 차분해져서 "나의 인생에서 가장 행복한 시간이라고 말할 수 있겠지요"라고 레티프에게 소식을 전하고 있다.

근신처분은 1786년 4월부터 1788년 5월까지 약 2년 동안 계속되었다. 그 뒤 친척들은 그에게 여행을 권했다. 사실은 근신에 처해지기 전에 그는 행실이 헤픈 아마추어 연극배우인 노조아르 양(앞에서 말한 연회에도 남장을 하고 참가하고 있었다)에게 매혹되어 연간 3,000리브르의 종신연금을 뜯기고 있었다. 나중에 그녀는 체불된 연금의 지불을 그리모의 후견인인 어머니에게 요구해서 재판까지 갔고 어머니의 패소로 끝난다.

여행지인 리옹에서 여배우 아델라이드 테레즈 푸셰르Adéle Feuchère를 처음 만난 그리모는 서른 살에야 비로소 사랑하고 사랑받는 기쁨을 맛본다. 아델은 그와 평생을 함께 하기로 결정하자 미련 없이 무대를 버렸다. 하지만 정식으로 결혼한 것은 20년도 더 지난 1812년이다. 그리모는 가족과 화해했지만 일부러 거리를 두었고, 혁명이 발발한 파리로 돌아갈 생각도 없었다. 이 무렵 아버지는 파트너와 거액의 빚을 내서 국채에 응모하여 매매 차익금을 벌어들이는 사업에 손을 대고 있었다. 선량하고 어수룩한 아버지는 사업자금을 융통하느라 빚에 빚을 거듭 졌고, 1793년에 사망한 후에는 아들이 그 빚을 갚게 된다.

그리모도 아버지가 자금을 대주어 리옹에서 장사를 시작했다. 당시 아직 상인의 지위는 낮았지만 그는 개의치 않았다. 가게는 손Saône 강 좌안의 메르시에Merciere 거리에 있었으며 리옹 특산물인 견직물이나 스타킹 그리고 중세부터 내려오는 보케르Beaucaire의 큰 시장이나 세트Sète, 마르세유 항구에서 다량으로 사들인 와인이나 벌꿀, 올리브유 등을 판매했다. 그러나 그리모는 밤낮없이 여행을 다니며 가게는 다른 사람에게 맡겨두었다. 이내 형편이 기울자 1792년에 아버지가 부채를 정리하고 그리모는 장사에서 손을 뗐다.

조금 거슬러 올라가서 1790년, 보케르의 시장에 간 김에 그는 베지에Béziers에 사는 숙모 보셰 백작부인을 방문했다. 미망인인 백작부인은 그리모를 아들처럼 귀여워했다. 딸(애칭 파파)이 태어났어도 당장 리옹으로 돌아가지 않았던 것은 숙모의 따뜻함이 마음에 스며들었기 때문이었겠지만, 다른 이유도 있었다. 고대 로마로 거슬러 올라가는 역사를 가진 베지에는 서대기, 대하(왕새우), 자고새(꿩

과의 새), 멜론, 로크포르Rouquefort 치즈 등 산해진미의 보물창고였고, 마을의 명사들이 모두 맛있는 요리로 그를 융숭히 대접했던 것이다. 이전부터 식탁에서 세 시간씩 보내는 것은 지적인 인간이 할 짓이 아니라고 큰소리쳤던 그리모였지만 도메불 수도원과 베지에에서의 미식 체험을 통해 식탁에는 지성을 기울여서 진지하게 몰두해볼 가치가 있다는 것을 알았다. 그러나 가스트로노미에 눈을 떴다고는 해도 30대 중반의 그는 아직 먹는 즐거움보다 관능의 즐거움에 더 빠져 있었다. 사람을 구속하는 사랑 없는 결혼 따위, 애정으로 맺어진 두 사람에게는 필요 없다면서 아델과 결혼은 하지 않았지만 여행지에서 계속 보내온 편지에는 육체와 정신의 열애가 고스란히 드러나 있다.

혁명의 폭풍과 연극평

프리메이슨의 입회의식처럼, '가스트로놈' 그리모의 탄생을 앞두고 시련이 기다리고 있었다. 그것은 개인의 차원을 넘어선, 시대에 부과된 시련이기도 했다. 당초 지방도시가 보기에 혁명은 강 건너에서 불구경하기였고, 망명 귀족의 저택이나 수도원에 대한 약탈은 있었지만 대체로 평온했다. 구체제의 잘못을 규탄하기를 주저하지 않았던 그리모지만, 사회변혁을 지향하는 혁명이 품은 부정이나 악, 잔학성도 간과하지 않았다. 그런 의미에서 그의 자세는 일관되었다. 한편 혁명의 추이를 가까이에서 체험하고 있던 레티프는 입헌왕정 지지에서 국왕 처형을 지지하는 쪽으로 입장을 바꾸었다. 사회의 대부분을 점하는 인민이 국가의 이름으로 행하는 일은 비록 피를 흘린다 해도 정당하다고 주장하며 "사람은 타고난 관점에서밖에 사물을 보지 못한다"라는 즉흥적인 악담을 그리모에게 퍼부어댔다. 확실히 그리모가 한발 먼저 민주주의에 눈을 뜨기는 했지만, 잃을 것이 없는 민중과 입장을 함께 하는 일은 마지막까지 없었다. 그것은 태생이 다른 두 사람의 우정의 종말을 의미했다. 이후 그는 레티프의 존재 자체를 마음속에서부터 말살했고, 1806년 2월에 레티프가 죽었을 때 태연한 얼굴로 친구들과 카니발의 식사를 즐겼다고 한다. 아버지를 대신했던 레티프와의 결별은 마침내 정신적 자립의 때가 왔음을 고하고 있었다.

레티프는 마지막에 그에게 재능을 낭비하지 말고 문학에 정진하라고 조언했다. 베지에에서 느긋하게 머물면서, 그리모는 심심풀이 정도의 시나 소품밖에 남기고 있지 않다. 미식문학이라 일컬어지는 그의 저작이 음식에의 문학적 접근의 성과라는 건 분명하지만, 문학의 수준에 이르러 있는지 어떤지는 별개의 문제일 것이다. 혁명의 동란 뒤 그는 창작이 아니라 비평에서 활약의 장을 찾아낸다.

공포정치가 시작된 1793년, 딸 파파가 유모의 집에서 양친 중 누구도 지켜보지 않은 가운데 숨을 거두었다. 그리고 그리모 가의 저택 바로 앞에 있는 혁명광장(예전의 루이 15세 광장. 현재 콩코드 광장)에서는 루이 16세와 마리 앙투아네트를 비롯해 1,000명 이상이 처형되었다. 열광한 군중의 일부가 그리모 저택의 정원에 뛰어들어 부모는 문을 닫아걸고 숨을 죽이고 있었다고 한다. 아버지는 그해 말에 사망한 덕분에 다른 징세청부인과 함께 기요틴의 이슬로 사라지는 운명을 면했다.

1794년 1월, 치안판사가 찾아와 고급 식품점 〈오텔 데 자메리캉〉 창업자의 고소에 따라 시민 로랑 그리모 드 라 레니에르의 빚 4만 리브르에 대한 담보로 저택을 압수한다고 선언했다. 아버지가 집과 대지를 담보로 돈을 빌린 탓이지만, 사법권의 봉인 덕분에 군중의 약탈도, 국유재산으로의 몰수나 매각도 면했으므로 무엇이 다행인지는 알 수 없다. 어머니가 개인재산 관리를 신청한 결과, 중요한 방들과 비싼 가구 정도는 봉인되었지만 개인재산은 보전되어 죽은 남편의 사업관리인 장 바티스트 게Jean-Baptiste Sylvère Gay를 비롯한 하인과 집사, 요리인 등 14명의 고용인의 방과 부엌, 술저장고 사용도 허가되었다.

아버지 사후 한 달 반 뒤에 그가 집으로 돌아오자 또 다른 재난이 가족을 덮친다. 국민공회의 공안감시위원이 어머니와 조카인 우르슈 백작부인을 체포, 수감했던 것이다. 어머니의 죄목은 반혁명 혐의를 받은 조카를 숨겨준 것이었다. 사업관리인 게도 체포되었다. 베지에 주재 상인의 신분증명서를 가진 그리모는 상속을 위해 파리에 돌아온 것이 인정되어 정부로부터 저택의 관리인으로 임명되었다. 테르미도르Thermidor의 반동•이 일어난 1794년 7월 27일, 그는 아델과 튈르리 정원을 산책한 다음 아이스크림이라도 먹

• 프랑스 대혁명 이후 권력을 잡은 로베스피에르가 공포정치 끝에 결국 살해당한 사건

으려고 〈카페 드 푸아〉에 들어갔다가 사건 소식을 접했다. 다음 날은 거리의 살기등등한 기세에 외출을 삼갔고, 일기에는 "광장에서 로베스피에르, 쿠통Georges Auguste Couthon, 생쥐스트 등이 처형되다. 마담과 저녁을 먹다. 0시에 취침"이라고 적었다. 로베스피에르의 죽음으로 공포정치가 종식되자 반혁명 혐의자도 감옥에서 풀려났고 먼저 게가, 이어서 어머니가 돌아왔다.

그해에는 밀이 흉작이 들어 최고가격법이 폐지되자 물가가 급등했다. 그는 당시 연극을 보러 다닐 정도였으므로 궁핍한 생활이었다고는 생각할 수 없지만, 아버지가 수집했던 판화나 데생을 팔아치워야 했다고 한다. 빵은 혁명 자치구의 지급품이었다. 쇼핑 메모에 따르면 그림의 떡인 칠면조나 트뤼프가 든 소시지는 냄새만으로 참으며 '상상의 만찬'도 즐겼다. 연말에만은 큰맘먹고 돈을 들여서 송아지 머리, 새끼양 허벅지살, 종달새 고기, 마카로니, 초콜릿 크림으로 손님을 대접했다. 그의 말을 빌리자면 최고로 저렴한 만찬이었다. 장작을 살 돈도 부족하여 추위를 참고 견뎠다고 한다. 겨울에는 많은 민중이 굶주림과 추위로 죽어갔다. 손님을 초대할 수 있는 그의 굶주림과 민중의 굶주림은 질적으로 다르다고 말할 수 있지만, 그리모도 어설프게나마 결핍과 배고픔을 알게 되었고 살기 위해 먹는다는 상황을 경험했다. 마침내 그가 열어젖히는 가스트로노미 비평은 미식을 찾고 사치를 추구하는 것이지만, 먹는다는 일에 대한 근원적인 진실을 접한 이때의 시련은 분명 그의 시선에 적잖은 깊이를 더해주었을 것이다.

소소한 식사를 서로 나누고 함께 고난을 견디면서 어머니와 아들 사이는 가까워졌다. 하지만 그것도 잠시, 1796년에 압류가 풀리고 채권자와 재판을 하게 되자 모자는 다시 대립하고 법정투쟁 끝에 아들의 후견인으로서 어머니가 모든 재산을 관리하게 되었다. 어머니는 샹젤리제의 저택 일부를 세놓고 옛 집사인 마줄리에게 샹젤리제 거리 쪽의 오렌지 재배용 온실을 임대해주어 카페 겸 빙과점을 운영하게 했다. 그리모는 나중에 《미식가 연감》에서 그의 가게를 추천하여 임대 수입을 확보하려고 노력하고 있다.

공포정치에서 벗어나자 사람들은 탐욕스럽게 쾌락을 추구하며 뭔가에 홀리기라도 한 듯이 들떠서 흥청망청했다. 그런 세태를 한탄한 빅토르 위고Victor-Marie Hugo의 글 중에 "우리들의 트리마르키오는 그 이름이 그리모 드 라 레니에르이다"가 있다. 트리마르키오란 고대 로마의 페트로니우스Gaius Petronius Arbiter•의 작품이라 여겨지는 소설••에 나오는 인물로, 해방 노예에서 출세하여 한껏 향락과 포식에 빠져들었다. 그러나 현대판 트리마르키오인 그리모가 사람들의 이목을 집중시킨 것은 이미 10여 년 전의 일이며 이제는 빈털터리가 된 그는 연회를 멀찍이서 바라볼 수밖에 없었다. 신체제하에서는 새로운 졸부가 발호하고 있었다.

연극계에서도 실망이 그를 덮친다. 예전에 그의 피를 끓게 했던 질 좋은 연극은 모습을 감추고 있었다. 관객이 바뀐 것이다. 연극을 이해하는 데에 불가결한 '기본문법'도 이해하지 못하는 벼락부자들이 좋고 나쁨을 알 리가 없었다. 아버지의 컬렉션을 팔아서

• 고대 로마의 정치가이자 문인. 네로 황제 치하에서 집정관을 지냈으며, 네로의 총애를 받아 '우아優雅의 심판관'이라 불렸다.

•• 〈사티리콘Satyricon〉을 가리킨다.

《극검열관 — 파리와 각 현의 주요 극장 일지》를 창간한 것은 1797년 8월이다. 이때 그의 나이 39세. 관객의 보는 눈을 키우고 젊은 극작가를 바른 길로 되돌리겠다는 사명감에 불타고 있었다. 하지만 다시 한 번 햇병아리 여배우 메줄레 양에게 홀딱 반해서 프랑스 연극의 희망의 별이라고 입에 침이 마르게 칭찬해댔기 때문에 《극검열관》의 평판은 형편없었다. 그러나 소귀에 경 읽기로 그는 펜을 놀렸다. 독설을 퍼붓는 그의 눈높이를 만족시키는 배우는 적었고, 일약 두각을 나타내어 프랑스 최고의 명배우가 된 탈마François-Joseph Talma에 대해서는 분노와 비탄의 생생한 표현은 인정하지만 기품이나 감정이 부족하다고 호되게 깎아내렸다. 그가 보기에는 볼테르의 훈육을 받은 루캉Lekain이야말로 가장 이상적인 비극배우였다. 본질적으로 18세기 사람인 그리모를 시대가 뛰어넘고 있었다고 말할 수 있을 것이다. 문학, 연극, 요리 등 모든 면에서 그의 가치관은 혁명 이전의 그것으로, 자신이 반발했던 구체제 질서를 얄궂게도 그것이 붕괴된 뒤에 옹호하게 되었다.

그리모가 정부의 쩨쩨한 검열제도를 야유하여 당국의 미움을 산 탓에, 결국 1798년에 《극검열관》은 다른 잡지와 함께 발매금지 처분을 받는다. 왕당파가 애창했던 베르슈의 시를 실었던 것이 치명타였다. 자신이 이상으로 삼는 사회적 · 예술적 가치를 지키기 위해 그리모는 당당하게 머리를 계속 치켜들었지만 출판물에 새로운 세금이 부과되어 문필활동에는 역풍이 불고 있었다. 신문지상에 연극평을 쓸 기회도 오래 지속되지 않았고, 극단 복귀의 기회를 노렸지만 더 이상 그가 설 자리는 없었다. 메줄레 양에게 씌었던 콩깍지가 벗겨진 뒤 그는 식탁에서 기쁨을 구했다. 그것은 사람이 가장 일찍부터 그리고 몇 번이고 되풀이해서 맛볼 수 있는 기쁨이었다. "랑그도크Languedoc*나 세벤Cévennes 산맥**의 붉은 자고새, 툴루즈Toulouse나 오슈Auch, 스트라스부르Strasbourg의 명성을 불멸로 만들었던 거위나 오리의 간(푸아그라)만큼 멋진 여성이 이 세상에 있을까." 프랑스 음식지지地誌를 내는 구상도 있었다. 마침내 다른 세계에 발을 내딛을 때가 왔다.

《미식가 연감》과 미식심사위원회

옛 친구 마라단Maradan과의 대화가 발단이었다. 레티프나 보마르셰의 작품을 출판했던 마라단은 바스티유 습격 다음 날 파산했다. 그에 따르면 "다시 태어난 프랑스의 머리에는 먹는 생각밖에 없고, 책 따위는 읽지 않으"므로 "식료품 가게나 돼지고기 가게나 레스토랑을 하는 것이 낫다"라는 것이었다. 그래서 그리모의 머릿속에 번뜩인 아이디어가, 맛있는 것을 확실하게 알려주는 정보를 제공하는 가이드북이었다. 해마다 연말에 신작 컬렉션이 구매욕을 자극하는 패션의 세계처럼, 최신 음식 정보를 제공하는 연감도 장사가 될 것이라며 마라단 역시 동의하여 《미식가 연감》 1호의 집필, 편집, 인쇄가 25일 동안 행해져 1803년 1월에 발간되었다.

* 프랑스 남부에 있는 지방의 옛 이름
** 프랑스 남동부에 있는 산맥

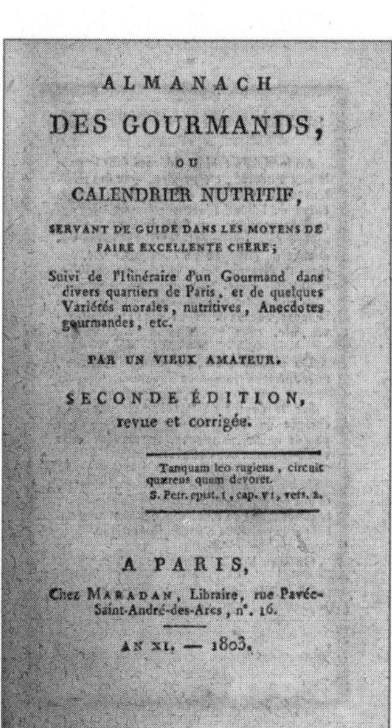
ALMANACH
DES GOURMANDS;
OU
CALENDRIER NUTRITIF,
SERVANT DE GUIDE DANS LES MOYENS DE FAIRE EXCELLENTE CHÈRE;
Suivi de l'Itinéraire d'un Gourmand dans divers quartiers de Paris, et de quelques Variétés morales, nutritives, Anecdotes gourmandes, etc.
PAR UN VIEUX AMATEUR.
SECONDE ÉDITION, revue et corrigée.
Tanquam leo rugiens, circuit quærens quem devoret.
S. Petr. epist. I, cap. VI, vers. 2.
A PARIS,
Chez MARADAN, Libraire, rue Pavée-Saint-André-des-Arcs, n°. 16.
AN XI. — 1803.

《미식가 연감》 1호 개정 제2판 표지

《미식가 연감》 1호의 개정 제2판(초판은 일찌감치 동나고 수정을 가해서 같은 해에 2판을 간행했다) 첫머리에는 지은이의 초상과 이름이 실려 있지만 표지에는 "늙은 호사가에 의한 것"이라고밖에 적혀 있지 않다. 창간 당시 마흔네 살이었던 그의 부끄러움의 표명이었을까. 연감은 월별로 식재료를 소개하는 '자양의 달력', 카페며 레스토랑, 식품점 따위를 소개하는 '자양의 길 또는 미식가의 파리 각 지구 산책' 그리고 여러 가지 일화 등을 모은 '자양의 잡록'으로 구성되어 있다. 휴대하기 편리한 12절판의 작은 판형이지만 글자 크기를 줄여서 정보량에는 부족함이 없다.

머리말에는 "혁명을 계기로 부를 거머쥔 파리의 졸부는 심장이

《미식가 연감》 삽화, 미식가 알현

위장화하여 육체의 즐거움을 추구해 식욕을 채우는 것밖에 머릿속에 없다"라고 쓰여 있다. 그러므로 '먹는 즐거움의 미궁'의 길잡이를 맡아 사람들을 계몽하는 책을 펴낸 것이다. 레스토랑의 탄생은 사람들의 외식욕구를 확연히 일깨웠다. 맛있는 음식에 돈을 쓰는 사람들의 모습에 새로운 출판 시장의 가능성을 꿰뚫어본 것은 적중하여 《미식가 연감》 1호는 1804년에 제3판이 나오고, 1810년에는 출판사를 바꿔서 제4판이 나왔다. 5호(1807년 발행)의 머리말에는 4호(1806년 발행)까지 누적 판매부수가 2만 2000부라고 쓰여 있다. 1800년대 초에 파리 인구는 55만~70만 명이므로 베스트셀러라고 부를 수 있을 것이다. 18세기 이후, 도시의 잠재적 독자층은 확대되어 있었다. 지방에서 파리로의 유입자 대부분은 빈곤층으로 전락해 사회격차는 확대되고 있었지만, 피라미드 구조의 위쪽에는 부유층의 폭이 넓어져 있었다. 그리모 자신이 말하듯이 그 무렵 파리에서 500곳이 넘는 레스토랑이 이익을 낼 수 있을 만큼의 고객이 존재하고 있었던 것이다.

예전부터 파리에는 각지의 산물이 모여들었고 18세기에는 통신판매도 행해졌다. 1767년 창간된 《식료품신문》은 바욘Bayonne의 햄, 브레스의 비육닭*, 연어, 잉어, 파인애플을 비롯한 국내외 희소식품의 기사가 주를 이루었다. 일설에 레스토랑을 낳은 어버이라고도 하는 샹투아조Mathurin Roze de Chantoiseau는 정육점, 빵집, 제과점, 리모나디에limonadier(음료소매상), 트레퇴르(음식배달점) 등 파리에서 평판이 좋은 가게를 소개하는 연감을 1770~80년대에 발간하기도 했다.

따라서 그리모가 미식 가이드를 발명한 건 아니지만 수요가 많아지는 절묘한 시점을 포착한 것만은 틀림없다. 젊은 시절부터 키워온 미각에 더해, 연극평에서도 통했던 독자적인 눈썰미, 신랄하지만 아름다움이 넘치는 필치가 그의 미식 안내의 개성이 되어 독자를 끌어들였다. 상업적 가이드북의 틀을 넘어 비평에 발을 내딛고 있다는 점에서 음식 저널리즘의 선구적 역할도 해냈다.

《미식가 연감》은 당초부터 의견이나 정보에 더해서 '상품 견본'을 보내라고 요구하고 있었다. 우송료는 발송자 부담이었음에도 유명 과자점 〈루지에〉, 레스토랑 〈베리〉, 식료품점 〈코르스레〉 등에

• 고기를 많이 얻기 위해 특별한 방법으로 살이 찌도록 키우는 닭

《미식가 연감》 삽화, 미식심사위원회

서 테린terrine•이나 파테, 요리, 과자가 속속 도착해 그리모는 즐거운 비명을 질렀다. 그래서 도착한 상품을 매주 심사하는 '미식심사위원회'를 결성하기로 했다. 미식심사위원회는 1803년 부활절 무렵에 창설되어 1812년에 465회로 막을 내릴 때까지 계속되었다. 해마다 다른 《미식가 연감》의 삽화를 살펴보면 2호(1804년 발행)에는 미식가를 알현하고 상품을 바치는 사람들, 3호(1805년 발행)에는 '미식심사위원회'의 면면과 심사내용을 적어내려가는 서기가 그려져 있다. 초대 위원장인 가스탈디Gastaldi 박사는 파리 남동쪽에 있는 샤랑통Charenton 시료원施療院의 수석의사였다. 이름 높은 미식가인 파리 대주교 벨루아Jean-Baptiste de Belloy에게 초대받아 연어 요

• 잘게 썬 고기 · 생선 등을 그릇에 담아 단단히 다진 후 차게 식힌 다음 얇게 썰어서 내는 전채

리를 두 접시나 더 먹었던 것이 목숨을 잃는 원인이 되어, 가스탈디 박사는 미식의 길을 완수하고 74세에 세상을 떠났다.

위원회의 정례식사회(원칙 12명 이하)는 매주 화요일에 그리모의 집에서 열렸다. 창설자이자 서기국장인 그리모를 비롯해 위원의 면면은 가지각색이었고 누계 100명 이상이 관여했다. 위원이 되려면 기존 12명 위원들의 동의가 필요했고, 거기에 더해 엄격한 시험(제공된 요리와 와인을 모두 먹고 마시기)이라는 관문이 있었다. 식탁에 하인이 개입하는 것을 싫어했던 그리모는 지하 주방과 1층 식당 사이에 리프트를 설치해서 요리를 운반케 하고 음향관을 통해서 지시를 내렸으며, 유일하게 입실을 허락받은 늙은 하녀가 접시를 바꿔주었다. 회식은 저녁 7시에 시작해서 다섯 시간은 계속되었는데, 배달된 상품이나 레시피를 재현한 요리를 한 가지씩 시식, 토의하고, 승인할 것이지 말 것인지를 투표에 부쳤다. 정례회에는 메줄레 양 등 여성도 참가했지만 투표권은 없었다. 그저 조용히 앉아 자리나 빛내는 역할이었던 것이다.

서기국장은 위원들의 의견을 기록, 편집하고 위원장의 서명을 담아서 다음 주에 제작자에게 보냈다. 판정 결과는 《미식가 연감》에서 공표했는데, 승인받지 못한 제작자는 같은 상품을 재심사받을 수 있었다. 승인받은 이들은 1.5프랑을 지불하면 위원회의 의사록 사본을 주문해서 받을 수 있었다. 《미식가 연감》 한 권 가격이 1.8프랑으로 비쌌지만 가게 벽 등에 인증서로서 걸어둘 수 있었다. 《미슐랭 가이드》식의 별점을 한발 먼저 시행한 《미식가 연감》의 이런 낙점방식은 파리 가게들의 동기부여를 높이고 《미식가 연감》의 성공을 결정지음과 동시에 요식업의 수준 향상을 촉진시켰다.

원래 전통적인 프랑스식 요리 서비스법은 몇 회에 걸쳐서 여러 가지 요리를 동시에 내는 것이었다. 그러다가 한 가지씩 차례차례 내오는 러시아식 서비스로 바뀐 것이 1808~12년쯤으로, 러시아대사로 파리에 주재했던 클라킨 대공에 의해 도입된 것이라고 한다. 그러나 1804년의 《미식가 연감》 2호에서 이미 그리모는 요리를 한 가지씩 차례차례 내올 것을 권장하고 있다. 보기에만 그럴 듯하게 요리를 한꺼번에 늘어놓으면 나중에 먹는 것은 식어서 맛이 없어지기 때문이다. 그는 전통적 가치를 일관되게 옹호했지만 오래된 것을 맹목적으로 중시하지는 않았다. 불합리한 것은 거부하고 외양보다는 실속을 중시했다. 그런 의미에서 보면 그리모야말로 새로운 사회의 주역으로 도약한 부르주아적 가치관의 체현자였다. 실제로 러시아식 서비스가 널리 정착된 것은 그로부터 반세기 이상이나 뒤의 일이다.

《미식가 연감》은 진보도 적극적으로 인정해, 새로운 발견이라는 제목으로 루지에가 고안한 과자나 다채로운 맛의 겨자, 리퀴르 liquore 등 주목할 만한 신제품을 소개하고 있다. 또한, 채소나 과일의 병조림 보존법을 발명하여 계절을 초월하는 일을 가능케 한 아펠Nicolas Appert이나 감자 보급에 힘쓴 파르망티에Antoine-Augustin Parmentier•를 높이 평가하고, 미국식 전기 도축법의 이점도 설파하고 있다.

• 프랑스의 농학자로, 감자를 프랑스를 프랑스 땅에 맞게 개량하고 재배에 성공한 사람이다. '파르망티에'란 이름이 붙은 요리에는 반드시 감자가 곁들여진다.

《미식가 연감》의 종언

《미식가 연감》에 대한 신문 등의 평가는 대개 호의적이었지만, 미식을 추구하는 새로운 시대의 엘리트 맞은편에는 인기 있는 레스토랑 정보 따위와는 인연이 먼 민중이 있었다. 이내 《빈자의 항구恒久 연감》이라는 패러디판이 등장했고 《그리모 드 라 레니에르의 미식가 연감과 한 쌍인 기아飢餓 연보》도 출판되었다. 1808년의 6호부터 1810년의 7호까지 《미식가 연감》에는 25개월의 공백이 있다. 그 무렵 그리모는 나폴레옹 제정에서 비밀경찰을 이끌었던 푸셰Joseph Fouché에게 소환당해 신문을 받았다고 한다. 굶주린 민중을 쓸데없이 자극한다고 찍혔던 것일지도 모른다. 《미식가 연감》 7호는 출판사를 바꾸어 나온 것을 보면 출판사에도 압력이 가해졌던 것일지도 모른다. 그리모는 마라단의 부진이 원인이라고 말하지만 진상은 알 수 없다.

그보다 약간 이전에, 신제품이 속속 배달되어 《미식가 연감》의 틀 안에서는 미처 소화할 수 없게 되자, 보다 속보성 있는 미디어를 추구한 그는 미식가용 월간신문을 냈다. 편집주간인 그리모 이외에 그도 일원이었던 '카보 모데른Caveau moderne'(술과 요리를 사랑하는 시인의 모임)의 구페Armand Gouffé나 데조지에Marc-Antoine-Madeleine Désaugiers를 포함한 편집위원회가 구성되어 1806년 1월에 《미식가와 미인의 신문 또는 프랑스의 에피큐리앙Epicurean》 창간호가 나왔다. 편집위원회는 매달 20일에 굴요리가 유명한 〈로셰 드 캉칼Rocher de Cancale〉에서 열렸다. 이 월간신문의 테마는 그리모도 좋아하는 미식과 미녀였지만, 편집방침에 불만이 커진 그는 이내 손을 뗐다. 승인제도를 넣어서 《미식가 연감》과 경합한 것도 그의 심기를 불편하게 했다.

《미식가 연감》 자체는 성공을 거듭해서 독일어로도 번역되었다. 나폴레옹 정부의 제2통령 캉바세레스가 자신의 자랑인 식탁에 그리모를 초대하기도 했다. 경제적으로도 한숨 돌렸다. 미식심사의 회식은 제각각인 시식품을 이용해서 메뉴를 구성하기 때문에, 그 틈새를 메우는 요리는 자신의 집에서 마련한다는 각오로 준비했는데, 위원회를 통해서 생겨난 인맥은 그것을 보충하고도 남았다. 종신 부위원장인 대실업가 샤고 씨의 중재로 파리 남쪽 외곽에 집도 샀고, 아버지의 파탄 난 사업의 파트너 아렐을 서기국장 보좌로 앉힌 덕분에 어머니의 과부연금 대신에 매년 5,200프랑이 그리모 가로 들어오게끔 결말이 났다. 이해타산만 따진 인선이 아니어서, 위원회에는 먹성 좋기로 내로라하는 옛 친구들도 얼굴을 내밀었다. 그중에서도 노르망디의 명문가 출신 키시 후작은 예민한 혀와 교양을 겸비하여 그리모는 그를 "당대 유일한 가스트로노미"라고 칭송했다. 행동거지가 온화하여 적이 없는 후작은 나폴레옹 궁정의 궁내 담당자로 임명되어 신제정하에서 제국귀족이 창설된 뒤에도 남작 작위를 받았다.

1808년에 그리모는 《손님접대 입문》을 냈다. 혁명과 더불어 탄생한 벼락부자들은 식탁을 어떻게 준비하여 손님을 대접해야 하는

지, 또한 손님으로서 어떻게 행동해야만 하는지를 몰랐다. 사회질서의 혼란에 의해 잃어버린 식탁의 전통을 부활시켜야만 한다. 그런 사명감이 앙피트리옹(주인 역할)의 마음가짐을 설파한 이 '식탁의 규범'을 쓰게 했다.

그러나 세월과 더불어 《미식가 연감》은 잡기장 양상을 띠게 되었다. 그리모는 지면에서 개인적인 감사의 인사말을 쓰는가 하면, 먼길을 찾아갔는데 저녁식사에 초대하지 않는 지인의 무례를 질책하기도 했다. 원래부터 식탁보에서 금은 세공품 등의 소도구에 이르기까지 식탁과 관련한 품목은 모조리 취급하고 있었지만, 쓸모 있을 것 같은 인물은 아무튼 능숙하게 선별했다. 끈 제조업자는 로스트용 닭을 묶는 끈이나 낚싯줄을 통해서, 페인트 가게는 빨리 마르는 식당용 페인트를 통해서 식탁에 공헌한다는 식이었다.

그리모와 미식심사위원회를 풍자한 희극이 보드빌vaudeville* 극장에 걸린 적이 있었다. 평이 형편없어서 곧 막을 내렸지만, 어떤 연극평은 《미식가 연감》을 언급하며 과장되고 해학적인 문체에 딴죽을 걸면서 "예전에 이름을 날렸던 그 저자"라고 그를 한물간 사람 취급했다. 1813년 새해 첫날에는 《가제트 드 프랑스》 문예란에 1812년 말에 나온 《미식가 연감》 8호에 대한 비평이 실렸다. 비평자는 "사람들 앞에 전혀 나서지 않기에, 엮은이인 늙은 호사가와 그 일동이 다 같이 소화불량으로 절명한 줄 알았다"라고 입을 열며 "진정한 미식가(구르망gourmand)를 물질주의의 방탕자라고 비난하는 자에게 주는 대답으로서 이것을 엮었다고 말하지만, 대식(구르

• 노래 · 춤 · 촌극 등을 엮은 오락연예

망딘Gourmandine)의 어디에 칭찬할 구석이 있으며, 언제부터 그것이 악덕이 아니게 되었는가"라고 잇고 있다.

다음 장에서 보듯이 탐식을 대죄로 보는 크리스트교적 관점은 여전히 뿌리 깊었다. 비평자는 "그리모 드 라 레니에르의 문장 어디에 에스프리esprit(기지, 재치)가 있는가. 그것을 원하는 것은 알겠고 노력도 인정하지만, 케케묵은 표현을 약간 손질하고 외설스러움을 덧입혀 신나게 떠벌리고 있을 뿐이다"라며 문체도 공격 대상으로 삼았다. 마지막에는 "가스트로노미를 의학이나 법원 판례와 마찬가지로 진지하게 취급하다니 당치도 않다"라고 못 박으며 끝을 맺고 있다.

레티프나 보마르셰 등의 재능을 접한 그리모가 자신의 글재주를 과대평가하고 있었다고는 생각할 수 없다. 그리모에게 문제는 가스트로노미 자체의 가치가 의문시되고 있었다는 점이다. 그는 가스트로노미가 의학이나 법학과 동등하지는 않더라도 진심으로 몰두할 가치가 있는 영역이라고 믿었고, 음악과 마찬가지로 손에 잡히지 않는 미각이라는 감각을 섬세한 뉘앙스까지 표현해내려고 분투하고 있었기 때문이다.

1810년에 출간된 《미식가 연감》 7호 이후, 1812년의 8호까지 2년의 공백이 있는데, 8호에는 유난히 복자伏字•가 많이 눈에 띈다. 혁명 시대의 자코뱅파를 비난했다고 여겨지는 대목이 있는가 하면, 가짜 파테에 관한 대목도 있다. 7호에 실었던 가게로부터 명예훼손 손해배상 청구가 있었던 것이 8호의 간행이 늦어지고 위

• 인쇄물에서 명기하기 곤란한 부분을 문자 대신에 ○○ · ×× 따위의 기호를 찍는 것

험한 대목은 복자로 처리한 이유로 보인다. 소송을 낸 상대는 레스토랑이 아니었다. 《미식가 연감》에 실린 500~600곳의 가게 중에서 레스토랑은 30곳 정도에 지나지 않는다. 요리인을 고용하고 있던 그리모는 외식을 할 필요가 없었고 미식가클럽의 정례회가 열린 〈르각〉이나 〈로셰 드 캉칼〉 등 다니던 레스토랑도 한정되어 있었다.

한편 《미식가 연감》의 타깃인 신부유층은 자택에서 자주 손님을 접대했기 때문에 이 시기에 식품점은 날로 번창했다. 고급 식품점 〈슈베Chevet〉의 오랜 단골이었던 브리야사바랭은 눈이 휘둥그레질 정도로 값비싼 아스파라거스를 가격도 묻지 않고 구입하는 갑부가 파리에는 발에 채일 정도로 많다는 가게 단골의 말을 소개하고 있다. 그리모가 격렬하게 규탄한 것은 1795년 미터법으로 전환하는 혼란을 틈타 중량을 속이는 빵집이나 오래된 생선을 파는 가게였다. 그가 상한 파테를 팔았다고 지적한 식료품 가게 〈그렉〉과는 옥신각신했으므로, 소송을 낸 곳은 〈그렉〉일지도 모른다. 진상은 어둠에 가려져 있지만 아무튼 《미식가 연감》은 1812년 8호를 끝으로 모습을 감추었다.

다른 한편으로 그를 오랫동안 연모한 이들이 있었다는 것도 밝혀두자. 〈로셰 드 캉칼〉의 경영에서 은퇴한 바렌이나 식품점 〈슈베〉 주인의 아들은 은둔한 그리모에게 파테나 칠면조, 과자를 계속 보냈다고 한다.

인생의 마지막 악장

1812년 봄, 그는 어머니에게 아델과의 결혼 승낙을 요구한다. 이제 그의 나이도 쉰넷이었다. 말도 안 된다며 어머니가 거부하자 두 사람은 승낙 없이 구청장 앞에서 결혼했다. 그는 파리 남쪽 교외 빌리에 수르 오르주Villiers-sur-Orge에 과수원과 포도밭이 딸린 집을 샀다. 《미식가 연감》을 둘러싼 소송에 진력이 나서 평온한 전원생활을 동경했는지도 모르겠다. 빅토린, 즉 안느 빅투알을 양녀로 삼은 것은 이때다. 인생의 황혼으로 향하는 적요함 때문에 어려서 죽은 딸의 대역을 구한 것일까? 음식 저널리즘에서 물러나기로 결심한 그는 메줄레 양, 키시 후작, 샤고 씨, 루지에 등을 모아서 최후의 미식심사위원회를 열었고, 그 뒤로는 몸이 좋지 않다는 이유로 두문불출했다. 그러던 어느날 갑작스러운 부고가 친구들에게 전해졌다. 장례식 날, 검은 천을 두른 방에서 친구들이 고인에 대해 두런두런 이야기를 나누고 있었다. 그때 갑자기 문이 열리고 오늘에야말로 진정한 친구들과 식탁을 둘러싸자면서 그가 나타났다. 일동은 눈물을 닦고 기꺼이 식탁에 앉았다. 이 죽음과 재생의 퍼포먼스 역시 프리메이슨 의식과의 유사성을 지적할 수도 있겠지만, 공식적인 회식을 끝내고 앞으로는 식탁을 사적인 기쁨의 장으로 삼겠다고 표명하고 싶었던 것이라 추측할 수도 있다.

하지만 그리모가 완전히 은퇴한 건 아니었고, 1814년 3월에는 《제국신문》의 코메디 프랑세즈와 오데옹 극장Théâtre de l'Odéon• 연

• 1782년에 창설된 극장으로, 1819년에 제2국립극장이 되었고, 1945~59년에 코메디 프랑세즈와 합병되었다.

극평 청탁을 받아들이기도 했다. 하지만 다시금 시대는 크게 요동쳤다. 3월 31일, 나폴레옹군을 쳐부순 러시아, 프로이센, 오스트리아 동맹군이 파리에 입성하고, 다음 날 탈레랑을 수반으로 하는 임시정부가 수립된 것이다. 《제국신문》은 원래 소유자의 손으로 돌아가고 편집진은 추방되었다. 혁명 발발로부터 공포정치, 브뤼메르Brumaire 18일의 쿠데타•, 나폴레옹군의 승리, 점령군 입성으로 이어지는 가운데 샹젤리제의 저택에서 내려다보이는 광장은 번갈아 비극과 최고 영예의 무대가 되었고, 무시무시한 피의 흔적을 호화로운 의전이 덮어서 감추었다. 그리모가 파리를 피한 것은 그 모든 것이 공허하고 우스꽝스러웠으며, 점령하의 거리가 역겨웠기 때문일 것으로 전기작가 리발은 보고 있다.

파리 시의 호화로운 저택들은 점령국 원수나 고관의 숙사로 접수되었다. 그리모 저택의 1층은 나중에 워털루의 승자가 되는 웰링턴과 은행가 우브라르Ouvrard가 나눠 썼다. 어머니는 위층으로 피하고 그리모는 빌리에에 틀어박힌다. 1815년 5월, 평생 그의 앞을 가로막던 어머니가 사망했다. 집의 저당을 풀어서 매각하고 국채를 사면 전원에서 유유자적하는 생활을 할 수 있게 된 것이다. 결국 집은 국가에 매각했지만, 매매계약에서 그리모가 생전에 거주할 수 있는 부분적 사용권은 보장되어 아델이 살았다.

빌리에에서 그는 판에 박은 듯 규칙적인 생활을 했다. '도착한 편지는 하룻밤 두었다가 다음 날 읽을 것'이라는 아즈 씨의 규칙을 준수하여 오전 중에는 편지를 읽었다. 답장을 써서 보내고, 점심은

• 1799년 11월 9, 10일에 나폴레옹 보나파르트가 쿠데타를 일으켜 총재정부를 뒤엎고 독재체제를 구축한 사건

거르고, 저녁식사까지 독서. 대개는 소박한 만찬을 즐기고 10시에는 반드시 잠자리에 들었다.

파리 집의 매각이 결정되고 한때 그가 빠졌던 연극배우 노조아르에 대한 연금 지불도 마친 그는 다시금 믿는 도끼에 발등을 찍힌다. 그는 1815년부터 양녀인 빅토린과 함께 살고 있었다. 하지만 젊은 아가씨였던 빅토린에게 시골생활은 너무 지루했으며, 유일한 위안은 가까이에 별장을 갖고 있던 소피 게Marie Françoise Sophie Gay의 방문뿐이었다. 소피 게는 파리에서 문예 살롱을 주재하는 미모의 여류작가였는데, 그녀의 두 번째 남편인 장 바티스트 게가 예전에 그리모 아버지의 사업관리인이었다는 인연도 있었다.

지루한 시골생활도 끝나고, 이윽고 빅토린의 결혼이 결정되자 그리모는 4만 프랑의 생전 증여를 약속했다. 행복한 두 사람의 모습에 고무된 그는 《미식가 연감》 9호의 간행까지 생각하고 있었다. 곧 손자도 태어났다. 딸 일가가 종적을 감춘 것은 집의 최종 매매계약이 성사된 다음 날이었다. 피가 이어져 있지는 않다 하더라도 인생의 최후를 가족과 보내는 기쁨을 맛보고 있던 그에게는 커다란 타격이었다. 그 뒤 그는 두 번 다시 딸을 만나지 않았다.

친구들은 《미식가 연감》의 복간을 권했고, 1819년 말에는 마라단이 그리모의 부활을 알리는 대형 포스터까지 인쇄했지만, 발간 직전인 1920년 2월에 왕위계승자인 베리 공 암살사건이 발생하여 어쩔 수 없이 연기해야 했다. 그러던 중 마라단이 세상을 떠났다. 《미식가 연감》을 낳은 어버이이자 동지라고 부를 만한 오랜 벗의 죽음은 그리모에게 큰 상처가 되었다. 하지만 그가 《미식가 연감》의 복간을 포기한 이유는 그것만은 아니었다. 그리모에게는 요리인의 기술서와는 다른 관점에서 요리에 접근하여 독자를 개척했다는 자부심이 있었다. 그러므로 뷔야르의 《제국의 요리인》(1806) 같은 레시피 모음집 따위는 거들떠보지도 않았지만, 세계를 무대로 활약했던 거장 카렘의 기술이론은 무시할 수 없었다. 카렘이 19세기의 요리를 체현하고 있다면 그리모의 것은 18세기의 대부르주아 요리의 자취였다. 그가 파리에서 가장 세련된 식탁의 주인이라고 일컬었던 캉바세레스를 카렘은 단순한 대식가, 미각치라고 무시했다. 요리계에 출현한 초신성을 보고 그리모는 자신의 시대가 끝났음을 깨달았을 것이다. '새로움'에 민감한 독자를 개척한 그가 그런 기대에 부응하지 못하게 되었을 때, 역할은 끝난 것이었다.

그러는 동안에 오라스 레송의 《신新미식가 연감》이 나온다. 그런데 이 《신연감》의 덧붙이는 말에서는 《미각의 생리학》 간행을 언급하고 있다. 저자인 브리야사바랭은 간행 직후에 세상을 떠났고, 그런 책이 팔리리라고는 생각지 않았던 유족이 저작권을 출판업자인 소트레에게 팔아넘겼는데 《신연감》 3호에 따르면 항간의 화제를 독차지했다고 한다. 전년에 엄청나게 헐뜯었던 저자를 위해 레송은 무려 18쪽이나 할애해서 "그의 위대한 작품 앞에서는 어떤 작품도 빛이 바랜다"라고 최고의 찬사를 바쳤다.

그리모의 마음속은 복잡했다. 가스트로노미를 고도로 추구했던 《미각의 생리학》과 비교해서 《미식가 연감》은 애통하지만 랩소디적인 모음집임을 인정할 수밖에 없었고, 저자의 부고를 접했을 때는 "아카데미가 받아들였어도 좋았을 텐데"라고 말했다. 《미각의 생리학》이 자신의 작품에 대해 한마디도 언급하지 않은 것에는 상처받았지만, 거기에 나온 요리인과 로스트장인의 비교라든지 튀김의 이론, 칠면조의 장점은 그가 이미 다루었던 테마였으므로 선구자의 체면은 유지되었다. 발자크Honoré de Balzac의 《결혼의 생리학Physiologie du mariage》(1829)은 《미각의 생리학》의 대히트에서 힌트를 얻었다고 하는데, 브리야사바랭보다 먼저 '미식의 생리학'이라는 말을 사용한 것도 그였다. 그러나 천천히 생각을 가다듬을 틈도 없이 거침없이 원고를 써갈겨왔다는 것은 그리모 본인이 가장 잘 알고 있었다. 키시 후작이 《미식가 연감》을 복간하라고 압박하자 음식을 예술로까지 끌어올린 브리야사바랭에 비하면 자신은 아마추어 요리인 같은 존재라고 굳이 사양했다고 한다.

그리모가 일흔아홉의 나이로 세상을 떠난 것은 1837년의 크리스마스였다. 신문에는 3주 가까이나 지난 뒤에 한 줄짜리 기사로 전해졌다고 한다.

만드는 쪽과 먹는 쪽 사이에서

그리모의 생애에서 음식 저널리스트로 활약한 기간은 불과 10년으로, 영향력의 크기에서 보면 예상 외로 짧다. 그만큼 정력적으로 일을 했다고 말할 수 있을 것이다. 가스트로놈으로서 그의 역할은 만드는 쪽인 요리인과는 다른 입장에서 요리를 말했다는 점에 있다. 기본적으로 한 명의 주인을 위해 만들어지고 있던 궁정요리가 '불특정 다수의 손님=소비자'를 위한 상품으로 변화했을 때, 만드는 쪽과 먹는 쪽을 이어주는 존재가 필요해졌다. 그때까지 존재하던 여관이나 트레퇴르의 타블 도트는 필요에 쫓겨서 먹는 장소였다. 새로이 생성된 외식 시장에서는 각 가게가 얼마나 맛있는 것을 제공하는가를 두고 격전이 벌어졌고, 그 결과 맛있는 가게를 알려주는 정보 자체에 상품가치가 생겨났다.

굶주림과 손을 끊은 이후 음식은 부가가치를 높임으로써 소비자를 끌어모아간다. 사회도 요리도 커다란 전환기를 맞이한 19세기 초에 그리모가 나타났다는 것은 시대의 필연인 동시에 프랑스요리의 발전에 있어 행운이었다. 패션과 마찬가지로 새로운 맛과 변화가 가치를 낳는 '상품'으로서 요리를 포착한 한편, 그것이 과거의 지식과 기술의 집적 위에 쌓아올려진 '문화'라는 것도 충분히 이해하고 있었기 때문이다.

계몽사상의 세례를 받고 신흥 부르주아의 대두에 의해 귀족적 가치관이 흔들린 이 시대, 부르주아의 살롱에서는 자유토론의 정신이 활발하게 움직였고, 그것의 대상은 문예뿐만 아니라 사회, 정치에서 요리에까지 두루 미쳤다. 다른 한편으로, 이미 보았듯이 살기 위해서가 아니라 즐기기 위해서 먹는 것을 죄라고 보고, 먹는 것에 대해 진지하게 논하는 따위는 백안시하는 견해가 여전히 강했던 것도 사실이다. 브리야사바랭은《미각의 생리학》을 익명으로 출간했다. 그러므로 터부라고 할 것까지는 없지만, 감히 아무도 손대지 않았던 분야에 정면으로 돌진한 이가 그리모였다고 말할 수 있다.

그가《미식가 연감》을 개인의 힘으로 계승하기는 힘들겠다고 판단하고, 위원회에 의한 미식심사 시스템을 도입한 점도 주목할 만하다. 아는 사람들끼리 구성된 위원회의 평가가 공평무사하다고는 말할 수 없지만, 감성을 공유하는 식견 있는 인물들이 의견을 교환함으로써 평가가 일정한 수준을 유지할 수 있었다. 레스토랑이 주된 대상이 아니기 때문에 방문심사가 아니라 식재료나 음식을 발송받아서 심사했지만, 불합격자에게는 재도전의 기회를 주는 등 전횡으로 자의적인 평가를 내리는 것은 나름대로 피하려 했다. 새로운 재능의 발굴은《미식가 연감》의 정보가치를 높였으므로 적극적으로 유능한 인재를 발굴하고 그것이 요식업계의 경쟁을 촉진한다는 선순환이 일어났다.

《미식가 연감》 3호에서는 초콜릿장인 뒤튀를 다음과 같이 평하고 있다. "1호에서 뒤튀를 언급하지 않았던 것은 참으로 후회스럽다. …… 뒤튀는 이 분야에서 각별하기 때문이다. 초콜릿 만들기에서 자신보다 나은 솜씨를 가진 사람이 있다는 것을 안다면 그는 내일이라도 가게 문을 닫고 다시금 정상에 서는 방법을 찾아내지 않는 한, 가게 문을 다시 열지 않을 것이다. 다른 사람이 그렇게 말하면 자만심이겠지만, 최고의 기술자에게는 자신의 재능을 자각하고 있는 까닭에 가능한 발언인 것이다."

'저널리스트' 그리모를 생각할 때, 소피 게의 딸 델핀Delphine Gay이 신문왕 에밀 드 지라르댕Émile de Girardin•과 결혼한 것은 불가사의한 인연을 느끼게 한다. 어머니인 소피의 미모와 재능을 이어받아 젊지만 시재를 칭송받았던 델핀은 지라르댕이 1836년에 《프레스Le Presse》 지를 창간한 다음, 스스로 풍속시평을 연재하고 남편과 더불어 저널리즘을 선도했다. 하지만 이들이 화려하게 매스미디어 시대의 개막을 알리기 전부터 정보의 상품가치는 명백히 높아지고 있었다. 그러한 조류를 민감하게 통찰하고 시대를 앞서 간 이가 그리모였다. 프랑스요리는 일관되게 보다 새롭고 탁월한 것을 추구함으로써 발전해왔지만, 만드는 쪽을 대신해서 그 새로움의 가치를 전달하고 평가하는 사람은 그리모 이전에는 존재하지 않았기 때문이다.

20세기 후반에 음식 저널리즘을 혁신한 비평가 앙리 고가 "나는 가스트로노미 비평이라는 기다란 고리의 하나의 원에 지나지 않는다"라고 말하고, 창시자로서 그리모의 이름을 들면서 오마주를 바친 것도 그런 이유 때문일 것이다. 《미식가 연감》이 다룬 레스토랑의 수는 적지만 주목해야 할 요리인을 의욕적으로 발굴, 소개하려 한 자세는 150년의 시간을 거쳐 고-미요 가이드로 계승되었다. 또한 자신의 가치관과 감성에 토대해서 도발적이라고도 말할 수 있는 비평을 전개한 스타일도, 그리모와 고는 비슷하게 통한다. 사회의 모순에 분노한 그리모의 과도한 공격성은 적도 만들었지만, 날

• 프랑스의 신문경영자 · 정치가. 보수적인 입장의 《프레스》를 창간했다. 광고수입을 신문경영의 토대로 하여 구독료를 파격적으로 낮추고, 빅토르 위고의 소설을 게재하는 등 프랑스 대중신문의 개척자가 되었다.

《식탁에 앉은 파리》 속표지 그림

카로운 관찰력과 비평정신은 시대의 증언자로서의 저널리스트적 인 활동을 가능케 했다.

그리모는 식품의 위조나 부정을 고발했다가 원망을 사서 소송 사태까지 간 적이 많다. 일본에서도 골칫거리인 식품 위조는 결코 새로운 문제가 아니다. 와인의 원산지 조작, 변조는 프랑스에서는 옛날부터 일상다반사였는데 그리모는 "술에 조작을 하지 않는 술집은 도시에 두 곳도 안 된다"라고까지 말하고 있다. 만드는 쪽의 일을 정당하게 평가하고 그들을 지지하는 한편, 소비자의 관점에서 문제를 거론한 그의 자세는 저널리스트의 그것이었다.

프랑스의 가스트로노미 비평과 저널리즘은 그의 뒤를 더듬어감으로써 발걸음을 내딛기 시작했다. 오노레 블랑의 《외식자 가이드 또는 파리의 주요 레스토랑 통계》(1814)는 소형판이지만 21곳의 레스토랑을 싣고 주소 이외에 가격이 적힌 메뉴를 상세하게 소개하고 있다. 1827년에는 오라스 레송의 《미식가 보전寶典 또는 가스트로노미 완전 매뉴얼》이, 1846년에는 외젠 브리포Eugeène Victor Briffault의 《식탁에 앉은 파리Paris à Table》가 나온다. 브리포의 저작은 당시 파리의 식량소비 실태를 수치로 제시하고 근대화로 향하는 파리 각 계층의 먹거리 실상을 분석적으로 그려내 미식안내를 뛰어넘어 사회적 관심을 모았다.

미식을 포착하는 관점

《미식가 연감》이 계절과 산지를 축으로 미식의 구도를 그려냈다는 점도 중요하다. 적절한 가격으로 맛있는 요리를 만들려면 제철 식재료를 알 필요가 있다. 그리모가 말하길, 자연이 보내준 선물을 가장 좋은 타이밍에 포착하는 것이 가스트로노미의 핵심이다.

프랑스요리는 일본요리만큼 계절감을 강조하지는 않는다. 그러나 1월의 쇠고기나 산토끼, 들오리, 멧도요, 꿩, 2월의 돼지고기 제품, 영계, 거위, 버섯, 3월의 바닷물고기, 굴, 4월의 새끼양, 아스파라거스, 5월의 고등어나 그린피스green peas, 버터, 6월의 꼬투리 강낭콩, 11월의 칠면조, 이리•가 들어 있는 날청어, 12월의 비육닭의

• 물고기 수컷의 뱃속에 있는 흰 정낭

가슴 설레게 하는 냄새나 맛을 말하는 문장은, 식재료에 지금 이상으로 계절감이 있던 시대의 식탁을 상기시킨다. "그러므로 행복해지는 5월에 축복 있으라. 고등어에게, 그린피스에게, 나를 기쁘게 하는 비둘기에게 문을 열어주는 5월에. 그것은 연인들에게 그렇듯, 미식가에게도 소중한 계절이다. 다만, 사랑의 계절은 짧아도 구르망디스gourmandise(미식가)의 행복은 평생 계속된다." 여기에는 7월에서 10월까지가 빠져 있는데, 여름은 미식가에게는 불모의 계절이며 가을이 깊어지고 고기의 맛이 짙어지고 지방이 늘어나는 10월까지는 미식의 준비단계다.

그리모는 제철 식재료를 살린 다양한 요리를 조리하는 비법까지 정성껏 가르쳤다. "양의 허벅지살이 가진 본래 맛을 살리려면 너무 오래 굽지 말 것. 자르면 육즙이 흘러나올 정도에서 마무리한다. 얇게 썬 멋진 선홍빛 고기는 건강에도 좋고 영양이 풍부하며 위가 약한 사람도 먹기 좋다."

"파리에서는 한 톨의 보리도 나지 않고, 양 한 마리도 태어나지 않고, 콜리플라워 하나 수확할 수 없지만" 미식을 지탱하는 식재료는 프랑스는 물론 전세계에서 모여든다. "파리에서는 최고로 좋은 것을 손에 넣을 수 있다. 비싼 값에 팔리므로 그만큼 생산자가 정성을 들이며, 파리에 들어오는 퐁투아즈Pontoise(파리 북서쪽 35킬로미터)의 송아지는 생크림과 비스킷으로 키운다"라고 쓰고 있다. 프랑스 각지의 명산품을 주문하는 통신판매 시스템은 이미 완성되어 있었지만 각지의 산물을 소개하면서 그것을 어떻게 요리해서 맛보아야만 할 것인가를 상세히 쓴 것은 그리모가 최초였다.

도메불 수도원과 리옹, 베지에에서의 경험이 지방의 풍성한 산물이나 요리의 존재를 그에게 가르쳐주었다. 《미식가 연감》을 통해서 파리 사람들의 눈을 지방의 먹거리로 향하게 한 것은 가치가 있다. 제철 식재료를, 탁월한 산지를 간파하여 손에 넣는 것이 미식의 첫걸음임을 확실하게 가르쳐준 것이다. 퀴르농스키나 오스탱드 크로즈가 지방의 미식순례 절차를 저술한 것은 100년이나 후의 일이다. 그리모가 그 포석을 놓았다고 말할 수 있다.

그는 신구 두 시대에 걸친 다리가 되었다. 구체제 초엘리트의 유산인 미식은 신흥 부르주아계급으로 퍼져 있었지만, 이들 새로운 주역에게는 가스트로노미로서의 소양이 결정적으로 부족했다. 어떻게 먹고 어떻게 맛볼 것인가, 먹는 쪽에 대한 교화가 급선무였다. 프랑스요리의 발전을 단절시키지 않기 위해서는 구체제의 한정된 먹는 쪽이 길러온 가치관을 폭넓은 사람들에게 전파하여 미각을 과거의 유산으로서 면면히 계승할 필요가 있었다. 대부르주아로서 구체제의 가치관을 숙지하고 있는 동시에 새로운 음식 시장의 생성을 예리하게 포착하고 있던 그리모는 생각지도 못했던 나침반 역할을 했다. "한 집안의 주인 된 자는 모든 종류의 고기와 생선을 썰어서 나누고 서비스하는 기법을 터득할 필요가 있다. 이것은 예전에는 당연한 교육의 일부였으며, 구체제하에서는 댄스의 거장과 마찬가지로 데쿠파주découpage(고기나 종이 따위를 자르기, 썰기)의 거장도 있었다"라고 그는 설파하고 있다.

《미식가 연감》은 2호 이후 데죄네djeuner(점심식사), 디네dîner(저녁식사) 등의 차례를 세우고, 당시 식사형태의 변화를 언급하는 동시에 포타주, 오르되브르, 앙트레, 로티rôti•, 앙트르메 등 정식 만찬 메뉴의 구성과 서비스법을 논하고, 먹는 것뿐만 아니라 앙피트리옹(주인 역할)을 해내기 위한 규범도 제시했다. 예를 들면, "디네의 포타주는 건물의 주랑柱廊이나 열주列柱에 해당한다. 말하자면, 단순히 첫 번째 음식에 그치는 것이 아니라 전체와의 연결 속에서 연회의 이미지를 적확하게 보여주는 것이어야 하는데, 이는 마치 오페라 코믹opéra comique••의 서곡이 작품의 주제를 고하는 것과 가까운 역할이어야 한다"라고 쓰고 있다.

가치관이 흔들린 시대에 그는 다음 세대가 이어나가야 할 전통적 가치관을 명시하고 문화로서의 가스트로노미가 붕괴하는 것을 미연에 방지했다. 귀족사회에서 키워진 규범을 가르침으로써, 새로운 시대의 주역들이 그것을 이용해서 자신의 가치관에 토대한 미식 시스템을 구축하는 것을 가능케 했던 것이다. 비평가로서의 그리모의 역할에 대해 장 피에르 풀랭은 다음과 같이 쓰고 있다. "모든 미식이 일신되었고, 테이블을 제단처럼 장식하고 있던 요리는 루세트recette(조리법)만이 남았다. 요리인과 메트르 도텔(수석 웨이터)을 이 혁명극의 배우라고 한다면 비평가는 번안가이자 연출가였다."(장 피에르 풀랭과 에드몽 네랭크Jean-Pierre Poulain & Edmond Neirinck, 《요리인을 위한 요리의 역사Histoire de la Cuisine et des Cuisiniers》)

그런 의미에서, 같은 시대를 살면서 단순히 만드는 쪽의 입장을

• 모든 종류의 구운 고기, 식사 코스로서의 고기 요리
•• 대화가 포함된 희가극

뛰어넘어 프랑스요리의 새로운 가치 창조에 힘을 쏟은 카렘의 공적과 그리모의 공적은 대비된다고 말할 수 있을 것이다. 바로 그렇기 때문에 그리모는 거장 카렘을 경외했을지도 모른다. 평생에 걸쳐 최고층 엘리트를 위해 일하고, 이상이라는 일념 하나로 위쪽을 향해 흔들림 없이 걸어간 장인 카렘과 비교하면, 그리모의 인생은 시행착오의 연속이었다. 그러나 두 개의 시대 사이에서 찢겨지면서도 그 모순에서 눈을 돌리지 않았기 때문에 그의 비평이 가능했던 것이 아닐까?

구체제의 상류사회에서 낙오된 그리모가 최종적으로는 그 미식문화의 규범을 신체제까지 전달하는 역할을 다했다. 그런 삶의 양상은 모순과 좌절을 잉태하면서도 앞으로 돌진해나갔던 시대 자체를 체현하고 있다는 생각이 든다. 카렘과 그리모는 18세기까지의 축적된 프랑스의 음식 전통을 계승하기 위해서, 만드는 쪽과 먹는 쪽 각각의 규범을 제시해 보였다. 따라서 두 사람은 모두 가스트로노미(위장의 규범)의 확립에 커다란 공헌을 했다고 말할 수 있다.

마지막으로 발자크의 말을 인용한다. "놀라운 기지가 풍부하고, 적어도 브리야사바랭에 뒤지지 않는 창의 넘치는 남자의 저작은 《미각의 생리학》의 힌트가 되었을 뿐만 아니라 그것을 쓰는 데에도 분명히 유용했을 것이다. 브리야사바랭이 《미식가 연감》을 몰랐다고는 생각할 수 없기 때문이다. …… 단, 미숙하고 뚜렷한 결론이 없는 《미식가 연감》의 서술방식의 한계를 브리야사바랭은 확실하게 구성하고 문학작품으로 정리해서 완성했다." 애초에 서 있는 위치가 다른 두 사람을 같은 척도로 잴 수는 없다. '늙은 호사가' 그리모에 비해 스스로를 '교수'라고 칭한 브리야사바랭에 대해서 다음 장에서 살펴보자.

| 제4장 |

가스트로노미를 확립하다

— 브리야사바랭

브리야사바랭(1755~1826)

서재의 가스트로놈

가스트로노미는 탄생의 울음을 터뜨렸다. 단, 그 걸음은 조심스러웠다.

1825년에 《미각의 생리학Physiologie du goût》이 익명으로 출판되었음은 앞에서 이야기했다. 이 책 첫머리의 '지은이와 친구의 대담'을 보면 실제로 지은이는 이런 책을 냈다가 먹는 것에 정신이 팔린 '한심한' 놈으로 여겨지지 않을까 고민하며, 정력을 쏟은 일에 대한 자부심과 체면 사이에서 흔들리고 있었던 듯하다. 당시 먹거리는 어엿한 지위에 있는 사람이 진지하게 접근할 만한 테마는 아니었다. 프랑스에서도 학계에는 그런 관점이 약간 남아 있지만, 미식문화로서의 가스트로노미는 지금은 어엿한 시민권을 얻고 있다. 그 주춧돌이 된 것이 다름 아닌 《미각의 생리학》이며, 바로 그렇기 때문에 브리야사바랭은 이 책을 저술했다.

《미각의 생리학》은 프랑스 미식문학의 대표작으로 지금까지 다양한 판이 출판되었고 비평가 롤랑 바르트Roland Gérard Barthes가 해석을 덧붙여 여러 나라 말로 번역되기도 했다. 오귀스트 에스코피에Georges Auguste Escoffier(1846~1935)의 《요리의 길잡이(기드 퀼리네르Guide Culinaire)》(1903)가 프랑스요리의 성서라면 이 책은 가스트로노미의 성서에 비유될 수 있을 것이다.

"당신이 어떤 것을 먹는지 말해보라. 그러면 당신이 어떤 사람인지 알아맞혀보겠다", "치즈 없는 후식은 외눈박이 미녀다" 등등 브리야사바랭의 말은 잘 알려져 있다. 그러나 이와나미 문고(일본어 제목 《미식예찬》)로 나온 두 권짜리 번역본을 실제로 읽어본 사람은 과연 몇 명이나 될까? 일관된 줄거리도 없고 체계적으로 쓰여 있지도 않기 때문에, 솔직히 말하면 술술 읽히지 않는다. 그리모 드 라 레니에르는 브리야사바랭 콤플렉스가 있어서 이 작품을 높이 평가했던 것 같은데, 구성이 두서 없다는 점에서 두 사람의 작품은 오십보백보일 것이다.

《미각의 생리학》 원서 초판은 상 · 하 2권이며 느슨하게 편집되어 있어서 두 권 합쳐 800쪽이 넘는다. 제1부의 '명상' 1~30과 제2부의 '잡록'이라는 두 가지 대주제로 나뉘어, '명상'이라는 이름 아래 '미각' '가스트로노미' '식욕' '먹거리' '튀김의 이론' '갈증' '음료' '식탁의 쾌락' '소화' '수면' '꿈' '비만' '죽음' '요리의 철학적 역사' 등의 테마에 대해서 고찰한 다음, '잡록'에서는 '신부神父의 오믈렛' '브레스의 비육닭' '여로의 행운' '망명시대의 추억' 등 다양한 일화나 추억담을 다루고 있다. 어느 정도 체계를 갖추고는 있지만 명상의 과학적 고찰 속에 갑자기 일화가 삽입되어 약간

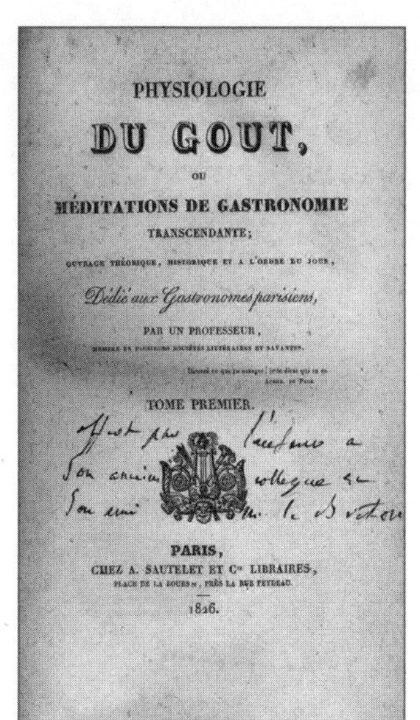
PHYSIOLOGIE

DU GOUT,

OU

MÉDITATIONS DE GASTRONOMIE

TRANSCENDANTE;

OUVRAGE THÉORIQUE, HISTORIQUE ET A L'ORDRE DU JOUR,

Dédié aux Gastronomes parisiens,

PAR UN PROFESSEUR,

MEMBRE DE PLUSIEURS SOCIÉTÉS LITTÉRAIRES ET SAVANTES.

TOME PREMIER.

PARIS,

CHEZ A. SAUTELET ET Cie LIBRAIRES,

PLACE DE LA BOURSE, PRÈS LA RUE FEYDEAU.

1826.

《미각의 생리학》 초판 제1권 표지

묘한 느낌을 주는데, 구성이 장황하고 짜임새가 없음은 부정할 수 없다.

그리모와 브리야사바랭의 저작을 가르는 것은 방향성의 차이이다. 그리모는 시대를 앞서 가며, 얼굴이 보이는 음식의 소비자를 향해서 갱신되는 정보로서의 요리를 인쇄미디어로써 전했다. 반면 브리야사바랭은 자신의 인생 경험에 비춰서 먹는 것이란 무엇인가를 깊이 성찰한 동시에, 과학적 관점을 가져와서 보편적인 음식의 세계를 드러내려 했다. 브리야사바랭이 출판을 망설였던 《미각의 생리학》이 이내 판을 거듭한 이유는, 그리모의 작품에 뒤지지 않을 만큼 동시대 사람들의 마음을 사로잡았기 때문이다. 지금 읽어보면 약간 부조화스러운 느낌이 있는 그의 작품을, 집필된 시대 속에 위치 지음으로써 다시금 그 가치를 평가해보자.

《미각의 생리학》 첫 장에는 '문학이나 과학의 수많은 학회의 회원인 교수가 파리의 가스트로놈에게 바치는 책'이라는 첨언이 있다. 깃털 펜을 손에 쥐고 앉은 브리야사바랭의 초상은 정면을 똑바로 쳐다보는 수려한 이목구비와 사려 깊은 표정으로 인해 교수라는 직함과 어울려 보인다. 그리모가 식탁을 지배하는 가스트로놈이었다면 브리야사바랭은 서재의 가스트로놈이라고 말할 수 있을 것이다. 작품을 자세히 살펴보기 전에 그의 삶의 궤적을 따라가보자.

뷔제에서 파리의 정치 소용돌이 속으로

장 앙텔므 브리야사바랭Jean-Anthelme Brillat-Savarin(1755~1826)은 1755년에 프랑스 남동부, 뷔제Bugey 지방의 벨레Belley(현재는 앵Ain 현에 속한다)에서 태어났다. 벨레는 리옹의 동쪽 약 30킬로미터, 그르노블Grenoble의 북쪽 약 30킬로미터인 알프스 산맥에 위치한 마을로, 주네브(제네바)에서 약 30킬로미터 떨어져 있으므로 스위스와 꽤 가깝다. 앙리 4세 치하인 1601년까지는 사부아Savoie 공가公家의 지배 아래 있었다. 강에서는 송어, 꼬치빙어 등의 생선이나 가재가 잡혔고 숲은 들새나 사슴, 멧돼지 그리고 버섯의 보물창고였다. 완만한 굴곡을 이룬 구릉을 뒤덮은 포도밭은 경쾌한 맛을 가진 적백의 와인을 낳고, 약간 북쪽으로 가면 닭의 명산지인 브레스Brêsse나 잉어와 개구리의 산지인 동브Dombes 습지가 있었으며 이름난 와인의 본산지 부르고뉴와도 가까웠다. 덧붙여서, 낭투아 소스*를 비롯해 가재를 사용한 고전적인 요리 이름에 붙여지는 낭투아Nantua 역시 벨레와 마찬가지로 뷔제 지방에 있다.

파리 태생인 그리모가 청년기 이후 수많은 여행을 통해 지방문화의 풍성함을 깨닫고는 눈이 휘둥그레진 데 비해, 브리야사바랭은 후반생을 쭉 파리에서 살면서 고향에의 향수를 품고 있었다. 뷔제만큼 풍요롭고 아름다운 지방은 없었다. 당시는 교통 · 통신망이 발달하지 못했으므로 지방의 자립성, 폐쇄성이 강해 토지별로 습관이나 기질의 차이가 두드러졌다. 침착, 냉정하고 말수가 적지만 친절하며 가족의 유대가 강하고 양식이 있는 뷔제 사람들의 기질은 브리야사바랭의 성격 그 자체였다.

어머니 쪽도 아버지 쪽도 뷔제의 유복한 가문이며, 아버지 쪽은 대대로 사법관이나 변호사를 생업으로 삼은 법조가문이었다. 상급재판소(항소심) 수석 검찰관이었던 아버지 마르크 앙텔므Marc Anthelme의 대부터 벨레에 살았고 근교에 몇 군데 땅을 갖고 있었다. 원래 브리야가 성姓이었지만, 아버지가 큰숙모인 마리 가스파르 드 사바랭의 이름을 잇는 조건으로 그 유산을 상속했기 때문에 이후 브리야사바랭이 되었다(아버지가 아니라 할아버지가 사바랭의 이름을 이었다고 주장하는 전기작가도 있다).

어머니 클로딘 오로르 레카미에Claudine-Aurore Récamier는 '아름다

* 크리미한 가재 소스

운 오로르'라는 별명을 가진 풍만하고 매력적인 여성이었지만 기질이 격정적이어서 아이들이 말대꾸라도 했다간 용서가 없었다. 혼례식에 갔다가 부끄러운 줄 모르고 음란한 노래를 부른 딸을 손바닥으로 마구 때려서 일동을 얼어붙게 했다는 일화가 남아 있다. 어머니가 때리면서 가르친 옳고 그름에 대한 명백한 태도가 어떤 의미에서는 사법관 브리야사바랭의 기초를 형성했으리라. 어머니는 요리도 잘해서, 어린 아들은 가정교사와의 공부가 끝나기를 목을 빼고 기다렸다가 맛있는 냄새가 풍겨오는 부엌으로 달려가곤 했다. 브리야사바랭 가의 연회에는 마담 퐁파두르Pompadour•의 두터운 신뢰를 받은 벨레의 주교 이외에 의사 등 지방명사들이 줄을 이어 참석했다.

그런데 레카미에 하면, 왕정복고 시대에 살롱의 꽃이었던 레카미에Juliette Récamier 부인이 머릿속에 떠오른다. 실제로 그녀는 브리야사바랭의 어머니 쪽 종형제인 은행가 자크 레카미에의 젊은 아내였다. 다비드Jacques Louis David가 그린 하얀 옷의 초상화로 유명한 이 미모의 부인은 뱅자맹 콩스탕Henri-Benjamin Constant de Rebecque•• 이나 샤토브리앙François-René de Châteaubriand•••과 염문을 뿌렸다. 평생 독신으로 지냈던 브리야사바랭도 부인을 마음에 두고 살롱에 드나들었고, 그의 아파르토망에는 부인의 흉상과 초상화가 걸려 있었다고 한다. 그러나 나이차가 스물두 살이나 나기도 했으니만큼 자신의 마음은 가슴속에 묻어두고 염문이 끊이지 않았던 그녀를 아버지 같은 포용력으로 받아주고 격려했다. 또한《미각의 생리

• 루이 15세의 애첩
•• 스위스 출신의 프랑스 소설가, 사상가, 정치가
••• 프랑스 빈체제하의 정치가이자 작가

학》에 파리 최고의 미녀 레카미에 부인 이야기를 '신부神父의 오믈렛'이라는 제목으로 싣고 있다.

청년기까지 고향에서 교육을 받은 브리야사바랭은 라틴어와 그리스어를 배웠고 영어와 이탈리아어를 유창하게 구사하고 셰익스피어를 읽었으며, 독일어와 스페인어도 능숙했다고 한다. 또한 음악을 사랑하여 바이올린을 잘 켜고 노래도 잘했다. 훗날 망명생활을 하던 그를 이 언어와 음악적 재능이 구해주기도 한다. 브리야사바랭은 대학에서 법률을 배우기 위해 스무 살에 부르고뉴 지방의 디종Dijon 마을로 나왔는데, 여기서 동시에 화학과 가정의학도 배웠다. 벨레에서도 디종에서도, 명의名醫라 불리는 사람이 가까이에 있어 친하게 지냈던 것이 의학에의 관심을 높인 듯하다.

브리야사바랭 자신이 《미각의 생리학》에서 말하는 유일한 사랑은 디종에서 보낸 학창시절의 일이었다. 서로 아련한 마음을 주고받은 아가씨가 있었지만 죽음이 갑작스레 두 사람을 갈라놓는다. 풍만한 몸매의 그녀가 살을 빼려고 매일 아침 식초를 마셔서 몸을 해친 것이 원인이라고 한다. 그의 품에 안겨 숨을 거두었을 때 그녀는 열여덟 살이었다. 처음으로 죽음과 직면한 그 경험을, 50년의 시간을 보낸 후에도 그는 마치 어제 일처럼 생생하게 적고 있다. 브리야사바랭의 전기(《앙텔므 브리야사바랭 1755-1826》, 1952)를 쓴 제르망 드 빌뇌브Germaine de Villeneuve가 말하듯이, 그가 독신을 지킨 이유를 거기에서만 찾는 것은 무리가 있다. 여성과의 분방한 관계를 보여주는 서간도 남아 있다고 한다. 언제나 자유를 추구한다면

한 명의 여성에게 충성을 바칠 수 없으므로, 자기 자신을 속이지 못하는 결벽이 그를 결혼으로부터 멀어지게 했으리라고 빌뇌브는 추측하고 있다.

학업을 마친 그는 1780년에 고향으로 돌아와 부모님의 바람대로 변호사가 되었다. 변호사로서 사람들의 신망을 모으는 데에는 오랜 시간이 걸리지 않았다. 솔직하고 거드름을 피우지 않는 그에게 귀족이든 농부든, 신분을 가리지 않고 호의와 신뢰를 보냈다. 사교생활 틈틈이 좋아하는 사냥이나 음악을 즐기며 아마추어 악단을 이끌고 성 베르나르두스회 수도원에서 연주를 하기도 했다. 이때의 일은 음악과 맛있는 음식으로 채워진 젊은 날의 추억으로《미각의 생리학》에 결정화되어 있다. 그러나 가족과 평온한 생활을 보내는 행복은 오래 계속되지 않았다. 혁명의 발소리가 차츰 다가오고 있었던 것이다.

1789년, 34세로 전국 삼부회의 뷔제 제3신분 대표의원으로 선발된 브리야사바랭은 엿새 동안 합승마차에 흔들리는 여행 끝에 베르사유에 도착하여 전국에서 모여든 1,200명 가까운 의원과 더불어 5월 5일의 첫 회합에 착석했다. 특권신분인 성직자, 귀족을 제외한 제3신분 대표의원은 주로 관직에 오른 이와 법률가(특히 변호사)로 이루어져 있었다. 나중에 혁명을 주도하는 로베스피에르도 처음에는 지방 출신의 일개 변호사 의원이었다. 학식이 있고 말도 잘하는 변호사가 의원으로 적임자라 여겨졌던 것이리라. 6월 20일, 제3신분의 영향력을 억누르려 한 루이 16세가 군대를 동원해 회의

장을 봉쇄하자 '국민의회'를 자칭하는 제3신분 의원들이 가까운 테니스 코트에 모여서 헌법 제정까지는 결코 의회를 해산하지 않겠다고 맹세한 것이 바로 유명한 '테니스 코트의 맹세'다. 브리야 사바랭은 중증 인플루엔자로 앓아누워 이 맹세에 참가하지는 못했지만 나중에 서명했다.

그는 전국 삼부회가 헌법의 기초를 지향하는 '헌법 제정 국민의회'로 발전한 뒤에도 의원을 하고, 배심제 도입과 사형 폐지에 반대하는 논진論陳도 폈다고 한다. 사법제도 개혁이나 감옥 문제에 대해서는 특히 열변을 토했다. 그 자신, 의견이 흔들려서 이윽고 배심제 도입에 찬성으로 돌아서지만 넓은 안목으로 사물을 판단하려는 자세는 일관되어 있었다. 그러므로 새로운 나라를 만들기 위해서라고 해도, 과거의 모든 것을 파괴하려 하는 생각에는 의문을 나타냈다. 덧붙여서, 사형제도 폐지를 제안하고 누구보다도 강하게 주장했던 이가 로베스피에르였다는 사실은 의미심장하다. 브리야사바랭은 회의장에서 로베스피에르와 부딪친 적이 많았기 때문이다.

1789년 10월, 민중의 압력으로 국왕 일가가 베르사유에서 파리로 연행되자 의회도 파리로 옮겨왔다. 1791년에는 브리야사바랭도 팔레 루아얄 아주 가까이에 임시 거처를 정했다.

그러는 동안에 사랑하는 아버지가 갑자기 돌아가셨다. 장남인 그는 서둘러 고향으로 돌아갔지만, 여장부인 어머니는 관례대로 죽은 사람을 기리기 위해, 부엌에 서서 조문 모임용 요리를 만드느

라 온갖 솜씨를 부리고 있었다. 그중에서도 사각형 모양이어서 '아름다운 오로르의 베개'라고 이름 붙여진 호화로운 파테(송아지나 닭, 오리, 메추라기, 야생토끼고기, 브레스 닭의 백간白肝•, 트뤼프 등을 밀가루 반죽에 싸서 구운 것)는 어머니의 자랑거리인 요리였다. 비탄에 잠겨 있으면서도 매일매일 계속되는 사람들의 일상을, 또한 슬픔의 시간에도 기쁨의 시간에도 식탁이 사람을 이어주고 격려하는 모습을 눈앞에서 지켜본 그는, 다시금 파리로 떠난다.

파리의 외식수요 확대에 기여한 지방 출신자의 한 사람으로서 그는 빈번히 레스토랑을 이용했다. 경애하는 같은 고향의 의사인 코트 등과 매주 〈보빌리에〉(앙투완 보빌리에가 망명 후 돌아와 원래의 〈그랑 타베른 드 롱드르〉가 있었던 자리 옆에 새로 연 레스토랑)에 드나들었다고 한다. 단, 일상생활은 검소하여 소란스러운 의장을 뒤로 하면, 친구들과 함께 보내지 않는 시간은 고향의 가족이나 친구, 지방의 유권자에게 파리의 정보를 부지런히 써서 보냈다. 동료 의원으로, 행동하는 철학자이자 역사가이기도 했던 볼네Comte de Volney와 우정을 맺은 일은 그의 식견을 크게 넓혀주었다. 볼네의 소개로 드나들었던 엘베시우스Helvétius 부인의 살롱에서는 철학자이자 의사인 카바니스Pierre Jean Georges Cabanis를 만나 강한 영향을 받았다.

자신이 속해 있던 그룹이 자코뱅클럽으로 이름을 바꿀 무렵부터 그는 서서히 거리를 두게 되었다. 의견이 다른 사람을 배제하는 편협함을 감지했기 때문이다. 폐쇄적인 집단의 의사에 끌려가는 것이 아니라 자신의 양심에 따라 판단하고 싶었다. 헌법 제정이라는 사

• 닭의 지방간으로 간 특유의 냄새가 없고 부드럽다.

명을 마친 의회가 해산하자, 브리야사바랭은 정치의 소용돌이에서 벗어나 혁명이 건설한 새로운 질서에 토대한 나라가 만들어지기를 바라며 고향으로 돌아왔다. 그러나 혁명은 아직 끝나지 않았다.

그는 신설된 앵 현의 민사재판소장, 국민위병 지휘관이 되었고 주민의 만장일치로 벨레의 시장으로 선출되었다.

혁명의 폭풍 속에서

왕정 폐지가 선언된 1792년 9월 21일, 브리야사바랭은 '연방주의자이자 온화주의자'라는 이유로 벨레시장에서 파면되었다. 당시 자코뱅파는 파리에서 선출된 의원이 많아 파리를 중심으로 하나가 된 강력한 중앙집권국가를 지향했다. 반면 지롱드파는 지방에 강한 지지기반을 갖고 있어 연방주의를 주장하며 파리의 힘을 억누르려 하고 있었다. 사람들의 기대를 짊어지고 행정의 책임을 맡게 된 브리야사바랭은 온후하고 협력성이 풍부하고, 의견이 서로 다른 사람들을 다스릴 수 있는 힘은 충분히 있었다. 하지만 혁명은 이미 통제불능이었고 양식은 통용되지 않았다. 오스트리아, 프로이센 등의 연합군을 적으로 돌리고 국내외 반혁명 세력의 움직임에 신경을 곤두세운 과격파가 급진화했던 시기였다.

브리야사바랭은 인간의 자유와 평등을 지향하는 혁명의 이념에는 공감했지만 혁명가들이 소리 높여 외치는 만큼 쉽사리 꿈의 이상향이 실현되리라고는 생각지 않았다. 혁명 주도자의 육성을 접한 그의 눈에는 혁명의 이상과 현실의 간극이 똑똑히 보였다. 지롱드파와 자코뱅파의 권력투쟁을 거쳐 사람들이 희망을 의탁했던 우애가 자코뱅 독재에 의해 살육으로 추락해가는 것을 한탄하면서 투철한 시선으로 지켜보는 것 말고는 도리가 없었다.

브리야사바랭이 벨레시장에서 파면된 것은 그에게 사적인 원한을 품은 이의 음모였으므로, 주민들은 이내 그를 지지하여 시장에 재선출되었다. 1793년 6월 2일, 파리에서는 시의회와 민중의 압력으로 지롱드파의 주요 의원 29명의 국민공회 추방이 결의되어 마침내 공포정치가 시작된다. 무심코 반혁명 집회에 얼굴을 내밀었던 브리야사바랭은 혁명위원회에게 찍혔다. 까딱 잘못했다간 사형 대행이었다. 그는 기선을 제압하기 위해, 양민증(혁명을 지지하는 시민에게 주어졌다)과 자유통행증의 발급을 담판 지으러 면식이 있었던 동부 지역 파견의원인 프로Prôt를 찾아가기로 했다. 파견의원이란 자코뱅 독재체제의 중추조직인 공안위원회에 지방의 상황을 보고하는 임무를 띤 행정직이었다. 반대로 체포될 가능성도 있었으므로 모 아니면 도의 도박이었다. 프로가 있는 곳에 혈혈단신으로 찾아가서 담판에 성공한 이 모험담은 《미각의 생리학》에 '여로의 행운'이라는 제목으로 소개되어 있다.

프로가 사는 돌Dôle은 벨레에서 200킬로미터 정도 북쪽의 쥐라Jura 지방에 있었다. 그는 애마 '기쁨'에 걸터앉아 구릉지대를 달려갔다. 점심 때, 배를 치우기 위해 어느 여인숙에 들르자 통통하게 살진 메추리와 들새가 난로에서 지글지글 구워지고 있었다. 주인은 "그것은 다른 사람 것이니 당신에게는 맛있는 부이bouilli와 감자 수프, 양 어깨고기에 까치콩kidney bean 곁들인 것을 주겠소"라고 한다. 부이란 고기를 삶은 것인데, 브리야사바랭의 말에 따르면 '국물을 우려낸 찌꺼기'이며, 감자나 까치콩은 비만의 원흉이었다. 브리야사바랭이 본 맛있는 음식을 주문한 이들은 어느 부잣집 부인의 재산을 감정하러 온 사법관들로, 일이 마무리된 것을 성대하게 축하하려는 참이었다.

여기서 순순히 물러서지 않았던 점은 그야말로 가스트로놈의 진면목을 보여준다. 자신이 먹은 몫만큼 계산을 따로 하겠다고 청한 브리야사바랭은, 기꺼이 연회에 초대받아서 함께 마시고 먹고 이야기하고 노래를 하면서 즐겼다. 저녁식사 참석도 권유받았지만 서둘러야 하는 여행이라며 거절하자, 그의 사정을 짐작한 상대는 계산 따위는 입 밖에도 내지 않고 배웅해주었다. 생사를 가르는 위험한 지경에 처해서도 즐기는 것이 프랑스인의 혼이라고 말하는 브리야사바랭의 모습은 당당하다. 그리고 "그 사람들 중에 지금도 살아 있는 사람이 있다면 그리고 그들이 이 책을 보게 된다면 30여 년이 지난 지금도 생생한 감사의 마음을 담아 이 책을 쓰고 있음을 전하고 싶다"라고 책 속에서 말을 이어가고 있다.

행운은 거기서 그치지 않았다. 파견의원 프로는 그를 체포하겠다는 듯이 험악한 얼굴로 기다리고 있었지만, 브리야사바랭의 해명을 듣고는 아주 약간 태도를 누그러뜨렸다. 그리고 예전부터 알고 지내던 돌의 변호사가 그를 돕고자 프로 부부와 함께 만찬회에 초대해주었다. 음악을 좋아하는 프로 부부와 음악에 조예가 깊은 그는 완전히 의기투합하여 식후에는 몇 번이나 이중창을 불러댔다. 자리가 파하고 헤어질 때 프로 부인은 "당신처럼 예술을 사랑하는 분이 조국을 배신할 리는 없겠지요"라며 남편에게 잘 말해주겠다고 약속했다. 다음 날 아침, 프로에게 부탁했던 자유통행증이 무사히 손에 들어왔다.

이것이 1793년 10월, 브리야사바랭이 38세 때의 사건이었다. 혁명재판소가 설치되고 마리 앙투아네트를 포함한 다수의 처형이 행해진 시기이다. 지방에서는 파견의원들의 폭주로 파리 이상으로 공포정치가 맹위를 떨치고 있었으므로, 브리야사바랭 자신의 말대로 까딱 잘못했다간 하늘나라의 부르심을 받는대도 이상할 건 없었다. 브리야사바랭은 프로에 대해서 "이 남자는 악인이라고는 생각할 수 없다. 다만 너무나 무능하여 자신에게 위임된 무시무시한 권력을 사용하는 법을 몰랐던 것이다"라고 말하고 있다.

망명생활

자유통행증을 손에 넣고 안심한 것도 잠시, 사람들의 마음을 현혹시킨 반혁명 혐의로 다시금 브리야사바랭은 혁명재판소에 소환당할 처지에 놓인다. 운명의 갈림길인 11월 17일, 그는 마침내 국

외로의 망명을 결심했다. 이번에는 달빛 한 점 없는 캄캄한 겨울밤에 쥐라의 험준한 산길을 걸어서 길을 나섰다. 산을 넘어서 스위스의 친척집에 머물던 그는 로잔으로 향했는데, 여기서 친척인 로스탱도 합류했다. 레만 호반의 여관에서 한숨 돌린 그들이 최종적으로 향한 곳은 미국이었다.

왜 미국일까 하는 생각이 들지만, 미국의 독립을 지원한 프랑스인에게 미국은 가까운 나라였다. 천부인권을 내세운 혁명군이 승리하고 독립을 쟁취한 젊은 나라에서 이상을 내다보는 사람도 적지 않았다. 의사 코트가 얘기하던 미국 독립전쟁에서의 공훈담에 정신없이 귀를 기울이던 젊은 시절부터, 그는 언젠가 꼭 미국에 가겠다고 마음속으로 결심하고 있었다. 여로에서 만난 망명자 중에는 장래에 대한 희망을 잃어버린 사람도 있는가 하면, 혁명을 증오하고 구체제를 그리워하는 사람도 있었다. 브리야사바랭 자신은 인간의 어리석음과 비열함을 수도 없이 목격하면서도 미래를 믿고 조금씩이라도 세상을 좋게 바꾸어갈 수밖에 없지 않나 하고 생각하고 있었다. 그런 그에게 미국은 희망의 빛을 비추고 있었다.

브리야사바랭은 대모의 남편이 재판관으로 일하는 뫼동Meudon에 들러 독일, 네덜란드를 통과하기 위한 통행증을 손에 넣었다. 《미각의 생리학》에 나오는 퐁듀fondue(그뤼예르gruyére 치즈가 든 스크램블드 에그) 만드는 법은 당시 대모가 만들어준 요리의 맛에 감격한 그가 메모해둔 것이다. 독일에 들어가 검은숲(슈바르츠발트Schwarzwald)*을 통과하여 마인츠, 쾰른과 라인 강을 내려가서 네덜란드의 로테르

* 독일 남서부 라인 강 동쪽에 위치한 산맥으로, 북북동에서 남남서 방향으로 뻗어 있다.

담에 도착했다.

1794년 7월 15일, 브리야사바랭과 로스탱을 태운 프렌드십호는 뉴욕을 향해 출항하여 긴 항해 끝에 9월 29일에 도착했다. 당시 뉴욕은 인구 3만 3000명의 항구도시였다. 도착 직후에 로베스피에르의 처형 소식을 접하고 이제 귀국할 수 있겠다며 가슴 설레던 사람도 있었지만 그는 달랐다. 안전이 확보되기까지는 돌아갈 생각이 없었고, 이 도시가 마음에 들기도 했다. 로스탱은 공사관에서 일자리를 구했고 브리야사바랭은 프랑스어 교사나 음악 개인교수를 하는 한편, 뉴욕 유일의 극장 존 스트리트 씨어터에 바이올리니스트로 고용되었다. 허름하기 짝이 없는 극장이었지만 일을 통해서 미국 사회에 녹아들고 교우관계를 넓히는 데에는 안성맞춤이었다. 그의 첫 무대 연주곡은 루소의 〈피그말리온〉이었다고 한다.

브리야사바랭은 거의 빈손으로 몸만 달랑 대서양을 건너가서 고생은 했지만 고뇌하지는 않았다. 그곳에는 자유로운 공기가 있었고, 변호사 시절보다 오케스트라 생활이 홀가분했고 몸도 젊어진 느낌이었다. 남에게 호감을 주는 성격에다 적응력이 강한 그는, 환경이 다른 신세계에 내팽개쳐져도 주변 사람들과 잘 어울렸다. 그는 그 비결을 "미국에서 내가 행복했던 것은, 살기 시작한 그날부터 미국인처럼 말하고, 그들과 같은 옷을 입고, 그들을 무시하는 일을 삼가고, 그들이 하는 것은 모두 좋다고 인정했기 때문이다. 나 같은 처지에서 사람들에게 친절하게 받아들여지고 싶다면 그 정도의 마음가짐은 누구든지 가져야 할 것이다"라고 밝혔다. 미국에서 망명생활을 보내는 프랑스인은 적지 않았다. 고국을 그리워하며 불운을 한탄하는 동포를 그는 시종일관 격려했다.

뉴욕에서 황열병이 유행하여 오케스트라가 보스턴으로 피난하자 그도 뒤따라 북쪽으로 향하다가 도중에 코네티컷의 하트포드에서 뷰로라는 농장주에게 초대받아 그의 땅을 방문했다. 그는《미각의 생리학》에서 뷰로 가족 모두의 환대를 받고, 사냥에서는 자고새와 야생칠면조를 멋지게 쏘아 잡았던 이야기를 하고 있다. 생애 단 한 번의 인연이었던 뷰로와의 추억은 콘비프corned beef• 나 거위 스튜, 양의 허벅지살, 근채류, 사과주 등 맛있는 음식의 기억과 함께 어우러져 그의 마음에 아련한 온기를 남겼다. 이 일화를 읽으면, 미국 망명이 그의 인생에서 공백의 시간이었던 것이 아니라 치유의 시간이었음을 알고 안심하게 된다.

헌법 제정 국민의회 의원을 하고 있던 1789년 7월, 브리야사바랭은 파리 총징세구 지방장관인 베르튀에 드 소비니가 파리 시청사 앞에서 민중에 의해 목이 매달리는 장면을 목격하고, 기록하고 있다. 국왕이 임명하여 직접세의 징세권을 위임받은 지방장관은 평소부터 민중의 증오를 사고 있었다. 식량부족 속에서 소비니의 곡물매점 소문이 퍼지자 민중의 분노가 폭발했다. 사람들은 소비니의 가슴에서 끄집어낸 심장을 와인에 담가 으깨고, 굶주린 듯이 다투었다고 한다. 새로운 사회의 건설을 시험한 혁명은 때로 인간의 어두운 면을 부각시켜 보였는데, 그런 하나하나의 행위를 막는 것도, 시시비비를 가리는 것도 불가능했다. 변호사로서 사회와 사

• 소금물에 절인 쇠고기로, 뱃살이나 가슴살을 주로 쓴다.

람을 위해 애써온 그는 소란스러운 혁명하의 파리에서 무엇을 생각했을까. 인간불신에 시달리는 한편으로 한없는 무력감에 빠지지는 않았을까. 브리야사바랭이 신천지를 지향한 것은 물론 신변의 안전을 꾀하기 위해서지만 타개할 수 없는 질곡의 돌파구를 추구한 것이었다고도 생각할 수 있다.

아직 개척 도중인 미국 사람들의 삶은 소박하지만 인간적이었다. 젊은 국가 특유의 청신한 힘을 접하고 그는 살아갈 힘을 되찾았다. 뷰로는 자급자족 생활을 하며 양말도, 의복도, 신발도 목장에서 직접 키운 양에서 얻고 있었다. 사치와는 거리가 멀지만 국민을 위해 일하는 정부와 법률 아래 무엇 하나 두려워하지 않고 자유롭게 살고, 독립기념일 말고는 병사나 제복, 총검을 보는 일도 없었다. "이 세상에 행복한 사람이 있다면 나야말로 그런 사람이라오"라고 뷰로는 브리야사바랭의 책 속에서 말하고 있다.

1796년 2월, 그는 평온을 되찾은 뉴욕으로 돌아오지만 오케스트라 동료는 뿔뿔이 흩어졌다. 필라델피아로 향한 것은 옥사했다고 여겼던 국민의회 시절의 동료 의원 볼네가 거기에 머물고 있다고 들었기 때문이었다. 볼네와 재회한 자리에서 이야기는 끝없이 이어졌다. 단, 뷰로의 예를 들면서 이상적인 국가라며 미국을 칭송하는 그에게, 볼네는 그 자유와 독립이 미개한 종족이라고 멸시당한 미국 선주민의 토지 수탈 위에 이룩되어 있음을 지적하는 것을 잊지 않았다. 오케스트라 일자리도 잃은 채 친구와 재회한 그의 마음속에, 처음으로 고향에 대한 그리움이 싹텄다. 이때 브리야사바랭은 역시 추방되어 필라델피아에 머물고 있던 탈레랑과 만나 이야기를 나누게 된다. 부동산 투기로 한 재산 모은 탈레랑은 총재정부로부터 추방취소 연락을 받고 귀국하기 직전이었다. 그 창백하고 차가운 얼굴, 건조한 입술에서 그는 로베스피에르를 떠올렸다.

1796년 5월, 브리야사바랭도 총재정부로부터 귀국을 허가하는 통지를 받았다. 그는 무일푼이었기 때문에 볼네가 프랑스영사관에 손을 써서 프리깃frigate함•을 타고 외교관 신분으로 귀국할 수 있도록 수속을 밟아주었다. 프리깃함에 올라타자 "구세계로 돌아가도 신세계에 있을 때보다 불행해지지 않기를" 하고, 그로서는 드물게 하늘에 기도했다고 한다. 그만큼 미국이 그를 따뜻하게 맞아주었던 것이리라. 고국으로 돌아가는 불안을 떨칠 수 없는 복잡한 심경도 잘 드러나 있다.

고국에 귀환해서

맨해튼에서 40세 생일을 맞이한 브리야사바랭은 미국에 2년 가까이 머물렀다. 반혁명 혐의가 풀려 귀국할 수 있었던 그늘에는 어머니의 고군분투가 있었다. 레카미에 부인도 한마디 거들어 도왔다고 한다. 브리야사바랭 가가 벨레 근교에 소유했던 집과 포도밭은 몰수당해 그 땅에서 나는 술을 좋아했던 그를 낙담케 했지만 다른 재산은 거의 지켜진 상태였다.

• 19세기 전반까지 유럽에서 활약한, 돛을 단 목조 군함. 주로 경계 임무를 맡았다.

1796년 9월 1일, 프랑스에 도착한 그는 우선 고향으로 가서 가족과 만났다. 그 뒤 친구와 지인의 주선으로 라인 · 모젤 방면의 공화국사령부 비서관으로 임명되었다. 빈털터리로 귀국한 망명자에게 선택의 여지는 없었다. 이때 모신 오제로Charles Pierre François Augereau 장군은 천박하고 교양도 없어서 일하기가 참으로 고통스러웠지만 군대조직에 대해 견문을 넓히기에는 좋았다. 이어서 베르사유 재판소의 총재정부 검찰위원이 되었고, 1798년 2월에는 혁명 후에 설치된 최고재판소에 해당하는 공소원(파기원)의 판사가 되었다. 그는 1826년에 죽을 때까지 25년 이상 그 자리에 있게 된다.

사법관으로서 최고의 자리에 올라 안락한 생활을 보낸 것처럼 보이지만 1799년의 브뤼메르 쿠데타 이후 나폴레옹의 황제 즉위와 퇴위, 제1차 왕정복고, 나폴레옹의 백일천하, 제2차 왕정복고 등 눈이 핑핑 도는 정치 변동은 계속되었다. 그 폭풍을 브리야사바랭은 어찌어찌 헤쳐나갔다. 보신을 위해 권력에 빌붙어 변절했다는 비난도 받았지만, 망령처럼 부활한 황제에게 충성을 맹세한 것도 잠시, 제정이 무너지고 다시금 왕정으로 돌아오는 형편이었으므로 약삭빠르게 처신하는 데에도 한계가 있었을 것이다. 실제로 정치제도가 바뀔 때마다 그는 위험한 줄타기를 반복했고 악몽에 시달린 밤도 적지 않았다고 한다.

그런 행동의 배경에서 오히려 일종의 체념을 읽을 수 있지 않을까? 혁명기에 그는 인간이 품고 있는 심연을 엿봄과 동시에, 로베스피에르의 완전무결한 이상이 초래한 불행도 경험했다. 인간은 본래 비열함과 추함을 끌어안고 있으며 인간사회는 본질적으로 불완전한 것임을 깨달았다고 해도 이상할 건 없다. 정치적 변화에 의해 완전히 퇴행하지 않는 이상, 문제를 품고 있으면서도 미래를 기대하며 조금씩 앞으로 나아갈 수밖에 없다. 노회한 것일지도 모르지만 특히나 그런 어지러운 시대에 그것은 지혜로운 사람의 생존방식이었다고 말할 수 있을 것이다. 젊은 시절에 리옹에서 가난 때문에 떨쳐 일어났던 폭도가 처형되는 것을 보고, 그런 판결을 내릴 바에는 차라리 벨레의 일개 변호사로 있고 싶다고 생각한 마음은 분명 평생토록 변치 않았을 것이다.

브리야사바랭의 본격적인 파리 생활이 시작되었다. 무엇보다 큰 즐거움은 레카미에 부인의 살롱에 드나드는 것이었다. 그 살롱의 매력은 부인의 미모만이 아니었다. 그녀의 문학과 음악, 미술에의 애정이 불러 모은 다양한 예술가들이 살롱을 각별히 화려하게 물들이고 있었다. 그는 거기서 명배우 탈마가 코르네유Pierre Corneille나 셰익스피어를 낭독하는 것을 들었고, 스탈 부인Madame de Staël에게 인정받아 후한 대우를 받기도 했다.

1798년 가을, 그는 〈보빌리에〉에서 샤를 푸리에Charles Fourier와 식사를 하고 있다. 푸리에의 여동생이 그의 종형제와 결혼하여 친척지간이 되었던 것이다. 이 훗날의 공상적 사회주의자는 마지못해 세일즈맨 노릇을 하고는 있었지만 머릿속에는 현재의 사회제도에 대한 의문과 새로운 아이디어가 소용돌이치던 참이라 서로가 생각하는 이상적인 사회에 대해서, 행복에 대해서, 브리야사바랭과 기탄없이 이야기를 나누었다. 그 후 《4운동과 일반적 운명에 대한 이론Théorie des quatre mouvements et des destinées générales》(1808)을 출간한 푸리에는 브리아사바랭을 만나 자신의 저서를 증정하기도 했다. 또한 《미각의 생리학》 책머리에서 브리아사바랭은 '전기傳記'라는 제목으로, 명의로 이름 높은 같은 고향 사람들을 소개하고 있다. 코트 박사를 비롯해 리슐랭 박사와 친척인 조제프 레카미에 박사 등, 많은 뷔제 출신 의사들이 파리에서 활약하고 있었다. 서로가 서로를 인정하고 사랑한 그들과의 교우관계가 자신의 인생을 든든하게 뒷받침해주었음을 전하고 싶었을 것이다.

그러나 《미각의 생리학》 저자로서 그에게 결정적인 영향을 준 것은 이데올로지스트idéologiste와의 교우였다. 이데올로지스트는 기억, 판단, 욕망 등 인간 정신활동의 모든 것을 감각으로 환원하는 콩디야크Eienne Bonnot de Condillac의 감각론을 계승하여, 인간 관념의 존재나 사회를 사실 그대로 관찰, 분석하려 하는 새로운 철학인 이데올로기(관념학)를 제창한 학파에 속한 사람을 가리킨다. 명명자인 데스튀트 드 트라시Antoine Louis Claude Destutt de Tracy가 학파를 주도했다. 엘베시우스 부인의 살롱에서 만나 교우한 카바니스와 의원 동료 볼네도 이 일파에 적을 두었는데, 특히 카바니스는 정신적 현상은 신체의 생리적 현상과 관련지어서 해명해야 마땅하다고 주장하여 생리학적 심리학의 창시자 가운데 한 명이 되었다. 생리학적 견지를 심화시킨 브리아사바랭이 먹는다는 행위에 새로운 관점에서 빛을 비추는 것을 생각하고 《미각의 생리학》이라는 작품을 완성시킨 데에는 카바니스의 영향이 지극히 컸다.

이데올로지스트는 이 학문, 이데올로기에 토대하여 교육과 정치를 개혁하고 혁명 후의 새로운 나라를 구축하기 위한 사회제도나 조직을 구상했다. 1801년, 브리야사바랭이 국내외에서의 경험을 토대로 《국민경제의 계획과 초안》을 쓴 것도 그들과의 교류가 계기였다고 생각할 수 있다. 그 책에서 그는 사회 · 정치개혁의 방침으로써 관리양성제도의 확립, 연금제도의 개혁, 농업의 진흥을 위한 도로망의 정비를 제시하여 제1통령인 나폴레옹에게 바쳤다. 한편, 나폴레옹은 당초 이데올로지스트의 생각에 이해를 나타냈지만, 카톨릭교회와의 화해 등 국내 질서의 확립과 정권 강화를 위해 자신이 펼친 정책을 이데올로지스트가 비난하자, 이데올로그idéologue('공론空論을 갖고 노는 자'라는 뜻)라는 경멸이 담긴 이름을 붙이고는 눈엣가시처럼 여기게 되었다.

파리의 식탁과 고향에서의 휴가

브리야사바랭은 1년에 10개월은 일 때문에 파리에서 지냈다. 몇 번인가 이사를 한 후 마지막으로 살았던 곳은 레스토랑의 메카인 팔레 루아얄에서 리슐리외 거리로 약간 북쪽으로 올라간 데였다. 일과는 대개 정해져 있어서, 아침에 일어나서 몸단장을 하고 개를 끌고 얼굴을 아는 가게를 들러가면서 걷는다. 고급 식품점 〈슈베〉

의 여주인과는 특히 친해서, 그녀는 언제나 브리아사바랭을 위해 따로 챙겨둔 물건을 마련해서 기다리고 있었다. 이어서 페롱 골목으로 들어가 그리모도 인증한 슐로의 가게에서 바삭바삭하게 접어 넣은 파이에 감싸인 작은 파테를 사 들고 팔레 루아얄의 갤러리 드 보졸레Galerie de Beaujolais에 있는 단골 〈카페 랑블랭Café Lamblin〉의 문을 열곤 했다.

자리에 앉으면 가만히 있어도 갸르송garçon(웨이터)이 쇼콜라를 날라왔다. 슐타라는 이름의 개와 파테를 사이좋게 나눠 먹는 것이 의식이었다. 〈카페 랑블랭〉의 단골 가운데는 통신기의 발명자로 유명한 샤프Claude Chappe나 오페라 코믹의 작곡가 부아엘디외Francois-Adrien Boieldieu가 있었는데, 브리아사바랭은 부아엘디외와 음악에 대한 담소를 나누곤 했다. 혼자 살았던 브리아사바랭은 개를 여러 마리 키웠는데 암컷인 이다는 레카미에 부인의 살롱이나 공소원까지 따라다니며, 재판 중에도 그의 발치에서 자곤 했다고 한다.

그는 다른 독신자들과 마찬가지로 점심은 레스토랑에서 먹었다. 재판소를 나와서 혼자서, 또는 누군가와 함께 〈베푸르Vefour〉, 〈보빌리에〉, 〈프레르 프로방소〉, 〈베리〉 등의 유명한 레스토랑을 찾아다녔다. 워털루 전투 뒤에 승자인 동맹군이 물밀 듯이 파리에 몰려들어와 돈을 아낌없이 뿌리면서 그런 레스토랑에 드나들기 시작한 후에는 〈로셰 드 캉칼〉로 피했다. 〈로통드〉, 〈트르토니〉, 〈프로코프Procope〉 등 인기 있는 카페에서도 환영받았다. 그 가운데 2세기라는 시간과 소유자의 교체를 거쳐 지금도 남아 있는 곳은 팔레 루아얄의 〈베푸르〉(현 〈그랑 베푸르Grand Vefour〉)와 센 강 좌안의 오데옹 Odéon 가까이에 있는 〈프로코프〉 정도이다.

평소 저녁은 5시쯤, 집에서 개와 마주앉아 또는 아주 가까운 동료들과 함께 먹었다. 파리 대주교 벨루아의 호화롭기 그지없는 식탁에 초대받기도 했고, 동향 출신 신부의 검박한 식탁에서 향토요리로 입맛을 다시기도 했다. 어느 자리에서도 그는 요리에 정통한 척 식탁에서 지식을 자랑하는 일은 하지 않았다. 우정을 유지하는 것은 서로 간의 존경심이므로, 아무리 서로 마음을 터놓는 사이라도 자존심에 상처를 입혀서는 안 되었다. 집에 손님을 부를 때는 반드시 그가 메뉴를 꼼꼼이 검토했다. 10명 이상이 되면 대화가 분산되어 정리되지 않으므로 사람 수는 대개 5~6명이었다. 생각이나 취향이 맞는 사람을 모아서 모두가 즐거울 수 있도록 배려하고, 몸소 멋진 솜씨로 요리를 자르고 나눠주었다. 한 달에 한 번은 파리의 동향 사람들에게 향토요리를 대접하는 모임도 가졌다. 식후에는 자신의 자랑인 부엌을 안내한 다음, 금칠을 한 넓은 살롱에서 자신이 쓴 소설을 발표했다고 한다. 17세기의 리베르탱(자유사상가)을 흉내 낸 염문담에 눈살을 찌푸리는 부인도 있었지만 동료들은 익숙해져 있었다. 바이올린 즉흥연주나 노래, 즉흥시도 모임의 흥을 돋우었다.

남은 시간에는 집필에 몰두해 앞의 소논고 이외에 《결투에 관한 역사적 · 비평적 시론》을 썼다. 그러나 가장 힘을 쏟은 것이 《미각의 생리학》임은 말할 것도 없다.

그런데 파리의 브리야사바랭을 다른 시선으로 바라보고 있던 인물도 있다. 나폴레옹의 한쪽 팔인 탈레랑을 섬겼던 거장 요리인 카렘이다. 카렘의 사후에 그의 뜻을 이어서 비서가 출판한 《식탁의 고전》에는 다음과 같은 문장이 있다. "브리야사바랭 씨는 예민하고 섬세하다는 의미에서의 가스트로놈이 아니라 단지 대식가였다. …… 그의 이름은 공소원의 동료들과 레카미에 부인의 살롱을 제외하면 거의 알려지지 않았다. …… 말투는 퉁명스럽고 쌀쌀맞고 단조로웠다. 몸집이 크고 둔중해서 기품이 없고, 거의 언제나 시대에 뒤떨어진 슈트를 입고 있었다. 셔츠의 높은 칼라가 언제나 목 주위를 꽉 조이고, 폭이 넓은 바지가 구두 위에서 펄렁거리고 있었다. 둥글둥글한 얼굴은 생기가 부족했고, 그가 쓴 책에서 느껴지는 분위기와는 전혀 달랐다." 차마 눈뜨고 볼 수 없는 비방 같다. 브리야사바랭도 의사인 친구 집에서 카렘과 만난 것을 적고 있는데, 그때 받은 인상일까?

카렘의 눈에는 탈레랑만이 가스트로노미 세계에 군림하는 제왕이었으므로 갑자기 튀어나온 브리야사바랭을 막강한 라이벌로 여겼다 해도 이상하지 않다. 브리야사바랭의 작품에 대해서는 나름대로 높은 평가를 하고 있었던 것 같으므로, 탈레랑을 생각하는 마음에 신랄한 말을 한 것인지도 모른다. 가난한 집이라고는 해도 토박이 파리 태생인 카렘은 늘 대갓집에서 일했고 화려한 세계에 사는 사람들을 가까이에서 보아왔다. 그런 그가 보기에 브리야사바랭은 시골 출신의 촌놈임이 틀림없다. 교양인, 애호가라 해도 매사에 조심스럽고 그리모처럼 재기발랄하게 식탁을 떠들썩하게 하고 대중의 평판을 노리는 일도 없고, 뷔제 지방 출신답게 말수도 적었다. 그러므로 카렘이 묘사한 브리야사바랭의 인상은 상당히 악의적이지만 그의 일면을 포착하고는 있을 것이다.

1793년에 파견의원 프로가 발행한 자유통행증의 기재사항에 따르면 브리야사바랭의 키는 5피에pied 7푸스pouce 반•이므로 프랑스인치고는 몸집이 크고 기골도 장대했다. 그는 《미각의 생리학》의 '비만에 대하여'에서 다리 아래쪽은 아랍말처럼 건장하지만 배는 상당히 튀어나와 있다고 자신의 체형을 묘사하고 있다. '공소원의 군악대장'이라는 별명도 갖고 있었다고 한다. 앞에 소개한 초상화 속의 그는 날렵하지만, 세월과 함께 풍채가 좋아진 것은 그 밖의 초상화나 조각에서도 엿볼 수 있다. 구레나룻을 기른 조각상은 관록 있고 근엄한 재판관의 위엄을 풍기고 있다.

파리에 살면서 그는 1년에 한 번의 귀향을 은근히 고대하고 있었다. 나뭇잎이 물들고 포도알이 터질 듯 여물어가는 가을에는 2개월의 휴가를 얻어, 집에 돌아가는 학생처럼 의기양양하게 고향으로 향했다. 시골의 집에는 결혼하지 않은 두 명의 여동생이 그의 방을 정돈하고 이제나저제나 하고 목을 빼고 기다리고 있었다. 여동생들은 통풍을 앓아 거의 침대에서 지내고 있었지만 브리야사바랭 가의 피의 이어받은 식욕만큼은 쇠퇴할 줄 몰랐다고 한다. 100살 가까이에 죽은 여동생이 임종 때 남긴 말은 "슬슬 저승사자가 오는 것 같아. 얼른 후식을 줘요"라고 한다.

• 1피에는 약 32.5센티미터, 1푸스는 약 2.7센티미터이므로, 브리야사바랭의 키는 약 183센티미터이다.

시골집에 도착하기 무섭게 브리야사바랭은 마을을 돌아다니며 고향과의 재회를 만끽했다. 가까이에는 작은 집들이 많이 있었고, 자신의 땅에서 수확한 과일이나 낚시나 사냥의 수확물을 품에 가득 안고서 사람들이 줄줄이 인사를 하러 찾아왔다. 그런 사람들을 초대해서 옛 친분을 두터이 하는 것은 더할 나위 없는 즐거움이었다. 때로는 여동생들의 도움을 빌려 직접 솜씨를 부려서 광대버섯이 든 송아지 허벅지살, 에크리비스écrevisse(가재)의 낭투아풍 탱발 timbale•, 어머니에게 배운 오로르풍의 파테 등 뷔제의 식재료를 활용한 요리를 만들기도 했다.

농업에도 관심을 기울여, 농장을 맡기고 있던 남동생에게 "오월 보리를 파종하라"는 조언을 하기도 했다. 사냥개를 데리고 사냥을 나가면 자고새나 메추라기, 뇌조, 산토끼 등의 사냥감이 기다리고 있었다. 《미각의 생리학》의 '사냥 중의 휴식'에는 사냥하는 동안에 나무그늘에서 먹는 식사와 최고의 휴식을 보낸 한때가 묘사되어 있다. 향긋한 작은 빵에 차가운 닭고기, 치즈 그리고 서늘한 샘에 담가 시원해진 와인이 있으면 무엇보다도 최고의 만찬이었다.

"판사님은 조금도 잘난 척하지 않았다"라고 고향 사람들은 말로 전했다. 프랑스 혁명을 주도한 사람들은 "사람의 가치는 태생이 아니라 개인의 재능과 실력에 의해 결정된다"라고 생각해 신분제의 타파를 시험해서 성공했다. 그러나 참된 자유와 평등으로 행복한 사회의 전제가 되는, 신뢰감으로 이어진 인간관계를 구축하지는 못했다. 유감스럽지만 반대로, 불신감의 연쇄가 유혈을 불렀다. 그

• 고기 · 가재류를 소스에 찐 파이, 또는 그 파이를 굽는 틀

를 맞아준 시골 사람들은 자신의 생활에 만족하고, 신분과는 관계없이 사람으로서 신뢰할 수 있는지 어떤지로 사람을 판단하고, 편을 가르지 않고 어울렸다. 그런 마음씀씀이가 그를 고향과 끈끈하게 엮어주지 않았을까.

변화하는 시대 속에서

1804년 5월, 나폴레옹이 황제로 즉위하자,* 브리야사바랭도 다른 지식인들처럼 푸셰의 비밀경찰이 눈을 번뜩이는 경찰국가가 되는 것을 염려했지만, 같은 해 3월에 발포되어 있던 나폴레옹 법전, 즉 프랑스 민법전의 가치는 냉정하게 인정하고 있다. 1808년 나폴레옹은 제국귀족을 창설했다. 이데올로지스트를 편들었던 브리야사바랭은 제정의 적극적인 지지자는 아니었지만, 현실적으로는 중앙집권적 관료기구에 완전히 얽매인 몸이기도 했다. 쉰 살이 넘었으니 아무래도 명예욕으로부터 자유롭지도 않았을 것이다. 프랑스의 유명한 훈장에 레종 도뇌르 훈장이 있다. 1802년에 창설되어 군인이든 민간인이든 상관없이 국가에 공헌한 이에게 주는 포상인데, 그는 1810년에 제5등 훈장인 슈발리에(기사)를 받고 문장도 하사받았다.

그런 그도, 나폴레옹 암살계획이 발각되어 모로 장군이 주모자의 한 사람으로 재판에 회부되었을 때에는 레카미에 부인을 위해

* 나폴레옹이 황제로서 재임한 것은 5월부터이고, 대관식을 치른 것은 12월 2일이다. 저자는 나폴레옹의 재임을 기준으로 5월에 즉위했다고 쓴 것으로 보인다.

위험을 무릅쓰고 힘껏 도왔다. 모로 부인과 죽마고우였던 레카미에 부인은 자신이 재판에 입회함으로써 모로 장군에 대한 경의와 지지를 표하겠다며, 재판을 방청할 수 있도록 손을 써달라고 그에게 부탁했다. 나폴레옹의 독재체제를 비난했던 스탈 부인의 영향을 받은 레카미에 부인은 나폴레옹 앞에서 머리를 숙이려 하지 않았다. 다행히 그가 레카미에 부인의 방청을 도운 것은 들키지 않았다. 덧붙여서, 레카미에 부인이 프로이센의 아우구스트 친왕과의 사랑에 몸을 불태우면서 남편에 대한 정절이라는 딜레마에 빠져 자살을 넌지시 비추었을 때에 그것을 단념시킨 것도 그였다. 여전히 그녀를 연모하는 마음을 품고 있고 있으면서도 스무 살 이상의 나이 차이도 있어서 그가 마음을 전하는 일은 없었다.

그 무렵, 브리야사바랭은 함께 미국에 망명했다가 지금은 고향에서 살고 있는 로스탱에게 가속하는 수도의 변모를 편지로 알리고 있다. "마차의 수는 두 배로 늘고 매일매일 새로운 도로가 생기고 있습니다. 하지만 특히 달라진 것은 여성의 옷차림입니다. ……" 유행의 첨단을 걷는 사람들이 모여드는 팔레 루아얄에서, 여성의 패션은 눈에 띄는 달라지고 있었다. 또한 나폴레옹 궁정과 거기에 모인 사람들의 호사스러움에 대해서도 그는 증언하고 있다. 혁명의 혼란을 벗고 마침내 평온한 생활로 돌아온 사람들이 한숨 돌리는 사이에 시대는 확실하게 발걸음을 내딛고 있었다.

수도의 인재들이 모여든 그의 식탁을 당시 세간의 이목을 집중시킨 그리모의 그것에 비유하는 사람도 있었지만, 그것은 브리야사바랭에게 있어서 모욕과 같았다. 그가 보기에는 그리모의 못된 장난질은 범속한 악취미이며, 가스트로놈인 척하지만 주책없이 와구와구 먹어대는 대식가에 지나지 않았기 때문이다. 자신이 추구했던, 허물없는 동료들과 더불어 기쁨을 나누는 식탁에는 우아하고 세련된 분위기를 빠뜨릴 수 없었다. 그리모의 천박한 과시나 탈레랑이나 캉바세레스의 호사의 극을 달리는 식탁의 정반대 지점에 있는 것, 그것이 그에게 이상적인 식탁의 모습이었다. 또한 그리모는 아펠의 발명을 칭찬했지만 브리야사바랭의 생각에는 병조림은 계절감을 잃어버리게 하는 자연에 대한 모독이었다. 군대식軍隊食으로서는 유용할지 몰라도, 모든 주방에 그것을 들여온다면 미각은 퇴화하고 요리를 만든다는 일의 의미 자체를 잃어버리게 된다고 생각했다. 거의 동시대에 파리의 공기를 마시고 있던 카렘, 그리모, 브리야사바랭 세 사람은 저작 등을 통해서 어딘가에서 서로를 의식하고 있었지만 살아간 형편의 차이, 먹는 것에 관여하는 방식의 차이로 인해 이상적으로 생각하는 가스트로노미상에도 차이가 있었다.

가스트로노미에 가장 먼저 상업주의와 미디어의 힘을 들여온 그리모의 방식은 순수하게 식탁의 기쁨을 발견하려 했던 브리야사바랭에게는 미심쩍게 비쳤을 것이다. 그러나 브리야사바랭 스스로, 가스트로노미가 제공하는 것은 과세대상이 되고 국가 간의 교역대상이 되어 국민경제에 이익이 된다고 지적하고 있듯이, 프랑스가 근대국가로 발돋움하는 이 시기에 성립한 가스트로노미는 더 이상은 시장경제를 무시할 수 없게 된다. 나폴레옹 전쟁의 패배로 막대한 배상금에 신음하던 프랑스가 점령자인 외국인으로 하여금 샴페인과 맛있는 음식에 맛을 들이게 한 덕분에 다소라도 외화를 벌어들였다는 점도 그는 지적하고 있다. 말하자면 산업으로서 가스트로노미의 가능성을 꿰뚫어본 선견지명은 있었지만, 그리모처럼 거기서 직접적인 이익을 끌어내는 사업적 발상과는 인연이 없었다고 말할 수 있을 것이다.

1811년, 파리 천문대의 망원경으로 대혜성을 관찰한 브리야사바랭은 경외와 두려움에 사로잡혔다. 《미각의 생리학》의 "새로운 요리의 발견은 인류의 행복에 있어서 천체의 발견 이상의 의미를 갖는다"라는 아포리즘도 이 체험을 복선으로 해서 나온 것이라고 한다.

다음 해인 1812년은 상喪으로 뒤덮인 해였다. 애견 이다가 죽은 지 몇 달 뒤 어머니가 세상을 떠났다. 살아 있는 기쁨과 행복을 언제나 발산하던 어머니를 잃은 아픔은 컸다.

1813년, 나폴레옹군의 패주와 더불어 제국은 붕괴로 향했다. 1814년 5월에는 루이 18세가 귀환해서 왕정이 복고되었다. 그는 루이 18세를 까닭 없이 싫어했지만, 복위에 의해 평화가 돌아온다면 그걸로 됐다고 생각했다. 볼네를 비롯한 주위 사람들 대부분이 복고왕정을 지지했다. 다음 해 3월, 나폴레옹이 엘바 섬을 탈출했다는 소식에 온 프랑스가 경악했다. 그것을 광기의 사태로 보는 볼네에 비해, 브리야사바랭은 부르봉 왕을 찬탈자라고 비난하는 상소문에 36명의 판사들과 함께 서명했다. 그는 튈르리 궁에서 거행된 나폴레옹의 환영식에서는 나폴레옹의 귀환을 칭송하는 인사까지 했고, 백일천하가 어이없이 끝났을 때에는 역시나 실책을 만회하기 위해 귀환한 루이 18세에게 다시금 축하의 말을 써서 보냈다. 그러나 1816년 1월 21일에 생드니Saint-Denis 대성당에서 거행된 루이 16세 추도 미사에는 불참했다.

1819년부터 1820년에 걸쳐 코트 박사와 볼네가 잇따라 세상을 떠난다. 친구와의 작별은 그에게 고독과 늙음을 느끼게 했다. 계몽의 세기에 태어나 족적을 남긴 이들이 차례로 모습을 감추는 것에 그는 깊은 적막감을 느꼈다. 계몽정신은 절대적 진실에 도달하는 것보다도, 기성의 개념을 다시 볼 것을 압박하는 듯한 현실과 만나 새로운 문제를 발견하는 것에서 기쁨을 찾았다. 인간에게 유용한 과학에의 신뢰를 심어준 것도 계몽정신이었다.

《미각의 생리학》에 담긴 것

친구들을 떠나보낸 브리야사바랭은 남겨진 시간에 자기 자신이 이 세상에 어떤 족적을 남길 것인지를 생각하게 되었다. 먹는 일은, 사회에 있어서 사람과 사람을 이어주는 두터운 연이 된다고 그는 말하고 있다. 사람은 식탁에서는 경계심을 풀고 말을 주고받는다. 먹는다는 일의 사회적 기능에 빛을 비춰보고 싶었다. 살아 있는 것을 사랑하는 인문주의자(유마니스토)의 후예로서, 사람들이 서로 나누는 식탁의 기쁨에 착안해서 실천적인 삶의 방식에 대한 책을 써보자고 결심했다. 그리고 가스트로노미를 새로운 미각의 학문으로 세상에 발표하여 평가를 구해보자고 생각했다. 그것은 그가 젊은 시절부터 품어온 테마였다. 몽테뉴, 볼테르, 루소, 로크, 콩디야크, 카바니스 등 경애하는 인물의 저작을 되풀이해서 다시 읽고 1821년부터 펜을 들었다. 이 책에 대한 애착은 자신의 아이에 대한 애착과 같아서, 아이를 애지중지하듯이 퇴고에 퇴고를 거듭해 1825년 여름에는 거의 탈고했다.

《미각의 생리학》 초판 첫 장에는 1826년이라고 씌어 있지만, 실제로 나온 것은 1825년 12월이었다고 한다. 브리야사바랭의 전기를 쓴 티에리 부아셀Thierry Boissel에 따르면 몇 천 부를 찍었다고 한다. 이것은 그가 인생의 모든 것을 쏟아부은 필생의 역작이었다. 익명을 달게 받아들였지만, 사실은 작품의 가치에 그가 강한 자신감을 갖고 있었음을 발자크는 지적하고 있다. 먼저, 먹는다는 행위를 인간의 정신 작용과 연결시킨 관점이 참신했다. 그것을 설명하는 전제로, 먹는다는 행위에 관련된 다양한 감각의 작용을 생리학적으로 해설하고 있는 점도, 요리 · 음식 관계의 책에서는 전례가 없었다. 브리야사바랭은 감각에는 시각, 청각, 후각, 미각, 촉각, 생식감각(즉 육체애)의 여섯 가지가 있다고 하면서, 각각의 작용을 확인한 다음 미각에 대해서 자세히 분석하고 있다.

익명으로 책을 냈지만 작품의 평판이 높아지자 그가 작가라는 소문이 퍼지고, 아는 사람들은 칭찬의 말을 건넸다. 자신의 작품이 인정받은 것을 안 그의 기쁨은 어느 정도였을까. 그는 책을 낸 직후인 1826년 2월 초에 70세를 일기로 세상을 떠나므로 그야말로 유작이 되었다.

뜻밖의 죽음이었다. 1월 중순에 공소원장이 루이 16세의 기일인 1월 21일에 생드니 대성당에서 해마다 거행되는 추도 미사에 참석하라고 요구하는 편지를 보내왔다. "아직 한 번도 참석하신 적이 없사오니 참석해주신다면 행복하겠나이다"라고 적혀 있었다. 문구 자체는 정중했지만 비난이 깃든 소환장이었다. 자신에게 도대체 무엇에 대한 죄갚음을 하라는 것이냐고 생각했지만, 그 일로 찍혔다면 어쩔 수 없었다. 감기에 걸려 와들와들 떨고 있었지만 병을 핑계로 안 나갈 수는 없었다. 냉기가 뼛속까지 스며드는 대성당의 추위가 폐렴을 불러왔다.

1월 31일, 그를 문병한 리슐랭 박사는 《토론신문(주르날 데 데바 Journal des débats)》에 실린 《미각의 생리학》를 칭찬하는 서평을 빈사의 대부代父에게 읽어주었다. 2월 1일, 이번에는 레카미에 박사가 베개맡에서 시중을 들었지만, 다음 날 오전 1시쯤 그는 숨을 거두었다. 그리고 고향에서도 가족에게서도 멀리 떨어진 파리의 페르라세즈Pére-Lachaise 묘지에 묻혔다.

그의 재산을 상속한 남동생과 조카가 상속세를 지불하기 위해 저작권을 출판업자 소토레에게 판 것은 이미 앞에서 말한 대로이며, 가격은 1,500프랑이었다고 한다. 한편, 그가 종종 연주했던 바이올린 스트라디바리우스에는 3,000프랑의 가격이 매겨졌다. 《미각의 생리학》은 그 후 판을 거듭했고, 그동안 발자크, 보들레르 Charles-Pierre Baudelaire, 뒤마 등이 브리야사바랭에게 온갖 칭찬과 비난이 섞인 말을 남겼으므로 커다란 주목을 받은 것은 확실하다.

음식을 둘러싼 말

브리야사바랭이 해낸 역할을 생각하기 전에 몇 가지 단어를 먼저 정리해두자.

그는《미각의 생리학》을 쓰게 된 의도를 "첫 번째, 가스트로노미의 이론적 기초를 확립하고 그것이 여러 학문 속에서 당연히 차지해야 할 위치를 차지하게끔 하는 것. 두 번째, 이른바 구르망디스 gourmandise를 확실하게 정의하고, 유감스럽지만 대식이나 무절제와 혼동되고 있는 이 사교적이고 아름다운 본바탕을 그것들과 구별하는 것"이라고 명확하게 적고 있다.

가장 만년의 저작인 이 책은 카렘이나 그리모와 마찬가지로 소란의 시대를 살았던 그가, 곤경의 시기에조차도 식탁이 차분한 행복을 가져다주고 살아가는 힘을 준 것을 추억하고, 먹는다는 것의 가치를 정당하게 평가하겠다며 시대의 한계에 도전한 성과라고 말할 수 있다. 앞에서도 언급했던 아포리즘인 "새로운 요리의 발견은 인류의 행복에 있어 천체의 발견 이상의 의미를 갖는다"라는 말이 그 책에 담긴 생각을 말해주고 있다. 책을 익명으로 낸 것은 사회적으로 조심스러움이 있었기 때문이지만 야심 찬 시도를 하기 위해서 자유롭게 말을 할 수 있는 조건을 확보하려는 마음도 있지 않았을까.

당시 '가스트로노미'는 아직 새로운 단어이자 개념이었다. 급격한 도시화가 진행되는 19세기 파리는, 레스토랑이라는 예전에 없던 음식의 소비형태를 사람들에게 제공했다. 언어가 사회의 변화를 반영한다면, 혁명을 계기로 새로운 사회질서로 이행한 사람들이 새로운 음식의 질서로 인식한 것을 표현하고 규정하는 데 필요한 용어가 '가스트로노미'였다고 생각할 수 있다. 태어난 지 얼마 안 된 그 단어에 이론적 기반을 제공하여 살을 붙이고 장래의 발전의 길을 터준 역할을 자처한 사람이 브리야사바랭이었다.

이어서, 그가 정확하게 재정의해야 마땅하다고 호소한 '구르망디스'는 과연 어떤 말이었을까? 그가 말하듯이, 구르망디스는 19세기 초에 이르기까지 '글루토네리gloutonnerie', 즉 대식의 동의어로 취급되며 악덕의 하나로 여겨지고 있었다. 원래 크리스트교에서는 오래전부터 교만, 탐욕, 색욕, 나태 등과 나란히 대식을 일곱 가지 대죄의 하나로 간주했다. 먹거리에 대해 이야기하는 것을 꺼림칙하게 여기는 마음의 밑바닥에는 그런 크리스트교적 윤리관 · 가치관이 그림자를 드리우고 있었다. '악덕'이었던 구르망디스가 아카데미 프랑세즈 사전에서 '결점'이라는 표현으로 바뀐 것은 1935년에 나온 제8판부터다. 최신인 제9판(1992년부터 간행 중)에서는 마침내 대식가에 더해서 '미식', 심지어 '요리의 질 높음이나 섬세함을 간파하는 능력'이라는 의미가 덧붙여져 있다.

《미각의 생리학》에는 "짐승은 우겨넣고 사람은 먹는다. 지성 있는 사람만이 먹는 기술을 안다"라는 아포리즘이 있다. 짐승처럼 와구와구 먹는 것은 꺼려야만 하는 일이며, 사람은 이성으로 식욕을 조절해서 먹는 존재이다. 이성의 빛에 비추어서 기존의 체제나 종교에 비판을 덧붙인 《백과전서》는 역시나 구르망디스를 대식가나 악덕으로 단정 지어버리지는 않고 "맛있는 것을 과도하게 좋아하고 달려드는 것"이라고 정의하고 있다. 그러나 거기서도 역시 자연스러운 식욕의 틀을 넘어서 세련된 음식을 추구하는 것은 마땅히 삼가야만 한다고 되어 있다.

필요 이상으로 감각을 자극해서 맛있는 것을 지나치게 추구하는 것은, 사회질서 유지의 관점에서 바람직하지 않았다. 대식의 밑바닥에는 기근에의 잠재적 공포가 있고, 배만 부를 수 있다면 이것저것 가리지 않는다. 그에 비해서, 양보다 질을 중시하고 맛있는 것을 먹으려 하는 미식을 지향하는 사람이 늘어나면 대식 이상으로 사회질서를 위협할 위험성이 있었다. 또한 크리스트교적인 가치관도 말끔히 사라지지는 않았다. 《백과전서》는 자연스러운 욕구를 채우는 것 이상으로 기교를 응축하고 미각에 아첨하는 '요리'를 규범을 뛰어넘은 일탈이라고 보고 있으므로, 방심해서는 안 되는 욕망에의 경계심이 아직 남아 있다.

그런 시대에, 먹는다는 행위를 과학적으로 분석하고서 거기에 더해 그것이 인간에게 갖는 의미를 기존의 가치관에 사로잡히지 않고 재검토한 것이《미각의 생리학》이었다. 즉, 한편에서는 지적인 행위로서의 가치를 발견하고, 다른 한편에서는 먹는다는 행위가 개인의 생리적 욕구를 채우는 데에 머무르지 않고 식사를 더불어 즐김으로써 사회적으로 유용한 가치가 되는 것을 제시해 보인 것이다.

브리야사바랭에 따르면, 스스로의 욕구를 채움으로써 얻을 수 있는 '먹는 쾌락'과 타자의 존재를 전제로 하는 사회적 공간으로서 '식탁의 쾌락'은 명확하게 구별해야만 했다. 노골적인 식욕을 억누르고 사회화하기 위해서는 일정한 규범이 필요하며, 좋고 나쁨을 간파하는 안목과 지식도 요구되었다. 그런 근대적인 음식의 개념을 대식의 이미지로 뭉뚱그려진 구르망디스와 뚜렷이 구별하기 위해서는, 가스트로노미라는 아직 귀에 익지 않은 그리스어가 딱 좋았을 것이다.

앞 장에서 그리모의 주요 저작을《미식가 연감》이라고 소개했다. 거기서 미식가라고 번역한 프랑스어는 구르망이며, 구르망디스는 이 말에서 파생했다. 구르망은 원래 '대식가'를 나타내는 명사 또는 '많이 먹는'을 뜻하는 형용사였는데 1835년에 간행된 아카데미 프랑세즈 사전에는 "때로 가스트로놈을 가리키기도 한다"라고 되어 있다.《미식가 연감》이 간행된 1803년부터 1812년까지는 대식가에서 가스트로놈으로 이행하는 과도기에 해당하는데, 먹는 기술을 아는 사람을 육성하는 계몽서로서 그리모가 그 책을 썼다는 건 두말할 나위도 없을 것이다.

브리야사바랭이 해낸 역할

《미각의 생리학》 제1부에서 각 명상의 테마가 되는 말을 먼저 정의하고 난 다음 분류 · 분석하는 방식은 가스트로노미 이론의 확립이라는 목적에서 필연적으로 이끌어내지는 과학적인 서술로 높이 평가할 수 있다. 종종 인용한 대로, 브리야사바랭은 가스트로노미나 레스토라투르(레스토랑을 만들고 파는 사람) 등의 최신 개념이나 사상事象도 명확하게 정의함으로써 귀중한 시대의 증언자가 되었다. 그는 박물학, 생리학, 화학, 요리기술, 상업, 정치, 경제 등 폭넓은 분야에 관련된 학문으로서 가스트로노미를 포착하고 요리를 역사의 흐름 속에서 더듬어보려 했다. 그 결과 《미각의 생리학》은 체계적이라고는 말할 수 없다 해도, 먹는다는 행위를 다각적으로 분석하고 깊이 고찰한 최초의 책이 되었다. 특히 과학적 관점과 분석방법을 끌어들인 것은 이 책에 종래의 요리나 먹거리 책에는 없던 보편성을 부여했다.

《백과전서》는 크리스트교적인 지성의 체계를 대신해서 근대과학의 각 분야가 태동을 시작한 계몽의 세기를 대표하는 서적인데, 요리를 과학적으로 포착하려 했던 브리야사바랭의 접근도 그런 흐름의 연장선상에 있었다고 여겨진다. 또한 그가 "사람을 먹여 살리는 학문은 적어도 사람을 해치는 것을 가르치는 학문과 동등한 가치는 있다"라고 썼을 때, 행복을 가져오는 학문으로서 가스트로노미를 구상하고 있었음을 짐작할 수 있다. 심지어 "사람을 초대한다는 것은 그 사람이 집에 머무는 동안 항상 행복하게끔 만들어주는 것이다"라고 말할 때, 그는 그 행복을 개인의 수준에서 사회 전체로 넓히고 싶어 했다. 이론적 기초와 학문적 체계는 그 때문에 필요했던 것이다. 그가 추구했던 것은 단순히 자신이 맛있는 것을 먹는 기쁨이 아니었다. 사회적 동물인 인간만이 얻을 수 있는, 다른 사람과 함께 식탁을 둘러싸는 기쁨이었다.

모두가 자유롭고 행복하게 살 수 있는 사회를 지향한 프랑스 혁명은 이상과는 정반대의 소용돌이를 살아간 개인들에게 적잖은 고난을 맛보게 했다. 브리야사바랭도 망명생활을 가차 없이 강요당했다. 그러나 그 이념은 서서히 사람들 속으로 뿌리내려갔다. 《미각의 생리학》은 계몽과 혁명의 시대를 살았던 그가 음식을 통해서 어떻게 행복을 실현할 것인가를 묻는 책으로 읽을 수도 있을 것이다.

《미각의 생리학》을 읽을 때 독자가 느끼는 두서없음은 그가 70년 인생의 우여곡절 사이에 프랑스와 스위스, 또는 미국에서 체험하고 관찰한 이것저것을 시공간을 완전히 무시하고 갈피 없이 문장 속에 섞어넣은 데서 비롯된다. 그러나 가스트로노미를 학문으로서 확립한다는 순수한 목적 때문에 누구에게도 아첨하지 않고 씌어진 문장에서는 음식에의 진실하고 흔들림 없는 애정이 느껴지며, 장황한 추억담이나 산만한 구성도 싫지는 않다. 그가 지향한 가스트로노미는 행복의 학문이었으므로 그 책에는 몇 가지 행복한 장면이 등장한다. 식탁이 매개하는, 사람과 사람의 인연이나 함께 맛보는 기쁨이 행복을 낳는 것이다.

브리야사바랭의 문장에서는 풍부한 교양과 함께, 고난의 시기에도 냉정함과 유머를 잃지 않는 온화한 인간미가 엿보인다. 카렘이 보았듯이 확실히 달변가는 아닐지 모르지만, 남의 이야기에 귀를 기울이는 사람이었다. 그렇게 해서 얻은 지식이나 생각을 자신의 안에서 천천히 갈고 다듬어 숙성시킨 것이 《미각의 생리학》이다. 그의 성찰이 결정화한 아포리즘의 간결한 표현은 특히 강하게 마음을 울려, 사람들 입에 오르내리게 되는 데에 시간은 걸리지 않았다. 가스트로노미의 본질을 꿰뚫은 수많은 말들은 시간의 시련을 견디고, 금언으로서 오늘날에 전해지고 있다.

그리고 그가 끌어들인 과학의 관점은 요리가 진화한 길을 더듬어보는 역사적 관점과 더불어 이후 프랑스요리의 발전을 지탱하는 힘이 되었다. 왜 그래야만 하는지를 생각하는 과학적 · 합리적인 사고방식은 요리인의 일을 끊임없는 반복에서 해방시키고 새로운 것을 낳는 힘을 부여했다. 이 또한, 그가 계몽의 시대정신을 계승하고 있었다는 증거일 것이다. 현대 프랑스의 가스트로노미를 어떤 의미에서 짊어지고 있는 물리화학자 에르베 티스는 브리야사바랭의 이른바 '화학'의 오류를 지적하고 있지만 그의 업적을 부정하고 있는 건 아니다. 다시금 거기에서 고쳐서 바라볼 만한 가치가 있기 때문에 200여 년 전의 그의 책을 구태여 끄집어내서 그것을 출발점으로 간주하고 있는 것이다.

시대의 전환점이었던 이 시기, 식탁에도 새로운 학문과 규범이 필요했다. 반복해서 하는 말이지만, 카렘처럼 만드는 쪽도 아니고 그리모처럼 상품으로서의 음식 정보 판매자도 아닌, 순수하게 먹는 쪽의 입장에 선 브리야사바랭의 규범은 인생의 거센 파도를 뛰어넘은 만년의 초월적인 시선으로 위쪽에서 내려다보듯이 음식을 응시하고 있다는 것만으로 보편성을 가지게 되었다. 《미각의 생리학》 부제가 '초월적 가스트로노미의 명상Méditations de Gastronomie Transcendante'이라고 붙여진 연유는 바로 그것인지도 모르겠다.

브리야사바랭이나 그리모의 업무를 계승한 20세기의 가스트로놈인 퀴르농스키는 다음과 같이 말하고 있다. "요리는 문화의 세련됨의 증거이며, 다른 예술도 그렇지만, 문화의 한 요소에 그치지 않고 그것을 활성화시키는 효모의 역할을 한다. 바로 그렇기 때문에, 어떻게 먹을 것인지를 숙고한 브리야사바랭은 위대한 계몽자로 여겨져야 마땅하다."

| 제5장 |

자동차 시대의 가스트로노미와 지방의 발견

퀴르농스키(1872~1956)

미식지도의 전위

프랑스에서 맛집을 돌아다니다 보면 놀라운 장면을 목격한다. 몇 시간이나 차를 달려서 겨우 도착할 만한 시골 마을에도 별 셋 레스토랑이 있어서 프랑스 전국은 물론 전세계에서 손님이 찾아드는 것이다. 예를 들면 리옹에서 차로 다섯 시간은 걸리는 중앙산괴(마시프상트랄Massif Central)•의 남쪽 기슭에 자리잡은 라기올Laguiole 마을에 레스토랑 〈미셸 브라〉가 있다. 유명한 레스토랑에서 수업한 경험 없이, 독학으로 요리를 공부해 섬세하고 스타일리시하면서 자연의 감촉이 느껴지는 요리로 별 셋을 따낸 천재 요리인 미셸 브라Michel Bras가 경영하는 곳이다. 다종다양한 계절 채소나 꽃을 그대로, 또는 익혀서 멋들어지게 배합하여 초원의 향기가 떠도는 채소 요리 가르구유gargouillou는 그의 명성을 세계적으로 높였다.

실제로는 그 레스토랑은 인구 1,000여 명인 라기올 마을에서 다시 차로 10분 정도 달린 언덕 위에 있다. 직선을 강조한 현대적인 건물이 마치 아라라트Ararat 산의 노아의 방주처럼 언덕 위에 우뚝

• 프랑스 중남부에 있는 고원 모양의 산악 지대로, 프랑스 전체 면적의 6분의 1을 차지한다.

얹혀 있다. "아무것도 없는 곳이지만 소의 눈망울만은 맑지요"라는 브라의 말대로 사방팔방 어디를 둘러봐도 막힘 없이 탁 트인 푸른 초원이 끝없이 이어지고 가끔씩 자동차가 다니는 것을 제외하면 한가로이 풀을 뜯는 소 말고는 인기척이라곤 없다. 그런 땅끝 마을인데 식사 때가 되면 어디서 쏟아져 나왔는지 의아할 정도로 잇따라 손님이 나타나 50석 정도의 홀이 순식간에 채워지고 차분하면서도 밝고 흥겨운 분위기로 가득 찬다. 프랑스는 일본만큼 철도망이 발달해 있지 않은 대신에 자동차가 완전히 생활 속으로 파고들어와 있다는 상황의 차이는 있다. 하지만 아무리 그래도 반경 몇 킬로미터 안에 인가란 찾아볼 수 없으므로, 음식점 입지의 규칙을 뒤엎은 경이적인 집객력이라고 말할 수 있다.

전세계 어떤 나라에서도 요리는 권력과 돈과 사람이 모이는 장소에서 발전을 이루었다. 이른바 고급 프랑스요리는 궁정을 무대로 진화했고 혁명 이후에는 정치와 경제의 중심이 된 파리가 미식의 중심이 되었다. 리옹이나 지중해 연안의 유서 깊은 지방도시에서도 독자적으로 풍성한 음식문화가 키워졌지만, 세련되고 진화했다는 의미에서는 파리의 요리가 타의 추종을 불허했다. 말하자면 일극집중一極集中에 가까운 극히 중앙집권적인 구도가 형성되어 있었던 것이다.

한편 파리에서 지방을 보면 사정이 또 달라진다. 옛날부터 파리에는 각지의 산물이 모여들긴 했지만 사람이나 물자의 이동이나 정보 전달의 수단이 한정되어 있었다. 때문에 파리 사람들이 다른 토지의 맛을 접할 기회는 그리 많지 않았다. 혁명 전후에도 〈프레르 프로방소〉처럼 지방요리를 간판으로 내세운 레스토랑이 있었지만, 자신들이 모르는 맛있는 음식이 프랑스 안에 있다는 것에까지 생각이 미친 파리 사람은 적었다.

다음에 소개할 가스트로놈, 퀴르농스키Curnonsky(1872~1956)는 잡지 《프랑스의 요리와 와인Cuisine et vins de France》의 1953년 칼럼에서 프랑스요리를 네 가지로 분류하고 있다. 궁정에 뿌리를 둔 고전적인 고급요리, 가정요리, 지방요리, 갓 잡은 식재료로 만든 즉석요리다. 그 어떤 것이 부족해도 프랑스인에게 있어서 프랑스요리라고는 말할 수 없다. 지금은 당연한 말로 들리지만, 그때까지 프랑스요리의 총체를 이렇게 명확하게 제시해서 보여준 사람은 없었다. 가스트로노미를 커다란 시점에서 재포착했을 때에 비로소 그 진정한 가치가 부각되고, 귀중한 문화적 · 사회적 · 경제적 자산으로서 살리는 것도 가능해졌다.

유명 레스토랑이 파리 일극집중에서 벗어나 각지에 고루 퍼져 있는 오늘날과 같은 구도로 바뀌고 프랑스 특유의 미식지도가 완성되는 전환기가 찾아온 것은 20세기 초의 일이다. 먼저 지금까지 알려져 있지 않았던 지방의 맛의 발견이 있고, 이어서 거기를 수많은 손님들이 찾아듦으로써 자극과 경쟁이 생겨나서 지방색을 유지하면서도 세련된 요리가 만들어지게 되었다. 그 결과, 엄청난 수의 먹는 쪽이 집중되어 있는 도시에만 맛있는 것이 모여들지 않고, 매력적인 요리를 찾아서 먼 길을 마다 않고 사람이 이동하는 특이한 상황이 이 나라에서 생겨났다.

물론 그러기 위해서는 하드웨어의 정비가 불가결한데, 자동차라는 이동수단이 보급되고 도로망이 정비될 필요가 있었다. 그 다음에 빠뜨릴 수 없는 것이 정보의 정비, 말하자면 맛있는 것이 발견되는 장소까지 사람을 이끄는 시스템이었다. 그때 결정적인 역할을 해낸 미슐랭의 가이드북에 대해서는 다음 장에서 다루자.

다시 태어난 파리와 음식의 정경

퀴르농스키의 업적을 더듬어가기 전에 그가 태어난 19세기 후반 이후의 프랑스 사회와 파리의 가스트로노미 상황을 대강 살펴보자. 1852년에 즉위한 나폴레옹 3세(루이 나폴레옹)*의 제2제정기는 섬유공업에 더해서 제철 등 중공업이 발전해서 경제적으로 번영하고 부르주아를 주역으로 산업사회의 틀이 형성된 시기였다. 철도 부설사업도 본격화했다.

그런 반면, 1846년에 인구 100만의 도시가 된 파리는 급격한 인구 유입에 의해 중심부의 노동자 밀집 거주구나 시벽市壁 밖 변두리의 주거환경은 열악해져 있었다. 비대해져 마비된 도시기능을 회복하기 위해 나폴레옹 3세는 센 현의 지사 오스망에게 명해서 도시 개조를 단행한다. 오스망은 중심부의 구불구불하고 좁은 도로를 모조리 없애고 개선문에서부터 방사형으로 뻗은 큰 도로에 의

• 본명은 샤를 루이 나폴레옹 보나파르트Charles-Louis-Napoléon Bonaparte로, 나폴레옹 1세의 조카이다. 2월 혁명 뒤 제2공화국 대통령을 지내고, 쿠데타로 의회를 해산한 뒤 1852년에 황제로 즉위해 제2제정을 열었다.

해 구획을 나누었다. 건물 높이의 규제, 도로 가스등 정비, 하수구의 지하부설 등 경관까지 세심하게 배려한 도시계획도 실행했다. 그 결과, 메르시에가 묘사한, 그늘에 감싸인 방탕하고 혼잡스러운 분위기의 파리가 위생적이고 밝은 도시로 탈바꿈하여 '화려한 도시' 파리의 원형이 형성되었다.

음식의 정경에 눈을 돌리면 18세기 말에서 제1제정기에 걸쳐서 유행의 첨단을 걷는 사람들이 다녔던 팔레 루아얄은 역시 센 강 우안에 있는 그랑 불르바르Grands Boulevards에 미식의 메카 지위를 넘겨주고 있었다. 그랑 불르바르란 마들렌 광장에서 레퓌블리크 광장Place de la République까지의 사이에 카푸신Capucines, 이탈리안, 푸아소니에르Poissonniére, 생마르탱Saint Martin 등의 대로가 이어지는 중심도로를 말한다. 원래 연극용 소극장이나 서커스 등의 구경거리가 몰려 있던 환락가였는데 드넓은 대로가 정비되자 〈카페 앙글레Café Anglais〉, 〈메종 도리Maison dorée〉를 비롯해 〈조키클럽〉이나 〈카페 드 라 페Café de la Paix〉 등 고급 레스토랑과 카페가 줄을 이어 들어섰다. 귀족이나 부르주아, 외국의 부호 등 우아하게 치장한 신사 숙녀에서 고급 창부까지가 길을 오가고, 밤마다 그런 가게에 드나들면서 오스망이 낳은 근대적 도시 공간을 화려하게 물들였다. 또한 센 강 좌안에도 〈마니〉나 〈포요Foyot〉 등 정치가나 문인이 출입하는 인기 레스토랑이 등장했다.

그런 한편으로, 산업화가 진전하는 사이에 생디칼리슴Syndicalisme(노동조합주의)과도 연동하여 요리인이 스스로를 조직화

함으로써 직업의 사회적 지위를 높이고 발전을 촉진하려는 움직임도 보였다. 1879년에 스위스의 요리인 조제프 파브르Joseph Fabre가 '요리기술의 진보를 지향하는 만국연합'을 발족시키자, 요리인 토마 제낭의 활동으로 파리에도 지부가 생겼다. 제낭은 잡지편집자인 샤티용플레시Chatillon-Plessis를 구워삶아서 한 달에 두 번 발행하는 기관지 《요리기술(라르 퀼리네르L'art Culinaire)》을 창간한다. 샤티용플레시가 40년 동안 편집주간을 맡은 이 잡지에는 에스코피에나 몽타뉴 등의 저명한 요리인이 기고하여, 요리인이 지식이나 정보를 교환하고 서로를 계발하는 데에 공헌했다. 단명에 그치기는 했지만, 제낭과 샤티용플레시는 역시 파브르에게 배워서 요리 박람회나 요리 콩쿠르를 개최하기도 하고 전문 요리인을 위한 학교도 열었다. 스스로의 사회적 역할을 의식하고 업계의 발전에 힘쓴 요리인이 늘어남으로써 만드는 쪽에서도 성숙한 가스트로노미를 지탱할 태세가 지속적으로 갖춰져간 것이다.

이 시기의 가스트로놈에는 시인이자 저널리스트인 샤를 몽슬레Charles Monselet(1825~1888)가 있다. 다예다재하여 지라르댕이 창간한 《프레스》 등의 신문에 기고하는 이외에 시, 희곡, 연극평, 연재소설, 여행기 등 다양한 작품에 손을 댔다. 몽슬레 자신이 문학사에 이름을 남기지는 않았으나 뒤마, 고티에Pierre Jules Théophile Gautier, 네르발Gérard de Nerval, 라마르틴Alphonse Marie Louis de Prat de Lamartine, 보들레르, 위고, 생트뵈브Charles Augustin Sainte-Beuve 등 많은 문인과 교류했다.

샤를 몽슬레의 《미식가 연감》 1866년판 표지

그는 가스트로노미에도 관심을 기울여 1858년에 일요신문 《구르메Gourmet》를 발행한다. 여기에는 뒤마나 고티에, 테오도르 드 방빌Théodore Faullain de Banville이 기고했는데 24호까지 내고 폐간했다. 그가 1859년에 낸 《시정 풍부한 여자 요리인La Cuisinière poétique》은 《구르메》에 게재된 뒤마 등의 작품을 포함한 시문집이다. 머릿말에는 "모든 정열은 이성에 의해 이끌려질 때에 예술이 된다. 그런데 다른 어떤 정열보다도 이성에 이끌리는 것이 가스트로노미다"라고 씌어 있다. 또한 그리모의 작품명을 계승하여 《미식가 연감》 1862년판, 1863년판과 1866~1870년판을 냈는데, 그리모의 연감과 달리 가이드북이 아니라 몽슬레 등의 기고자에 의한 먹거리를 테마로 한 시나 희곡, 일화, 조리법으로 구성되었다. 신서판•의 가로

• 가로 103밀리미터, 세로 182밀리미터의 크기로, 포켓판의 하나

폭을 약간 넓힌 판형으로 100쪽 정도의 소책자다.

몽슬레는 1867년의 파리 만국박람회를 계기로 외국의 산물이 모이는 것을 겨냥하여 미식심사위원회 설립을 결정하고, 격월로 개최하는 저녁식사 모임에서 심사한 결과를 다음 해 연감에 발표하겠다고 고지했지만, 1868년의 연감에서는 저녁식사 모임의 간단한 보고밖에 찾아볼 수 없다. 미식심사위원회로 주목을 끌고 음식 정보를 충실하게 제공하려 한 계획은 실패로 끝난 듯하다. 레스토랑이 번창해나가던 제2제정하에서는 식품을 보내오라고 해서 받고, 모여서 먹어보고 심사한다는 방법이 시대에 뒤떨어진 것이었다. 독자는 예술가의 심미적 평가나 응축된 지식보다 실용적인 정보를 요구하고 있었다. 속보성 있는 매체도 필요했다. 그런 새로운 음식 정보의 가능성을 예감케 한 것은 '백인百人클럽(클뢰브 데 썽Club des Cent)'이었다.

프랑스 가스트로노미 비평의 역사를 뒤돌아본 앙리 고의 문장을 인용해보자. "몽슬레 이후로 1914년 제1차 세계대전까지의 사이에는 두드러진 활약을 한 비평가가 없다. 예외는 세계대전 이전에 백인클럽을 설립한 저널리스트 루이 포레Louis Forest다. 이 모임에 모여드는 글자 그대로 100명의 미식가는 맛있는 레스토랑의 목록을 갖고 다니게 되어 있었고, 그렇게 해서 만들어진 안내서는《르마탱Le Matin》지상에 실렸다. 주류 신문을 무대로 한 가스트로노미 비평의 효시였다."

'백인클럽'은 자동차 시대의 여명기인 1912년에 탄생했다. 자동차로 여행하는 것을 전제로 맛있는 음식점의 발굴을 목적으로 결성되어, 당시 늘어나고 있던 국제적인 거대 호텔의 틀에 박힌 요리에서 벗어나 옛날부터 내려오는 맛있는 요리를 지키자고 호소했다. 클럽의 공인 미식가 한 명을 동반하여 자동차로 4만 킬로미터 이상 달리는 것이 입회조건이었다고 한다. 고의 문장에 있듯이, 회원한테서 정보를 모으기만 하는 데 그치지 않고 그것을 적극적으로 공개했다. 단, 그들이 발굴해온 지방 여관들의 요리는 파리의 이름난 레스토랑과는 비교할 수 없었던 것 같다.

지방의 숨은 요리인을 발굴하는 역할은 퀴르농스키에게 맡겨진다. 그는 가스트로노미와 관광의 융화를 제창하고 그 실천자를 '가스트로노마드(편력의 가스트로놈)'라는 카피로 표현하여 새로운 가스트로노미 콘셉트를 제시한다.

퀴르농스키의 탄생

퀴르농스키, 즉 모리스 에드몽 사이양Maurice Edmond Sailland은 1872년에 프랑스 서부 루아르Loire 강 하류 지역 앙주Anjou 지방의 앙제Angers에서 태어났다. 중앙산괴에서 시작해 대서양으로 흘러드는 루아르 강은 프랑스에서 가장 긴 강이다. 강 양쪽에 완만한 구릉이나 초원, 경작지, 과수원이 이어지는 아름다운 경관 덕분에 중 · 하류 지역은 예전부터 '프랑스의 정원'이라 불린다. 온화한 기

후와 비옥한 토지 덕분에 프랑수아 1세(재위 1515~1547)를 필두로 한 발루아Valois 왕조의 왕들이 성을 쌓고 프랑스 르네상스가 꽃피어난 이 땅은 조아셍 뒤벨레Joachim Du Bellay•나 라블레François Rabelais, 발자크 등의 시인과 작가를 낳은, 가장 아름다운 프랑스어가 들려오는 지역으로도 불린다.

어머니가 산욕열로 세상을 떠났기 때문에 모리스는 할머니 손에 키워졌다. 언제나 수수한 옷을 입고 검정 레이스 보닛을 쓴 할머니는 당찬 여장부였고 라틴어와 문학이 취미였다고 한다. 요리사로 오랫동안 일한 마리도 그에게는 소중한 존재였다. 마리가 요리를 만드는 것은 새가 지저귀는 것과 마찬가지로 자연스러운 일이었다. 아버지는 수채화가로서, 아들은 할머니 손에 맡겨둔 채 보헤미안적인 생활을 했다. 사이양 가는 루아르 강 주변에 땅을 가진 유복한 집안이었지만, 투기에 손을 댄 아버지가 재산을 탕진하자 어린 시절부터 무엇 하나 부족함 없이 살아왔던 모리스는 마침내 자립을 하지 않을 수 없게 된다.

처음에 그는 기술자를 꿈꾸었지만 대수도 기하도 성적이 완전히 형편없었기 때문에 일찌감치 문학으로 전향했다. 롱사르Pierre de Ronsard••나 뒤벨레의 시를 통째로 외우고 읽고, 졸라Émile François Zola, 베를렌Paul-Marie Verlaine, 플로베르Gustave Flaubert에 탐닉했다. 문학 바칼로레아를 취득하자 보호자인 할머니, 마리와 함께 파리로 이주하여 가톨릭 계열의 스타니슬라스Stanislas 학교에서 문학 학사 학위를 취득할 준비를 시작했다. 학교에 익숙해지자 거리를 쏘

• 16세기 프랑스의 시인으로 플레이아드파를 결성했다.

•• 16세기 프랑스의 대표 시인으로, 중세 서정시와 근대의 상징시를 잇는 계승자로 알려져 있다.

다니기 시작한 그는 평생의 벗이 되는 폴 장 툴레Paul-Jean Toulet를 만난다. 모리스보다 다섯 살 많은 툴레는 이미 이름이 알려진 신인 작가였다. 도시가 발하는 아찔한 자극이 젊은 마음을 사로잡는 데에 시간은 걸리지 않았다. 마음이 답답해지는 카르티에라탱Quartier Latin•에는 차츰 발길을 멀리하게 된 그는, 펜 하나로 살아가겠다는 결심을 굳히고 주위의 설득도 헛되이 소르본도, 학사 학위도 깨끗이 포기했다.

툴레를 알게 됨으로써 그는 장 모레아스Jean Moreas, 샤를 모라스Charles Maurras, 폴 발레리Paul Valery 등의 시인과 문인으로부터 재능을 인정받았다. 콜레트Sidonie-Gabrielle Colette••와 남편인 출판업자 앙리 고티에뷔야르Henry Gauthier-Villars를 알게 된 것도 같은 시기인 1895년의 일이었다. 고티에뷔야르는 콜레트의 처녀작을 비롯해서 100권에 이르는 책에 자신의 필명인 윌리라는 이름을 붙여서 출판했다. 그 가볍고 천박한 소설은 대부분 유령작가가 쓴 것이었다. 모리스도 윌리의 유령작가로서 문필가의 길을 걷기 시작한다. 콜레트와 나이 차가 많이 났던 남편 윌리는 사람 좋은 그가 마음에 들어 사적으로도 친구로 지냈다.

할머니와 마리가 고향으로 돌아가자 모리스는 독신생활을 마음껏 누렸다. 주위의 작가나 시인으로부터 자극을 받는 한편, 그의 재능도 사람들의 마음을 사로잡았다. 신문에 투고한 것이 인연이 되어 졸라를 찾아가서 친하게 이야기를 나눈 적도 있다. 아파르토망에 친구나 시인들을 불러서 언제나 압생트를 한 손에 들고 이야

• 파리 센 강 우안의 지구. 소르본 대학, 콜레주 드 프랑스, 앙리 4세 학교 등 명문학교가 자리하여 예전부터 학생들의 거리로 유명하다.

•• 자전적인 소설 《학교에서의 클로딘》(1900)으로 데뷔하여, 제1차 세계대전 중에는 보도기자로도 활약했다. 여성 심리의 미묘함을 묘사한 《암코양이》(1933), 《언쟁》(1934)이 대표작이다.

기를 나누었던 것도 이 무렵이며, 베를렌도 그 불우한 만년에 종종 그를 찾아왔다고 한다.

퀴르농스키라는 필명의 탄생에는 그를 총애하던 나이 많은 친구로, 초현실주의의 선구자라고 불리는 유머작가 알퐁스 알레Alphonse Allais가 관련되어 있다. 어느 날 알레가 "모리스 사이양이라는 이름은 인상적이지 않으니 필명을 사용하면 어떻겠느냐"고 권했다. 1894년에 러시아-프랑스 동맹이 체결되어 니콜라이 2세가 내방하고 러시아 함대가 툴롱Toulon에 기항하는 등, 툭하면 러시아가 사람들 입에 자주 오르내리던 시기였다. 러시아풍으로 "—스키가 좋지 않을까"라고 알레가 한 말을 할머니에게 물려받은 장기인 라틴어로 글자 그대로 번역한 것이 퀴르농스키다. 그도 동료들도 그 이름이 아주 마음에 들었다.

다만 이 필명은 1914년에 불가리아에 매수된 러시아 스파이로 오해받아 체포되거나 1926년에 레종 도뇌르 훈장 후보가 되었다가 '위험인물 퀴르농스키'에 관한 경찰의 보고서 때문에 취소될 뻔하기도 하는 등 이런저런 재난도 초래했다. 결국 혐의는 풀리고 레종 도뇌르 훈장은 수여되었지만 말이다.

19세기 말 이후 파리는 스펙터클의 황금시대를 맞이한다. 극장, 뮤직홀, 전통 공연장, 서커스 등 모든 것이 퀴르농스키를 끌어당겼다. 알레의 안내로 로돌프 살리Rodolphe Salis가 1881년에 몽마르트 언덕의 기슭에 연 캬바레 〈검은 고양이Chat noir〉에도 다녔다. 이곳은 시인, 화가 등 예술가의 아지트가 된 예술적 캬바레로, 아리스티드 브뤼앙Aristide Bruant• 등의 사회비판과 정치풍자가 담긴 상송이 인기를 얻고 새벽까지 떠들썩하게 불려지던 곳이다. 퀴르농스키가 다니던 무렵의 〈검은 고양이〉는 개업 당시의 전위성과 파괴성이 엷어졌다고는 하지만, 젊은 날의 그는 전통과 상식에 얽매이지 않은 이 시대 특유의 보헤미안적 공기를 충분히 빨아들였다.

그 무렵 퀴르농스키는 일간지 《주르날Journal》에 알레가 연재하고 있던 칼럼 '이상한 생활'을 이어서 쓰게 되었다. 《주르날》은 불과 4쪽짜리 작은 신문이지만 문학에 더할 나위 없는 힘을 쏟아 모리스 바레스Maurice Barrès, 프랑수아 코페François Coppée, 위스망스Joris-Karl Huysmans 등등 쟁쟁한 인물들에게 집필을 의뢰하여 세련된 위트가 넘치는, 가장 파리적인 지면을 지향하고 있었다. 리슐리외 거리의 호화로운 저택에 마련된 사무실은 저명한 소설가나 배우, 저널리스트, 논객이 찾아오는 화려한 살롱이었다. 거기에는 파리라는 도시만이 낳을 수 있는 딜레탕트dilettante(애호가)나 당시 최고의 재능이 모여들었다. 젊은 저널리스트에게는 행운의 데뷔였다고 말할 수 있다.

"아카데미 프랑세즈에는 불멸의 사람 40명이 있는데, 펑크가 나지 않는(불멸인) 것은 미슐랭Michelin뿐." 어느 날, 그곳의 바에서 입밖에 낸 말이 계기가 되어 퀴르농스키의 재기가 주목받는다. 이 말을 전해 들은 미슐랭 사의 사장이 대단히 마음에 들어 한 것이다. 때마침 미슐랭 사는 타이어를 쌓아올린 마스코트 캐릭터의 일러스트가 완성된 참이었다. "미슐랭 타이어는 못이건 유리건 상관없이

• 프랑스의 샹송가수 · 작사가 · 작곡가. 파리의 하층계급 사람들과 사귀고 그들의 비참한 생활을 노래했다. 현실파 샹송의 스타일을 확립하여 오늘날 샹송의 기초를 만들었다.

모든 것을 마셔버린다"라는 메시지를 담아 이 타이어 인간을 '비벤둠Bibendum'(라틴어로 '마시다'를 의미하는 비보bibo에서 유래)이라고 이름 지은 이가 퀴르농스키라는 설도 있다.

그건 그렇고, 그런 미슐랭 사가 창간한 일간지 《자동차》의 '미슐랭의 월요통신'이라는 짧은 광고란 일거리가 퀴르농스키 앞으로 날아들었다. 그는 기계치인데다 스피드를 싫어해서 자동차도 갖고 있지 않았지만, 운전자들의 조언자가 되어 신제품 선전이나 타이어 사용의 주의점을 매주 꼬박꼬박 유머 넘치는 문체로 쓰고, 기사에는 비벤둠이라고 서명했다. 1888년 창업한 미슐랭 사는 자동차 이용의 확대와 더불어 비약을 이루었다. 신시대 미식가의 성서가 되는 이 회사의 호텔 · 레스토랑 가이드북이 등장하는 것은 조금 후이지만, 마침내 미식행각을 지방으로 넓히기 시작한 퀴르농스키가 일찍부터 이 회사와 얕지 않은 인연으로 맺어져 있었다는 것은 흥미롭다.

그는 자동차 시대의 도래를 목청을 돋우어 알리는 역할을 했다. 다음은 자동차를 예찬한 어느 사진집에 그가 기고한 문장이다. "자동차를 낳음으로써 인간은 신을 뛰어넘었다. 자연 그 자체인 신은 시공을 초월한 존재라는 당연한 이치 때문에 시속 140킬로미터로 날아가는 눈부신 기쁨을 스스로 금했다. 그 영원성에 의해, 스피드에 도취되는 일도, 기록에 도전하는 일도 일절 금지되어 있는 것이다."

문필가라는 직업

이 시기 퀴르농스키는 툴레나 알레 외에도 술을 예찬하는 시인인 라울 퐁션Raoul Ponchon, 윌리의 유령작가 중 하나인 장 드 티낭Jean de Tinan, 작가이자 왕당파 저널리스트인 레옹 도데Léon Daudet*, 작곡가 드뷔시Claude Debussy 등과 우의를 맺었다. 툴레와는 특히 죽이 잘 맞아 청춘시대를 공유한 벗의 존재는 평생 그를 지탱했다. 그는 《비 파리지엔Vie Parisienne》, 《주르날》, 《질 블라스Gil Blas》 등의 신문에 기고하는 한편, 티낭과 공동으로 윌리의 유령작가로서 통속소설을 썼다. "2주일 이내에 완성되면 현금으로 지불하겠지만 그렇지 않으면 거래는 파기"라고 되어 있는 고티에뷔야르와의 비릿한 계약서가 남아 있다.

1902년, 그와 툴레는 다른 작가, 저널리스트와 함께 프랑스령 인도차이나(현재 베트남)의 하노이에서 개최 중인 박람회 방문단으로 선발되었다. 아시아에는 1년 이상이나 머물렀으며 베트남 북부에서 캄보디아의 앙코르와트 유적, 인도, 필리핀, 윈난雲南도 방문했다고 한다.

19세기 말부터 제1차 세계대전까지의, 파리가 번영을 누렸던 시대를 '벨 에포크Belle Époque'라고 부른다. 경제발전을 배경으로 소비문화가 번창하고 젊은 예술가가 모여들어 가난하지만 자유분방하게 살아가면서 창조성을 꽃피운 시대다. 퀴르농스키가 드나들었던 캬바레 〈검은 고양이〉, 그랑 불르바르의 카페 〈나폴리탄Napolitain〉,

• 작가 알퐁스 도데의 큰아들

마들렌 사원Église de la Madeleine 가까이의 레스토랑 〈베벨〉에는 그런 예술가들이 뿜어내는 독특한 열기가 있었다. 오페라좌L'Opéra Garnier 앞의 〈카페 드 라 페〉의 바에는 매일같이 다녔다. 언제나 툴레와 함께였으며 때로는 라울 퐁션도 어울려서 압생트를 마셨다. 1915년에 압생트의 제조 · 판매가 금지되었을 때 퐁션은 "압생트의 금지는 초등교육 이상의 불행을 초래했다"라고 쓰고 있다.

20세기 초, 퀴르농스키는 맹렬히 일하고 성공을 거두었다. 밤을 새워 일을 하고 새벽에 잠들었다 오후 3시쯤 눈을 뜨면 문지기 아주머니가 우편물과 홍차 그리고 달걀 프라이 두 개를 갖고 올라왔다. 5시쯤 집을 나와 신문사를 돌고 6시에 〈나폴리탄〉에 들러 압생트를 들이켰다. 저녁은 대개 센 강 우안의 가이용Gaillon 광장의 〈라 고르제트〉에서 먹었지만 시적인 분위기가 매력인 카르티에라탱의 〈코트 도르Cote D'or〉에 가기도 했다. 매일 밤 극장에 들락거리고 연극이 끝나면 다시 〈베벨〉로 우르르 몰려갔다. 거기에는 레옹 도데나 고티에뷔야르 이외에 드뷔시나 프루스트, 포와레Paul Poiret* 의 모습도 있었다. 마무리로 생라자르Saint-Lazare 역의 〈그라프〉에서 맥주를 마시고 마침내 집에 돌아오면 보랏빛 연기가 자욱한 속에 다시금 아침까지 펜을 놀렸다.

하루에 몇 갑씩 담배를 피워대는 골초였던 그는, 축하할 일이 생기면 고이 모셔두었던 아바나 시가를 피웠다. 파이프 담배도 즐겼으며 파이프 컬렉션이 자랑거리였다. 파이프 명산지인 생클로드Saint-Claude(쥐라 지방)의 조합이 퀴르농스키, 리옹의 레스토랑 주인

* 벨 에포크를 대표하는 프랑스의 여성복 디자이너로, 밑통이 좁고 길이가 긴 호블 스커트를 유행시켰다.

인 베타, 비엔Vienne의 대요리인 페르낭 푸엥Fernand Point 등 3대 애연가를 위해 만들어준 큼지막하고 멋들어진 파이프도 있었다. 제1차 세계대전 후에 그는 파이프애호클럽도 창설했다.

다작이던 그 시기, 레뷰revue* 극장인 〈바 타 클란Ba-Ta-Clan〉의 사무장 일을 받아들임으로써 그는 경제적으로 충분히 윤택해졌다. 1893년에 개점한 〈막심Maxim's〉은 도락자인 귀족들이 휘황한 보석을 몸에 주렁주렁 매단 여성을 동반하여 드나드는 파리 유일의 호화찬란한 사교장이었는데, 그도 알레의 인도로 드나들었고 단골이 되었다. 마침내 제1차 세계대전이 발발하자 근시여서 병역이 면제되었음에도 자원한 그는 보충 병력으로 알제리에 보내진 다음, 파리에 전환 배치되어 종전을 맞았다.

관광과 미식의 신성동맹

아시아를 여행한 것도 퀴르농스키에게 영향을 미쳤는지 모르겠다. 자동차의 보급을 목격한 그는 다른 곳의 풍광을 보거나 체험하거나 보양하는 등의 목적으로 여행을 하는 관광의 보급에 착안했다. 영어의 투어리즘을 차용한 프랑스어 투리슴Tourisme의 첫 등장은 1841년까지 거슬러 올라가는데, 그 말이 널리 퍼진 것은 20세기 이후다.

지방에서 체험할 수 있는 문화에는 각지에서 이어져 내려온 요

* 테마나 스토리를 갖추어 노래와 춤, 풍자극 등을 혼합해 구성한 쇼. 19세기 후반 파리나 런던에서 상연된 노래와 춤, 촌극 등을 골자로 한 스테이지 쇼를 시초로, 1920년대에는 파리의 명물이 되었다.

《가스트로노미의 프랑스(리옹과 리오네 I)》
1925년 발행

리도 당연히 포함된다. 그렇게 생각한 그는 시인이자 미식가인 친구 마르셀 루프Marcel Rouff와 함께 프랑스 전역을 돌면서 숨어 있는 맛있는 요리를 발굴해서 소개하기로 했다. 그렇게 몇 년에 걸쳐 여행을 하여 정리한 것이 가이드북 《가스트로노미의 프랑스La France Gastronomique》다. 첫 번째 권인 페리고르Perigord 지방 편이 나온 것이 1921년, 그가 49세 때다. 이후 프랑스의 옛 지방별로 한 권씩 정리해서(파리와 파리 근교 편, 리옹과 리오네Lyonnais• 편은 각 두 권) 1928년에 나온 제28권까지 이어졌다.

《가스트로노미의 프랑스》는 문고판••보다 어느 정도 가로 폭이 넓은 작은 판형이며 100쪽이 약간 넘는다. 제1권의 가격은 3프랑 50상팀이었다. 각지의 토지 형질과 요리의 특징을 대강 설명한 다

• 리옹을 둘러싼 지역으로, 프랑스의 옛 주이다.
•• 가로 109밀리미터, 세로 152밀리미터 크기의 판형으로, 문고본에 많이 쓰인다.

음 명물요리나 특산물을 적고 추천 레스토랑과 여관을 소개했다. 자신들이 실제로 먹은 메뉴와 그것이 얼마나 맛있었는지를 쓰고 그밖에 내세울 만한 요리도 제시했다. 책 뒷부분에는 명물요리 레시피도 실려 있다. 책머리에는 보다 공정한 평가를 하기 위해서 지은이가 모르는 유명 가게나 반대로 질이 떨어지는 가게가 있다면 정보를 보내주기 바란다고 독자에게 호소하고 있다. 이 방식은 그리모의 《미식가 연감》과도, 미슐랭이나 고-미요 등의 가이드북과도 공통된다.

덧붙여서, 도피네 지방 편에서는 비엔의 〈피라미드〉를 세계 최고의 레스토랑 가운데 하나이며 셰프인 페르낭 푸엥은 프랑스에서 열 손가락 안에 들어가는 요리인이라고 칭찬하고, 리옹과 리오네 지방 편에서는 브라지에Brazier 부인의 빼어난 솜씨를 절찬하고 있다. 파리 편에서는 각 구區별로 과거의 영광을 간직한 레스토랑과 현재의 레스토랑을 소개하고, 현재의 레스토랑으로는 〈라뤼LARUE〉, 〈프루니에Prunier〉, 〈드루앙〉, 〈투르 다르장Tour d'Argent〉, 〈르도와이양Ledoyen〉, 〈몬타니에〉, 〈푸와이용〉, 〈뤼카〉 등 총 180곳을 제시하고 있다.

퀴르농스키는 《가스트로노미의 프랑스》가 절판되자 이번에는 민속학과 요리에 정통한 문필가인 오스탱 드 크로즈Austin de Croze와 손잡고 지방요리를 한 권으로 묶어서 소개한 책을 내기로 했다. 1933년에 간행된 《프랑스 가스트로노미의 보물창고Le Trésor gastronomique de la France》는 레스토랑이나 호텔 정보는 실려 있지 않지만 과자나 와인을 포함한 각지의 특산물과 명물요리가 깔끔하게 정리되어 프랑스 각지에서 지켜져 내려온 음식 자산을 한눈에 알아볼 수 있는 내용으로 구성되어 있다.

그 머리말은 이렇게 말한다. "저자를 포함한 미식가들이 관광과 가스트로노미의 신성한 동맹을 마음먹고 그것을 권유한 지 25년 이상이 지났다. 지금, 마침내 행정 당국도 그 실현에 몰두하려 하고 있다. …… 프랑스를 찾아오는 사람이 다른 어떤 나라보다도 다채로운 각지의 풍광, 기념건조물 그리고 풍성하고 변화무쌍한 요리를 찾아내리라는 것은 이론의 여지가 없다. …… 우리는 프랑스의 풍부한 가스트로노미를 망라한 자산목록을 만들어내는 일에 최선을 다했다. 모든 프랑스인이 그것을 잘 알고 활용할 의무가 있다. 소중하게 지키고 널리 외국에 알릴 의무가 있다. …… 프랑스는 자신의 아름다움에 그저 만족하고 상찬을 구하려 하지 않는 소극적인 미녀와 같다. …… 지금이야말로 프랑스의 매력과 아름다움을 적극적으로 인정하고, 얼마나 다채로운 관광의 즐거움이 있는지, 다른 어떤 곳보다도 맛있는 요리와 술이 있는 나라인지를 알려야만 할 때일 것이다."

일찍이 18세기 전반에 영국의 체스터필드 백작을 섬긴 뱅상 라 샤펠Vincent La Chapelle이나 19세기 초 카렘의 활약이 보여주듯이, 프랑스요리는 외교의 도구로 널리 인지되고 프랑스 요리인의 우수함은 세계가 인정하고 있었다. 그러나 20세기의 먹는 쪽은 귀족이나 부호만이 아니다. 그리고 지금까지 되돌아보지 않았던 귀중한 음식 자산이 지방에는 산더미처럼 쌓여 있다. 그것을 살려야만 할 때라고 퀴르농스키는 호소했다. 지방의 힘까지 포함해서, 갖고 있는 자산을 남김없이 살릴 때 프랑스요리는 진정한 의미에서 세계의 으뜸가는 요리가 될 터였다. 외국의 관광객을 프랑스 방방곡곡 미식의 고향으로 안내하는 역할은 이후《미슐랭 가이드》가 해내게 되는데, 그 선봉에 선 사람이 그와 오스탱 드 크로즈였다.

가스트로놈 대공

1923년, 가을의 미술전 살롱 도톤Salon d'Automne•에 아홉 번째 예술로서 요리가 등장하자 예상을 훌쩍 뛰어넘는 반향이 왔다. 전시회장인 그랑 팔레Grand Palais••의 한 귀퉁이를 차지한 지방요리 부문은 코를 찌르는 냄새를 피우면서 기록적인 수의 입장객을 모았다. 이후 10년에 걸쳐서 미술전 기간 중에는 파리 토박이들이 향토요리의 맛을 찾아 줄을 섰다.

이를 기획한 사람이 퀴르농스키와 오스탱 드 크로즈였다. 첫해에는 부케 새우, 크림에 찐 서대기, 오리의 피가 든 소스 따위의 노르망디요리가 사람들을 매혹시켰다. 그때까지 요리를 다루는 일이 드물었던 파리의 신문 제1면을 노르망디요리 기사가 장식하고, 그랑 팔레에서 요리를 담당했던 드랭 형제의 고향인 루앙Rouen이나 르아브르Le Havre의 신문도 대대적으로 보도해서 형제의 레스토랑

• 1903년부터 시작된 프랑스의 미술축제

•• 프랑스 파리의 중심부에 있는 미술관. 에펠탑, 프티 팔레Petit Palais, 알렉상드르 3세 다리와 함께 1900년 파리 만국박람회를 기념해 건립된 대표적인 건축물이다.

은 그 지역 손님은 물론, 주말에는 파리에서 찾아오는 손님으로 북적댔다. 세계적인 호황 덕분에 전후 경제가 순조롭게 회복하고 사람들의 생활에 여유가 생긴 시기였다. 가까운 곳의 맛있는 것에 만족하지 않고, 맛있는 요리를 찾아서 이동하는 시대가 찾아왔다. 레스토랑 쪽에서 보면 지역을 초월해 광범위한 고객이 찾을 것을 예상하게 된 것이다. 자동차 시대를 맞이하여 가스트로노미가 전국 규모가 되었을 때 미디어가 끼치는 영향의 거대함을 이 예가 여실히 보여주고 있었다.

'현대생활에서의 예술과 기술'을 테마로 삼은 1937년의 파리 만국박람회에서는 아홉 번째 예술인 요리가 처음으로 공식적으로 참가를 허락받았고, 퀴르농스키는 장관으로부터 요리 부문 위원장에 임명되었다. 로빈 박사, 포미얀 박사, 상원의원 루셀 등 친한 친구들이 위원이 되었다. 트로카데로Trocadéro 광장에 설치 운영된 전시회장에는 석 달 동안 이탈리아, 포르투갈, 헝가리, 루마니아 등의 요리가 제공되고 키안티Chianti•, 포르투Porto••, 함부르크의 병아리 등의 식재료가 매일 아침 항공 편으로 도착했다. 오베르뉴, 상파뉴, 노르망디 등 각 지방의 파빌리온(전시관)도 있어서 그들이 자랑하는 요리가 나왔다. 1970년의 오사카 만국박람회가 일본에서의 프랑스요리 보급의 기폭제가 된 것이 떠오른다. 엄청난 수의 사람들이 미지의 맛과 조우하는 공통 체험을 하고 새로운 맛을 발견하는 일의 즐거움을 알게 되었던 것이다.

여기서 이야기는 1927년까지 돌아간다. 그 무렵 파리에서는 시

• 이탈리아 토스카나 주 키안티 지방에서 생산되는 포도주
•• 포르투갈에서 생산되는 포도주로, 영어 발음은 포트 와인이다.

의 대공, 유머의 대공, 상송의 대공 등 어떤 방면의 제1인자를 뽑는 것이 유행하고 있었다. 그렇다면 가스트로놈의 대공을 뽑아보자고 《좋은 여관, 좋은 식탁》 지가 자청하고 나섰다. 원래는 이름 있는 가스트로놈이 호선互選될 예정이었지만, 각종 미식클럽 회원을 비롯하여 저널리스트나 문인에서 풋내기 아마추어까지, 투표권을 요구하는 편지가 쇄도했다. 도저히 수습할 수 없는 지경이 되자 결국 일간지 《파리 수아르Paris-Soir》에 공고를 내서 대대적으로 투표를 했다. 총투표 수 중에서 퀴르농스키가 1,823표를 받아 1위, 문필가 모리스 데 좀비오가 1,037표로 2위, 저널리스트 카미유 셀이 528표로 3위였다. 레옹 도데 이외에, 요리 관계 책을 낸 광산기사인 알리 밥, 의사인 포미안 박사도 표를 모았다.

대공으로 선발된 퀴르농스키를 중심으로 이번에는 '가스트로놈 아카데미' 창설 움직임이 시작된다. 가스트로노미가 다른 학문과 어깨를 나란히 하는 사회적 지위를 획득하는 것을 목표로, 아카데미 프랑세즈를 본떠서 회원은 40명으로 정했다. 아카데미 프랑세즈는 프랑스 학사원을 구성하는 다섯 학회 가운데 하나로 1635년에 당시 재상 리슐리외가 프랑스어의 보존과 순화를 목적으로 창설한 기관이다. 가스트로놈 아카데미는 시인, 소설가, 철학자, 정치가, 외교관, 의사 등 폭넓은 분야에서 선발된 정원 40명의 회원으로 구성되었다. 회원 자격은 종신이며 사망자가 생겨 결원이 나면 그 자리를 이어받을 새로운 회원이 기존 회원의 투표에 의해 선발되었다. 새 회원은 전임자에의 추도의 마음을 담아 취임연설을 하는 것이 관례였다. 아카데미의 문에 '불멸을 지향하며'라고 새겨져 있기 때문에 회원을 '불멸의 사람'이라고 부르기도 했다.

퀴르농스키와 마르셀 루프, 에긴 남작, 로빈 박사, 모리스 데 좀비오 등이 모여서 40명의 리스트를 작성했다. 1928년에 창설된 아카데미 회원에는 회장 퀴르농스키와 앞에서 쓴 사람들 이외에 포미얀 박사, 모리스 메테를링크Maurice Maeterlinck, 레옹 도데, 알리 밥 등이 포함되었다. 미식의 역사에 이름을 남긴 사람의 자리를 만들고 퀴르농스키가 브리야사바랭의 자리, 로빈 박사가 샤를 몽슬레의 자리, 루프가 발자크의 자리를 차지했다. 그밖에 라블레나 뱅상 라 샤펠, 아우소니우스Ausonius•, 탈레랑, 아피키우스Marcus Gavius Apicius••, 카사노바, 그리모 드 라 레니에르, 카렘, 대뒤마(알렉상드르 뒤마), 동 페리뇽Dom Pérignon••• 등의 자리도 있었다.

1931년, 회장 퀴르농스키가 브리야사바랭을 칭송하는 연설을 했다. "…… 문명의 진보가 모름지기 우리의 욕구를 쾌락으로 바꾸는 것에서 비롯된다면, 브리야사바랭은 새로운 쾌락을 낳고 그것을 예술의 경지로 끌어올렸다는 의미에서 인류의 은인이라고 말할 수 있다. …… 브리야사바랭은 그것들의 진실을 간결하고 솔직, 명쾌한 말로, 말하자면 프랑스어 바로 그것으로 표현했다. …… 그의 저서에서 두 세계의 가스트로놈에게 바친 헌사를 통해 그는 아카데미 설립의 희망을 표명하고 있다. …… 우리는 스승의 이 염원을 이루었다. 이것이야말로 그를 기념해서 바칠 수 있는 최고의 경의다. ……" 가스트로노미를 학문으로서 확립하기를 바랐던 브리야

• 로마 제정 말기의 시인으로 라틴문학 쇠퇴기에 활약한 4세기의 대표적인 지식인

•• 로마 시대의 미식가이자 사치스러운 생활을 즐기던 사람인 것으로 추정된다. 로마의 요리책 《아피키우스》의 저자로 알려져 있으나, 이는 우연히 이름이 같아서 생긴 오해이다.

••• 샹파뉴 지방 오빌레Hautvillers에 있는 성베드로 사원의 신부. 샴페인과 코르크 마개를 발명한 사람으로 알려져 있다.

사바랭의 유지가 100년에 걸쳐 이어져 내려와 실현된 것이다. '가스트로놈 아카데미'는 지금도 건재하다.

먹는다는 행위의 전문가로서

글을 써서 먹고사는 일을 시작한 뒤로 퀴르농스키는 완전히 저녁형 생활을 했다. 한낮이 지나서야 일어났으므로 점심은 먹지 않았고, 저녁은 외식이므로 아파르토망에 식당은 없었다. 두 번의 세계대전 사이에 그에게는 사생활이 거의 없었다. 수첩은 식사 약속으로 빽빽했고, 호기심 왕성한 그는 파리만이 아니라 지방으로 외국으로 나돌아다녔다. 식탁에서는 요리의 유래나 맛있는 레스토랑의 정보, 유머 넘치는 소소한 대화를 풀어내어 동석한 사람들을 즐겁게 했다. 가스트로놈 아카데미나 '백인클럽' 등 각종 미식클럽의 점심 모임도 있었다. 두메르Paul Doumer 대통령이 엘리제 궁 만찬에 초대했을 때는 턱시도가 없어서 거절했지만 사정을 들은 대통령이 다시금 점심에 초대하여 카술레cassoulet*를 대접했다고 한다. 그런 그가 방문했던 당시 파리의 유명한 레스토랑 〈부아장Voisin〉 이야기를 소개하자.

가스트로놈 아카데미 창설에 앞선 1922년에, 그는 문인과 외교관, 사교계의 명사를 모아서 '미각심리학자 아카데미'를 창설했다. 그 갈라 디너에서는 문예비평가 티보데Albert Thibaudet가 문학이나

* 고기와 흰 콩을 함께 넣어 뭉근하게 끓인 스튜. 카솔 디셀이라는 그릇에서 요리한다고 하여 붙여진 이름이다. 프랑스 남서부의 랑그도크에서 유래했으며 한때 농가에서 먹던 단순한 음식이었으나 점차 호화롭고 복잡한 요리로 변했다.

예술을 논하듯이 소스의 비결이나 고기의 굽는 정도를 논하는 모습도 보였다. 〈부아장〉에서 1929년에 열린 미각심리학자 아카데미의 만찬은 화젯거리가 되었다. 〈부아장〉은 샤토 라피트Château Lafite는 매그넘 사이즈•밖에 없으며 가장 어린 코냑이 100년 묵은 것이고 가장 어린 메트르 도텔(수석 웨이터)이 여든 살이라는 소문이 도는 가게였다. 파리에서 가장 폐쇄적인 레스토랑으로, 엄청난 부자들만 발을 들여놓을 수 있는 곳이었다. 미각심리학자 아카데미의 회원인 한 칠레 외교관이 귀국하게 되어 작별인사 대신에 30명의 회원을 〈부아장〉에 초대했다. 이 대단한 레스토랑의 주인에게 돈은 아낌없이 내겠다며 만찬을 준비하게 한 것이다. 며칠 뒤 외교관은 퀴르농스키에게 말했다. "그날 밤, 나는 당신과 친구들에게 한 사람의 인간이 다른 사람에게 드릴 수 있는 모든 것을 드렸습니다." 퀴르농스키의 전기를 쓴 시몬 아르벨로Simon Arbellot는 외교관이 〈부아장〉에 지불한 음식 대금을 수표 대신 지폐로 주었다면 그의 체중과 맞먹었을 것이라고 쓰고 있다. 엄청난 부자들이 내일 따위 생각하지 않고 지금 이 순간을 즐겼던, 거품의 시대였다.

파이프 애호가가 모이는 '파이프클럽' 회식도 퀴르농스키가 도맡아 관리했다. 단순하지만 제대로 된 요리를 먹을 수 있고 안쪽에 살롱이 있는 레스토랑을 언제나 찾아내, 그해에 생산된 보졸레 와인을 곁들여 식사를 한 뒤 파이프를 피우면서 프랑부아즈framboise•• 나 크베치quetsche•••, 미라벨Mirabelle•••• 등의 화이트 브랜디와 산지가 서로 다른 담배의 조합을 즐겼다. 전쟁 기간의 애호가들이 소중

• 컴팩트 사이즈와 대별되는 와인병의 크기로, 1,500밀리리터이다.
•• 나무딸기로 만드는 브랜디
••• 변종 서양자두의 이름이자 알사스 지방에서 이 과일로 빚은 희고 쌉쌀한 브랜디의 이름
•••• 알사스산産의 쌉쌀한 브랜디

히 여겼던, 어딘가 여유를 느끼게 하는 그런 분위기는 다음 전쟁의 발발과 더불어 옅어져갔다.

거절을 모르는 퀴르농스키는 영문도 모르는 채 초대받은 연회에서 올리브유 선전에 협력자가 되기도 했다. 한 번은 리옹에서 친구와 함께 마르세유요리를 하는 레스토랑에 초대받고 가보니 홀 한가운데에 권투 링이 설치되어 있었다. 링 위에서 그와 친구가 부야베스를 먹는 쇼가 곁들여지는 갈라 디너가 18프랑에 팔리고 있었던 것이다.

그런 그가 가장 좋아했던 것은 친구와 비스트로bistro•에서 먹는 가벼운 저녁식사였다. 가스트로놈 대공을 맞으며 기뻐하지 않을 레스토랑 주인은 없었다. 앙두예트andouillette••나 카술레, 삶은 쇠고기 등 좋아하는 음식을 먹으면서 보졸레 와인을 마시고 친구와 이야기를 나누는 그는 참으로 행복해 보였다. 어느 날 밤, 식사 권유를 받고 단골 브라세리Brasserie•••에서 기다리고 있었는데, 당사자가 나타나지 않는다. 8시가 되자 갑자기 그는 신나게 주인에게 말을 걸었다. "아무래도 내가 바람을 맞은 것 같소. 자, 저녁식사를 해야지. 매리네이드한 청어에 감자 곁들인 것과 고기 그리예grillé••••를 주문하겠소." 빵에 버터를 바르고 와인을 마시면서 그는 신나게 청어 만찬에 덤벼들었다.

앙주요리를 말한 그의 문장을 읽어보자. "절도를 중시하며, 말 잘하고 거드름 피우는 계산속 밝은 인간을 신용하지 않는 우리 지방에서 태어난 요리는, 기교를 부리지도 않고, 강렬하지도 않으며,

• 가벼운 식사를 제공하는 수수한 레스토랑이나 카페
•• 속을 잘게 다져넣은 작은 순대, 소시지
••• 별로 비싸지 않은 대중적인 레스토랑
•••• 구운 고기 혹은 철망구이 요리

결코 놀래키거나 인기를 노리지도 않는, 단순하고 시원하게 솔직한 맛이 있다. …… 대부분의 앙주요리는 부르고뉴요리처럼 풍성하지도 않고, 브레스요리처럼 교묘한 기술도 없고, 페리고르요리처럼 호화찬란하지도 않다. 말뚝버섯도, 쿨리Coulis*도, 향신료도, 살피콩salpicon**도, 복잡한 소스도 없다. 성실하고 온화한 '타고난 마음씨가 고운' 요리라고도 말할 수 있을 것이다."

어떤 것에 대해서도 퀴르농스키는 지나친 것을 싫어했다. 얼마 전까지 배부르게 먹는 것도 충족되지 못했는데, 이미 포식의 시대를 예감케 하는 먹보 대회가 열렸다. 여기에 참가를 요청받은 그는 "가스트로노미는 물론, 순진한 먹보와도 거리가 멀다"면서 거절했다. 키 180센티미터, 몸무게 120킬로그램의 거한으로, 다른 사람 두세 배는 되는 식욕의 소유자였지만 식탁에 앉는 것은 어디까지나 가스트로놈으로서, 즉 먹는다는 행위의 전문가로서였다.

나이를 먹음에 따라 그는 위대한 요리인이 공들여 만든 요리보다 소의 앙트르코트entrecote(등심) 스테이크에 감자튀김 곁들인 것 따위의 소박한 맛을 좋아하게 되었다. 그가 좋아했던 곳은 팔레 루아얄에서 가까운 2구의 제노 부인의 레스토랑이었다. 간판도 없는 15석 정도의 가게지만 그가 당대 최고라고 칭찬한 채소 포타주나 새끼양 허벅지살에 렌즈콩 곁들임, 양 어깨살에 서양우엉 곁들임은 정말 일품이었다. 독점적으로 도매한 루아르의 명주名酒 쿨레 드 세랑Coulee de Serrant도 미식가 사이에서 인기였다. 백발의 완고한 부인은 카운터 너머에서 매섭게 노려보며, 지나가다 우연히 들어

• 졸여서 체에 거른 소스, 젤리, 과일 퓌레

•• 소스, 시럽, 크림 등에 사용하기 위해서 잘게 주사위 모양으로 썬 고기와 채소

온 손님은 결코 받지 않았다. 식사 중의 금연도 법도로, 무심코 시가에 불을 붙였던 아가 칸Aga Khan*은 부인이 호통을 치자 황급히 꺼야 했다. 아무리 위대한 정치가나 유명인도 전날 미리 요리를 주문하지 않으면 오믈렛 하나 먹을 수 없었다. 맛있는 앙트르코트를 구우려면 먼저 정육점에서 좋은 고기를 골라야 한다, 갑자기 찾아와서 주문을 하면 요리를 내올 수 있겠느냐, 그것이 이유였다.

제노 부인의 이야기를 읽고 생각나는 것은 20세기를 대표하는 가스트로노미 비평가 앙리 고가 사랑했던 아드리엔Adrienne 부인의 〈할머니집(셰 라 비에이유Chez la Vieille)〉이다. 파리의 위장이라 불렸던 중앙시장 터에 자리잡고 있던 그 숨어 있는 듯한 작은 레스토랑에는 거물 정치가에서 작가, 배우, 저명한 셰프까지 빈번히 드나들었다. 포토푀(맑은 수프)를 주문하면 대야만 한 큰 접시에 담아내 오는 부인의 요리는 거드름을 피우지 않고 호쾌하며 심지어 맛있었다. 제노 부인도, 아드리엔 부인도, 프랑스 부르주아 가정의 풍성한 요리 전통을 이어나가고 있었다.

음식의 백과전서를 쓴 몽타뉴

퀴르농스키가 사랑하고 존경하던 요리인에 프로스페 몽타뉴Prosper Montagné(1865~1948)가 있었다. 제1차 세계대전 직후에 파리 1구의 레시엘l'Echelle 거리에 문을 연 〈몽타뉴 트레퇴르Montagné

* 이슬람교 니자르파의 지도자이자 사업가로, 납치되어 미궁에 빠진 경주마 셔가Shergar의 주인

Traiteur〉는 파리에서 가장 시크하고 비싼 레스토랑이라고들 했다. 이론가 스타일에다 자기 생각이 분명하고 오만한 몽타뉴를 경원하는 사람도 있었지만 거기가 파리 최고의 레스토랑임은 틀림없었다. 뼛속까지 장인인 몽타뉴는 자신이 만들고 싶은 요리를 만들고 손님의 취향을 고려하지 않았으므로 경영이 잘 되지 않아 유감스럽게도 10여 년 뒤에는 문을 닫을 위기에 처했다.

한편 몽타뉴에게는 가스트로놈의 면모도 있었다. 카렘과 마찬가지로 주방 일을 하는 틈틈이 집필에 몰두해《삽화가 든 고급요리La grande cuisine illustrée》,《주방의 큰 책Le Grand livre de la cuisine》(모두 프로스페 살Prosper Salles과 공저)을 비롯해 10권 가까운 요리책을 잇달아 출판했던 것이다. 그러나 가스트로노미의 역사에 그의 이름을 찬란하게 빛나게 한 것은 고트샬크 박사의 협력을 얻어서 편찬하고 그가 73세인 1938년에 간행한《라루스 가스트로노믹Larousse Gastronomique》이다. 2단 편집으로 1,000여 쪽이 넘는 이 책은 식재료, 조리법, 지방요리, 과자, 음료, 조리기구, 영양소, 식품가공기술, 세계의 요리와 식습관, 요리의 역사, 요리사에 이름을 남긴 인물 등의 지식을 총망라하여 1,800점 이상의 도판, 사진과 함께 수록한, 그야말로 음식의 백과전서다. 가스트로노미란 "먹는 것에 관련된 체계적 지식의 총체"라고 정의한 브리야사바랭의 말에 딱 들어맞는, 그야말로 먹는 것에 관련된 지식을 당시의 최신 연구성과에 토대하여 집대성한 '가스트로노미의 금자탑'이라 부를 만한 저작이다.

몽타뉴와 같은 현장 실천자가 자기 직업 분야의 지식을 체계화하는 예는 흔치 않다. 그러나 《라루스 가스트로노믹》은 다른 사람 아닌 실천자의 손에 의해 씌었기 때문에 실용적으로 쓰일 수 있는 책이 되었다. 분량까지 상세하게 적힌 레시피는 지금도 충분히 통용된다. 몽타뉴가 요리인으로서 진정으로 빛난 순간은 짧다. 그가 어떤 경위로 음식 백과전서의 집필을 결심했는지는 명확하지 않지만 〈몽타뉴 트레퇴르〉가 문을 닫은 후의 불우한 시기가 그 위대한 저작을 가능케 했으리라 여겨진다.

20세기에 프랑스요리를 배운 사람은 에스코피에의 《요리의 길잡이》와 몽타뉴의 《라루스 가스트로노믹》만 있으면 해상지도와 나침반을 손에 든 모험가처럼 과거의 막대한 지식과 기술이 집적된 가스트로노미의 세계를 탐구할 수 있었다. 다른 문화권에서 완전히 미지의 요리의 세계에 들어온 사람에게도 마찬가지였다. 쓰지초 그룹 학교 창설자인 쓰지 시즈오辻静雄가 50년 전에 진짜 프랑스요리를 찾아 연구를 시작했을 때 일본어로 쓰여진 프랑스요리 관련 문헌은 거의 없었다. 《라루스 가스트로노믹》을 입문서 삼아 프랑스요리의 전체적인 모습에 한 발 한 발 다가가는 과정은 눈이 휘둥그레질 정도로 엄청난 지식과의 싸움이었을 것이다. 식재료의 설명을 읽어봤자 먹어본 적도 없고 심지어 본 적도 없는 요리였다. 그것을 하나하나 유럽에서 맛보며 돌아다니면서 확인하고, 역사에 대한 설명을 읽고, 의문이 솟아나면 그것을 해명하기 위해 보다 전문적인 책을 수집해서 연구를 거듭했다. 이 대사전에 의해 눈이 뜨인 가스트로노미 세계의 비옥함, 포괄한 지식의 광범위함이 오히려 연구자들과 쓰지 시즈오의 도전정신을 부채질하여 더욱 정진하게 했을 것이다.

또한 이 대사전은 1960년에 프로스페 몽타뉴가 엮고 로베르 쿠르틴Robert J. Courtine이 편집한 개정판이 나온 뒤, 1984년에 쿠르틴이 감수하여 문학적인 요소를 대폭 덧붙여서 먹는 쪽의 관점을 집어넣은 판이 나왔고, 현재는 조엘 로뷔숑Joel Robuchon을 감수 책임자로 한 전면 개정판이 나와 있다.

음식을 말하는 의사들

《라루스 가스트로노믹》을 편찬하는 데에 폭넓은 학식으로 몽타뉴를 받쳐준 알프레드 고트샬크Alfred Gottschalk(1873~1954)에 대해서도 여기서 언급해두자.

주네브(제네바) 태생인 고트샬크 박사의 직업 이력은 의사라는 것 말고는 자세히 알려져 있지 않다. 취미생활이었던 가스트로노미 분야에서만 후세에 이름을 남겼다고 말할 수 있을지 모르겠다. 《라루스 가스트로노믹》에서는 영양학과 의학, 과학 분야 이외에 역사적 항목도 담당, 집필했고 프랑스요리 통사도 썼다. 취미 삼아 한 일치고는 너무나 대단한 업적이지만, 호사가의 다른 각도에서의 접근이 프랑스의 가스트로노미를 더할 나위 없이 풍성하게 해

알프레드 고트샬크 박사

주었다는 사실은 논의의 여지가 없다.

고트샬크 박사는 1934년, 의학적 관점에서 가스트로노미를 고찰한 잡지 《그랑구지에Grandgousier》도 창간했다. 그랑구지에란 프랑스 르네상스를 대표하는 작가 라블레의 《가르강튀아 이야기》에 나오는 주인공의 부왕의 이름으로 '커다란 목구멍'을 의미한다. 주인공인 가르강튀아를 비롯한 거인 일족은 대식가이자 술꾼 일색이었다. 의학을 공부하여 히포크라테스와 갈레노스를 강의하는 한편으로 백과전서적 지식과 민중의 생활에서 얻은 희극적 요소를 짜넣은 작품을 남긴 라블레에 대한 경의를 담은 잡지명일까? 의사로서 먹는 것에의 욕구와 섭생을 양립시키며 다른 학문이나 문학에도 시선을 돌린 잡지였다.

창간호는 《미각의 생리학》의 생리학적 기술에 대해 새로운 의학의 시각에서 코멘트를 붙이고, 가스트로노미의 역사(고대 이집트, 아시리아, 페르시아), 사순절(크리스트의 황야에서의 수행을 기념하여 단식하고 고기를 끊는 기간) 식사의 역사적 해설이 있으며, 몽타뉴의 고기 금식 기간용 레시피를 소개하고 있다. 심지어 식사요법과 단식요법에 관해 고찰한 다음 《살레르노 양생훈養生訓》(1607)의 프랑스어 번역을 인용하면서 마무리하고 있다.

이미 퀴르농스키의 친구로 이름을 들었던 폴란드계 의사 에두아르 포젤스키 드 포미안Eduard Pozerski de Pomiane(1875~1964)은 파스퇴르 연구소의 식품생리학 연구실장이었다. 고트샬크 박사와 같은 세대지만 그의 시선은 보다 미래의 시대를 관망하고 있었다. 가열 등 조리 중에 보이는 식품의 생리적 · 화학적 변화를 체계적으로 연구하는 조리과학을 창안하여 가스트로테크니gastrotechnie라고 이름 붙이고, 교육을 받은 신시대 여성에게 어울리는 과학에 토대한 가정요리를 제창했다(프랑스에서 남성과 동등하게 무상 의무교육이 여성에게 허용된 것은 1882년이었고, 여자 중등교육기관 정비법이 제정된 것도 1880년으로 늦었다).

과학적 지식과 요리기술이 갖추어진 다음에야 비로소 건강한 식생활이 가능해졌다고 설파한 《건강한 식생활》, 그 이론을 요리의 실천과 연결시킨 《건강하게 살기 위한 잘 먹는 법》, 라디오 프로그램에 출연해 소개한 조리과학을 활용한 레시피집 《라디오 요리강좌》 등 10여 권의 저작이 있다. 알리 밥은 《건강하게 살기 위한 잘 먹는 법》 머리말에서 "불멸의 명작 《미각의 생리학》을 쓴 우리들의 위대한 스승 브리야사바랭의 영광스러운 궤적을 이 책의 저자도 또한 더듬어가고 있다"라고 쓰고 있다. 21세기를 맞은 일본에서, 또한 프랑스에서도 먹는다는 것을 생각할 때 건강은 피하려야 피할 수 없는 키워드가 되었다. 어떻게 먹을 것인가를 추구하는 것이 가스트로노미의 목적이라고 한다면, 의사가 이에 관심을 기울이는 것은 자연스러운 일이라 말할 수 있다.

고대 그리스의 히포크라테스 이래, 중국의 의식동원醫食同源(약이 곧 음식이며 음식이 곧 약이다)과 비슷한 사고방식은 서양에도 있었다. 로마제국 멸망 후 그리스 · 로마의 의학은 비잔틴제국(동로마제국)이나 아라비아의 의학자에 의해 계승되었다. 9세기 무렵 나폴리 남쪽의 살레르노Salerno에 창설된 의학교는 서로 다른 문화가 교류하는 접점에 위치하여 의학의 중심부로 번창했다. 거기서 태어난 《살레르노 양생훈》은 섭식, 체조, 입욕 등 건강 유지를 위한 마음가짐과 방법을 운문 형식으로 쓴 것으로 몇 백 년에 걸쳐서 1,500판을 거듭하는 초베스트셀러가 되었다.

르네상스 시대가 되면 고대 의학에 아라비아 의학의 요소가 가미된 것이 아라비아어를 경유하여 재발견되어 라틴어나 그리스어로 다시 번역되었다. 요리법을 적은 가장 오래된 인쇄본이라고들 하는 《참된 열락과 건강에 대하여De honesta voluptade et valetudine》(1474)도 그런 역사적 문맥 속에 위치 지을 수 있다. 이탈리아의 인문주의자 플라티나Platina, 즉 바르톨로메오 사키Bartolomeo Sacchi가 라틴어로 쓴 이 책은 섭식 부분과 대주교의 전속 요리인 마르티노Martino가 쓴 레시피 부분으로 구성되어 있다. 나이가 들었을 때 바티칸의 사서관으로 일한 플라티나는 의사는 아니지만 인문주의자(유마니스트)로서의 폭넓은 지식을 발휘하여 크리스트교적 교조주의에 빠지지 않고 절도 있는 열락의 추구와 건강에의 배려를 양립시키려 했다. 과학과 철학과 수필이 하나로 어우러진 이 저작은 브리야사바랭으로 이어지는 뭔가를 연상시킨다. 프랑스에서도 프랑수아 1세와 앙리 2세의 시의侍醫였던 요아네스 브루이에리누스 캄페기우스 Ioannes Bruyerinus Campegius(프랑스어로는 장 브뤼유랭 샹피에Jean Bruyerin Champier)가 《식품에 대해서(데 레 키바리아De Re Cibaria)》를 1560년에 간행하고 있다. 빵, 채소, 향신료, 과일, 고기 등 다양한 식품에 대해서 고대 문헌도 참조하면서 특성과 용도를 자세히 설명하고 조리법도 언급하고 있다.

근대의학이 발달하고 그때까지 의학이 서 있던 기반이 뿌리에서부터 흔들린 18세기 말 이후, 의사의 업무와 섭식의 거리는 서서히 좁혀져갔는데, 그 이후로 의사는 쭉 가스트로노미의 좋은 이해자였다.

만년의 퀴르농스키

1939년에 제2차 세계대전이 시작되자 퀴르농스키는 물자 부족으로 혼란스러운 파리를 떠났다. 그가 몸을 의탁한 곳은 프랑스 북서부 브르타뉴Bretagne 반도의 끝에 가까운 리에크 수르 블롱Riec-sur-Belon이다. 고급 굴의 산지로 유명한 이 마을에는 유명 요리인으로 이름 높은 옛 친구 멜라니 루아Melanie Rouat가 있었다. 그녀의 여관이 미식의 성지가 된 배경에는 그의 뒷받침이 있엇다.

두 사람의 만남은 1922년까지 거슬러 올라간다. 멜라니는 식품점 겸 잡화점을 경영하는 한편, 죽은 남편에게 물려받은 굴 양식도 하고 있었다. 최초에 그녀를 발견한 것은 코메디 프랑세즈의 배우들이었다. 브르타뉴 순회공연 중에 이 마을에 들른 일행은 멜라니의 가게 앞에 늘어선 굴을 먹게 해달라고 졸랐고, 시큰둥해하는 그녀를 구워삶아서 요리를 하게 했다. 그녀가 어머니와 할머니에게 어깨너머로 배운 요리는 혀를 내두를 만큼 맛있었다. 배우들이 입에 침이 마르게 칭찬하며 떠들고 다녔기 때문에 소문은 가까이에 머물고 있던 퀴르농스키의 귀에도 들어가 그도 재빨리 찾아가보았다. 생굴에서 시작해서 크림에 찐 바닷가재, 블롱 대합 구이, 붕장어 찜, 영계 코코트cocotte• 찜에 이어서, 당연히 브르타뉴 명물인 크레이프와 메밀가루로 만든 갈레트galette••도 나왔다. 빼어난 솜씨에 매혹된 퀴르농스키는 멜라니를 자리로 불러서 재능을 칭찬하고, 자신감을 갖고 장사를 하라고 격려했다. 반짝반짝 빛나는 가스트로노미의 보석을 또 하나 발굴한 것이다.

파리에 돌아온 그의 선전 덕분에 손님이 몰려들어 2년 뒤에는 정원에 만들어진 100석의 자리가 1년 내내 매일같이 꽉꽉 들어찼다. 퐁피두와 콜레트도 다녀갔으며 전 유럽에서 손님이 찾아왔다. 가

• 도자기로 만든 내열 냄비, 또는 그 냄비로 한 요리

•• 프랑스에서 식사 후 디저트나 간식으로 애용하는 달콤한 빵과자. 프랑스 브르타뉴 지방에서 유래한 팬케이크 형태의 빵과자로, 얄팍한 원형 또는 사각형 팬에 구워내며 고기, 어류, 치즈, 샐러드, 슬라이스 햄, 달걀 등을 곁들여 먹는다.

족의 인연을 소중히 한 멜라니는 마침내 가게를 여관으로 개조하고 가족과 친척의 힘을 빌려서 경영하며 마치 자신의 집에 머무는 듯한 접대로 손님의 마음을 사로잡았다. 해변의 작은 마을을 미식가의 순례지로 바꾼 그녀의 이름은 블롱 굴•의 평판을 세계에 알린 촌장 가드레의 이름과 더불어 오랫동안 사람들 입에 오르내렸다.

멜라니의 여관으로 피난 간 그는 손님이라기보다 친구로서 환영받았다. 독일의 점령하에서 맛있는 음식을 실컷 즐기며 살았다고는 말할 수 없지만, 평생 가정을 갖지 않았던 퀴르농스키에게 그곳은 마음이 안온해지는 장소였다. 전쟁이 끝난 뒤 파리로 돌아와서도 해마다 여름이면 그녀의 여관에서 바캉스를 보냈다. 아주 나이가 들었을 때 리에크에서 여름을 보낸 그가, 떠나오기 전에 멜라니와의 작별을 슬퍼하는 사진이 남아 있다. 퀴르농스키에게 뒤지지 않는 당당한 체구의 멜라니는 브르타뉴의 전통적인 하얀 레이스 모자를 머리에 얹고 뭔가 말을 걸고 있다. 그 얼굴을 바라보는 그의 부드러운 시선이 인상적이다.

80세 생일에 퀴르농스키는 콜레트한테서 편지를 받았다. 거의 나이가 비슷한 두 사람이 알게 된 스무 살 시절을 그리워하며, 지나간 세월을 돌아보는 내용이었다. 그 편지에서 콜레트는 요리라는 분야를 프랑스 예술의 영역으로까지 높인 그의 공적에 찬사를 보내고 있다. 2년 뒤에 그녀가 세상을 떠났을 때, 퀴르농스키는 잡지 《프랑스의 요리와 와인》 지면에서 조사를 바쳤다.

1947년에 창간된 《프랑스의 요리와 와인》은 제2차 세계대전 후

• 블롱 강에서 양식한 굴

에 퀴르농스키가 주된 활약의 장으로 삼은 잡지인데, 솜씨 좋은 젊은 여성 편집장 마들렌 드퀴르Madeleine Decure의 협조 요청에 응한 것이다. 그 잡지가 주최해서 매달 열린 '《프랑스의 요리와 와인》 친구 모임' 만찬회에도 그는 빠짐없이 참가했다. 시대와 더불어 저널리즘의 주역도 바뀌고 과거의 사람이 되어가고 있던 그가 동료들과 만날 수 있는 귀중한 시간이었다. 퀴르농스키의 80세 생일 파티에는 그 잡지의 주선으로 파리 레스토랑 주인 80명이 모였다. '가스트로놈 대공, 즉 모리스 에드몽 사이양, 프랑스요리를 옹호하고 이름을 드높인 이로서, 우리 레스토랑의 귀빈'이라고 쓰인 동판이 헌정되고, 이후 각 레스토랑의 가장 좋은 자리가 언제나 그를 위해 마련되었다. 그러나 나중에 앙리 고나 크리스티앙 미요는 그런 특별대우를 레스토랑과 비평가의 결탁으로 간주하고, 고루한 퀴르농스키식 요리 저널리즘 타도를 지향한다.

늙은 퀴르농스키의 커다란 즐거움은 그가 제창한 관광과 미식 융합의 실천자인 '가스트로노마드'를 위한 가이드북을 지원할 수 있었던 일이었다. 그의 후견을 토대로 동생뻘이 되는 시몬 아르벨로가 편집하고 1954년에 타이어회사 클레베르 콜롱브Kléber-Colombes가 발행한 새로운 가이드북은 관광과 미식 정보를 한 권에 담아 단숨에 성공을 거두었는데, 앞서 나온 미슐랭 사의 가이드북에 대항할 수 있는 개성적인 책으로 완성되어 있었다. 내용은 5부로 구성되어 프랑스 개관(도로지도와 명소지도), 프랑스 각 현의 명물요리와 관광명소, 파리와 주변의 레스토랑, 그밖에 각 시군의 호텔과 레스토랑, 유럽의 몇몇 호텔과 레스토랑으로 되어 있다. 쓰지 시즈오도 1960년대에 프랑스 레스토랑을 처음 방문하기 시작했을 때, 미슐랭과 클레베르 콜롱브라는 양대 가이드북을 사용했다. 내가 갖고 있는 후자의 1965년판에는 파란 선으로 도장을 찍은 레스토랑이 몇 개나 발견된다.

오후에 일어나서 황혼의 거리에서 아페리티프Aperitif•를 마시고 미식을 계속한 퀴르농스키의 삶은 흥청망청한 것 같지만, 그 그늘에는 밤을 새운 분투가 있었다. "50년 동안 펜 하나로 살아왔다"라고 즐겨 말하며, 스스로를 매문賣文의 사도라 칭한 삶이었다. 그의 작품을 헤아린 숄로 박사에 따르면 공저자 또는 유령작가로서 쓴 책은 65권에 이른다. 10개나 되는 필명을 고루 사용하며 쓴 칼럼과 짧은 기사는 1,000편이 넘는다고 한다. 소설류는 꽤 팔렸다고 하지만 후세에 남은 작품은 없었다. 작가로서는 결국 이류작가 윌리의 유령작가로 끝났다. 그가 이름을 남긴 것은 지방의 음식 자산을 발굴하고 사람들을 계몽한 오스탱 드 크로즈와 마르셀 루프와의 협업 덕분이었다.

그가 아주 나이가 들었을 때 골절로 바깥 나들이도 못하게 되자 옛 친구나 그를 연모하는 사람들이 모여서 '퀴르농스키 친구 모임'을 결성하고 기금을 설립해서 생활비를 추렴했다. 또한, 특히 친했던 어떤 부부가 레스토랑을 돌면서 상담하자 모든 곳에서 기꺼이 응해서 요리와 와인을 집까지 배달해주었다. 혼자 살던 그를 배려하는 사람들의 온정에 감싸인 나날이었다. 퀴르농스키는 잠옷 차림

• 식탁에 앉기 전 대기실에서 마시는 식전주로, 베르무트, 셰리주, 각종 칵테일 등이 쓰인다.

으로 중정中庭에 떨어지는 바람에 세상을 떠났다고 한다. 전기에서 아르벨로는 자살설을 부정하고 반각성 상태에서 실수로 창문에서 떨어졌으리라 추측하고 있다. 1956년 7월 23일, 향년 83세였다.

가스트로노미 실천의 입문서

19세기 말부터 20세기에 걸쳐서 두터워진 부르주아층을 주된 담당자로, 파리와 지방 도시에서는 소비경제가 확대되었다. 19세기 후반에 철도의 주요 간선이 정비되고 20세기 초부터 자동차가 보급되기 시작하자 관광여행이 생겨나고 휴양지에는 상류계급의 사교장이 등장했다. 코트다쥐르Côte d'Azur나 대서양 연안의 비아리츠Biarritz, 영불해협에 면한 도빌Deauville에는 호화로운 호텔과 카지노가 문을 열었다. 근대 프랑스요리를 집대성한 거장 오귀스트 에스코피에(1846~1935)가 활약한 무대가 국제적 사교의 장이 된 런던의 〈사보이Savoy〉나 〈칼튼Carlton〉, 파리의 〈리츠Ritz〉 등의 고급 호텔이었던 것은 상징적이다. 19세기 후반부터 레스토랑 고객의 성숙과 더불어 세련도를 높여온 프랑스요리를 고급 호텔에 모여드는 새로운 시대의 엘리트의 행동양식과 욕구를 간파하여 완성시킨 것이 에스코피에였다. 그런 호텔에서는 상류계급의 저택에서 장소를 옮겨서 화려한 연회도 열렸다.

혁명 후, 레스토랑의 탄생은 미식을 누리는 층을 확대했지만 당초 거기서의 식사는 집에서 먹을 수 없는 사람들의 차선책인 측면이 강했다. 1835년, 저널리스트 폴 벨몽은 "레스토랑은 야식(수페Souper)의 잔해와 가스트로노미의 깨진 기왓조각 위에 세워졌다"라며 귀족과 대부르주아의 저택에서 펼쳐졌던 연회에 대한 노스탤지어를 이야기하고 있다. 레스토랑의 개별 방은 비밀스러운 아방튀르aventure•에 이용되는 일도 많았다. 그러나 차츰 레스토랑은 사교공간으로서의 지위를 획득해간다. 20세기에 들어와 엘리트인 부유층 밖으로도 경제적, 시간적 여유를 갖고 여가를 즐기는 층이 확대되자, 레스토랑은 먹는 즐거움을 적극적으로 추구하는 사람들이 널리 가스트로노미를 실천하는 장소가 된다. 중세 이후 왕후 귀족의 식탁에는 권위를 과시하는 정치적 기능이 요구되었고 이어서 권력을 장악한 부르주아 역시 식탁의 사교적 기능을 중시했다. 순수하게 먹는 즐거움을 위해 레스토랑을 찾아오는 사람이 나타난 것은 20세기적인 현상이었다고 말할 수 있을 것이다.

가스트로노미가 여가에 몰두할 때 기대되는 즐거움은 접시에 담긴 내용물에만 그치지 않았다. 레저로서의 가스트로노미는 거기서 보내는 시간과 공간이라는 부가가치가 덧붙여져야 비로소 완결된다. '미지의 땅을 방문해서 다른 문화에 뿌리를 둔 요리를 맛본다.' 아직까지 드러나지 않았던 사람들의 욕구, 시대의 욕구를 멋지게 포착한 이가 퀴르농스키였다. 20세기 말 이후 키워드가 되는 '테루아(토지)' 요리를 이끌어간 사람이기도 했다. 가스트로노미를 누리는 층이 넓어짐과 더불어 가스트로노미 실천의 현장도 먹는 쪽이

• 원래는 모험을 뜻하는 프랑스어. 변하여 사랑의 모험, 위험한 사랑이라는 뜻으로 쓰인다.

사는 땅을 넘어서 확연히 넓어졌다. 새로운 시대의 가스트로노미에게는 새로운 길잡이가 필요했다. 그런 역할을 맡아서 지방 음식문화의 가치를 호소하고 멜라니 루아와 같은 숨겨진 재능을 발굴하여 세상에 내놓은 그의 공적은 크다.

앞에서 말했던 프랑스요리의 네 가지 분류 가운데 타이유방에서 에스코피에, 몽타뉴에 이르는 위대한 요리인이 쌓아올린 고급요리의 가치는 퀴르농스키도 물론 인정하고 있지만, 그것은 한 줌의 사람들을 위한 요리다. 그는 1956년에 세상을 떠나지만 마침내 대중소비 시대로 향하는 시대의 전환기에 프랑스 음식문화의 다양한 가치를 제시함으로써 차세대 가스트로노미를 준비하는 역할을 해냈다.

그는 과학기술의 진보로 지탱된 시대를 선도해서 가스트로노미의 새로운 국면을 열어젖힌 사람이었지만, 나이가 들어서는 과학의 진보에 대한 의문을 나타내고 있다. "나는 전기, 전화, 잠수함, 오토바이, 자동차, 비행기, 영화, 라디오를 비롯하여 헤아릴 수 없이 많은 발명을 목격한 세대에 속한다. 그것들은 사람들을 푸른 하늘로 날려보내고 밝은 빛 속에 풀어놓았다. 그리고 결과적으로 세계의 우애와 영원한 평화를 결속할 터였다. …… 과연 그 숭고한 목적이 달성되었는지, 과학에 의한 제패가 정말로 인류에게 행복을 가져올지, 나는 더 이상 확신할 수 없다."

동물보다 빨리 달리고, 새처럼 하늘을 날고, 물고기처럼 바다에 잠수하고, 밤을 낮으로 바꾸고, 신과 맞먹는 힘을 손에 넣었다고 뽐내던 인류는 사상 유례없는 세계대전을 두 번이나 경험하게 되었다. 퀴르농스키의 말은 시대의 빛과 그늘을 모두 체험한 이가 뼈저리게 느낀 고통스러운 생각을 드러내고 있다. 하지만 그런 반면에, 인류의 진보와 밝은 미래를 믿을 수 있었던 시대이기 때문에 가능했던 일은 많다. 자유로운 이동수단을 얻은 사람들은 좁은 세계에 갇혀 있지 않고 왕성한 호기심으로 새로운 세계를 발견하는 즐거움을 알았다. 평생 동안 먹고 쓰기를 멈추지 않았던 그의 삶의 방식을 보아도 알 수 있듯이, 인간에의 신뢰와 미래에의 희망을 가슴에 품고서, 사람들이 실로 활기차게 살았던 시대였다고 말할 수 있을 것이다.

기계문명의 혜택을 받아 차를 타고 달리면서, 반대로 퀴르농스키 자신은 도시와는 달리 천천히 시간이 흐르는 장소를 재발견했다. 기술혁신은 이동수단에 더해 전신 · 전화 등 통신과 커뮤니케이션의 수단에도 미친다. 지역 간의 경제적 격차는 당연히 존속된다 하더라도 이후로 사회적, 문화적으로는 균질화, 평준화의 시대가 시작된다. 지방의 고립과 분단이 해소된다는 것은 한편으로는 다양성을 잃어버린다는 말이기도 했다. 다음 전환기가 찾아올 때, 사람들은 개성과 독창성에서 커다란 가치를 확인하게 될 것이다.

| 제6장 |

레스토랑 평가기준의 확립
—《미슐랭 가이드》

《미슐랭 가이드》 100주년 기념 부록인 '초판 복각본'

운전자의 벗 《미슐랭 가이드》

다음 전환기로 눈을 돌리기 전에, 20세기 이후 프랑스요리를 말할 때 빼놓을 수 없는 《미슐랭 가이드》가 했던 역할을 확인해두자.

여기 문고판보다 가로폭이 약간 좁은 포켓판* 빨간 책이 있다. 2000년에 《미슐랭 가이드》 창간 100주년 기념 부록으로 만들어진 초판 복각본이다. 미슐랭 사가 운전자들에게 무료배포한 그 책의 머리말에는 이렇게 씌어 있다. "이 책은 프랑스를 여행하는 운전자들에게 유용한 모든 정보를 제공하는 것을 목표로 한다. 자동차에 필요한 부품을 조달하고 차를 수리하고 묵을 곳이나 먹을 장소를 찾고, 편지를 부치거나 전신이나 전화로 연락하는 데에 유용하다. …… 이 책은 새로운 세기와 더불어 탄생했고 이 세기와 더불어 살아갈 것이다. …… 갓 태어난 자동차는 분명 해마다 진보할 것이다. …… 이 책도 꼼꼼히 개정해서 해마다 발행할 예정이다. 초판은 완벽하다고는 할 수 없지만 해가 갈수록 완성에 접근해갈 것이다. ……"

* 양복주머니에 들어갈 수 있는 작은 판형의 인쇄물로, 문고판109×152mm, 신서판103×182mm, 35판84×148mm, A40절판82×148mm 등의 총칭

총쪽수 약 400쪽의 내용을 살펴보면 앞부분에서 타이어의 탈착과 수리방법을 설명하고 전국의 미슐랭 타이어 취급점 목록을 싣고 있다. 여기까지는 이른바 매뉴얼이지만, 탁월한 아이디어가 빛나는 부분은 다음이다. 알파벳 순으로 2,000여 곳에 가까운 마을 이름을 차례대로 싣고 각 마을의 인구, 철도역의 유무, 우체국의 유무, 전신 · 전화 연락의 가능 여부와 파리까지의 요금, 주요 도시로부터의 거리, 가장 가까운 자동차 수리공장까지의 거리, 주유소의 유무 등 모든 것을 기호와 약자를 사용해서 싣고 있는 것이다.

자동차회사 광고 면에는 아직은 마차 비슷하게 생긴 클래식 자동차가 그려져 있다. 발전 중인 자동차를 운전하며 여행하는 사람은 생각지 못했던 사고를 당하여 전문가의 힘을 빌리는 일이 적지 않았을 것이다. 인터넷은 물론 전화조차도 보급되어 있지 않았던 당시, 긴급 연락처 따위의 간결하게 정리된 정보가 집약된 그 책이 얼마나 귀중했을지는 상상하기 어렵지 않다. 초판에는 몇몇 마을 지도가 첨부되어 있을 뿐이지만 내년부터 주요 대도시의 시가지 지도를 싣겠다고 머리말에서 예고하고 있다. 유럽의 오래된 마을은 어디든지 교회와 광장을 중심으로 형성되어 있으므로 마을 중심부에 이르는 경로를 알 수 있는 시가지 지도는 운전자에게는 아주 편리했다. 단, 미슐랭 사 자료에 따르면 1900년의 발행부수가 3만 5000부인데 비해 납세를 마친 자동차 대수는 2,897대였으므로 주요 이용자는 오토바이 운전자였던 것 같다. 어쨌든 자동차와 오토바이 운전자가 필수적으로 휴대하는 책이 된다면 회사 입장에서는 그보다 효과적인 선전은 없었다.

궁극적으로는 운전자의 길잡이로 출발한 《미슐랭 가이드》에는 처음부터 독립된 레스토랑 정보가 포함되어 있지는 않았다. 호텔은 관인館印을 사용해서 표시하고, 이름과 주소에 덧붙여서 '프랑스 자동차클럽'이 추천하는 호텔은 그것을 알 수 있도록 명시했다. 세끼 식사가 딸린 요금이 13프랑 이상인 호텔은 별 셋(별은 애스터리스크asterisk〔*표〕로 표시), 10~13프랑은 별 둘, 7~10프랑은 별 하나로 구별했다. 막대한 정보를 기호화해서 간결하게 정리하는 방식은 정보량이 급격하게 늘어난 오늘날에 이르기까지 이어져 내려오고 있다.

1900년판에는 이미 1,312곳의 호텔이 실려 있다. 호텔 숙박료가 책의 표시와 다르거나 가격에 걸맞은 서비스를 받지 못했을 경우 그리고 특히 빈대가 있을 경우에는 반드시 알려주기 바란다고 독자에게 호소하고 있는 대목에서는 시대감이 느껴진다. 반대로 책에 실려 있지 않지만 좋은 호텔이 있는 경우에도 정보 제공을 요청하고 있다. 각 호텔의 가격을 정확하게 표시하는 것, 즉 정확한 정보 제공이 이 휴대용 책의 성패를 가른다는 사실을 《미슐랭 가이드》 편집자는 잘 알고 있었다.

여행자용 가이드북은 1820년대 말에 독일의 카를 베데커Karl Baedeker가 출판한 것을 효시로 본다. 베데커의 가이드북은 프랑스에서도 번역 출판되어 1841년에는 프랑스 아셰트Hachette 사의 《파란 가이드북Guide Bleu》*의 전신도 등장하지만, 20세기와 더불어 태

* 《파란 가이드북Blue Guides》은 미술품과 건축에 초점을 두고 역사적 맥락 등을 주로 소개한 여행 안내 총서로, 카를 베데커를 위해 일하던 제임스 뮤어헤드James Muirhead가 독립하여 1918년 영국에서 창간한 것이다. 본문의 '전신'이라는 표현은 아셰트 사가 '파란 가이드(기드 블뢰)'라는 이름으로 책을 낸 것이 1918년이기 때문이다.

어난 《미슐랭 가이드》는 처음으로 자동차족을 겨냥한 점이 획기적이었다. 처음부터 숙박과 그것에 부가되는 음식을 관광에 불가결한 요소라고 생각해 고급스러운 서비스를 추구한 점도 주목할 가치가 있다. 매해 갱신되는 연간물이므로 새로운 정보를 반영하기도 쉬웠다. 《미슐랭 가이드》로 인해 호텔들의 경쟁이 촉진되었고, 결과적으로 전체적인 수준이 높아져 호텔과 이용객 양쪽에 이익을 가져오는 참으로 유효한 시스템이 만들어진 것이다.

가스트로노미의 가이드북과 평가기준의 확립

《미슐랭 가이드》의 발행부수가 7만 6000부에 이른 1909년판부터는 만족스러운 점심과 저녁식사를 할 수 있는 호텔을 표시했다. '프랑스 자동차클럽' 등 외부조직의 정보망을 이용하는 한편, 요금과 시설에 관한 질문지를 호텔에 보내서 정확한 정보를 모으는 데 집중했다. 이 무렵에는 자사의 지방담당 세일즈맨에게 호텔을 방문케 해서 보고서를 제출하게 하는 일도 시작했다. 또한 1913년에는 현재와 같은 115×200밀리미터 판형이 되었다.

무료배포를 중지한 것은 창업자인 미슐랭 형제가 어떤 수리공장에서 가이드북이 기울어진 작업대 밑에 깔려 있는 것을 본 후였다고 한다. 공짜로 뿌리면 소홀히 취급받는 것을 깨달았기 때문이라는 것이다. "우리의 선전비용을 독자에게 대리지불하게 하자"라는 유명한 말을 내뱉고 형제는 유료화에 발을 내딛었다. 전도유망한 시장에 쳐들어가는 선전도구로서 눈부신 성과를 올린 가이드북은 품질 좋은 정보에 의해 어느샌가 책 자체가 상품가치를 갖게 되었다. 7프랑으로 판매를 시작한 1920년판부터는 자동차회사나 호텔 등의 외부광고를 없앤 결과, 완전히 공정하고 중립적인 입장을 확보할 수 있게 되었다.

파리에서 지방으로 나간다는 발상이 전제되었기 때문에, 파리를 다룬 페이지에서 호텔이 소개된 것은 1922년판에 이르러서였다. 추천 호텔과 레스토랑이 처음으로 따로 다루어진 것은 1923년판부터였다. 그 뒤 호텔에는 한 개부터 다섯 개까지의 관인, 레스토랑에는 한 개부터 다섯 개까지의 성인(별표)을 붙이게 된다. 단, 둘 다 가격과 쾌적함의 수준을 나타내는 것이며, 레스토랑의 경우 요리의 질을 평가한 것은 아니었다.

제공하는 요리의 평가가 높은 호텔에 관인 이외에 성인을 붙이게 된 것은 1926년부터인데, 미슐랭 사에서는 이것을 가스트로노미 가이드북으로서의 출발점으로 보고 있다. 1931년에는 요리의 질이 높은 지방 호텔에 대해 최고 셋까지의 별이 부여되었다. 1932년에는 대상이 지방의 레스토랑으로 넓어지고 1933년에 처음으로 파리를 포함하는 전국의 최고 레스토랑 23곳에 별 셋이 부여되어 오늘날과 같은 모양의 구성이 정해졌다. 세일즈맨이 아니라 일정한 경험을 가진 전문심사원에 의한 익명심사 방식을 취하게 된 것도 이때부터다. 한편 레스토랑의 품격이나 쾌적함은 나이프와 포크를 짜맞춘 다른 도장으로 표시하게 되었다.

1933년에 별 셋이 부여된 가게로는 〈레제르브LA RéSERVE〉(보로쉬르메르Beaulieu-sur-Mer), 〈샤퐁 팽Chapon Fin〉(보르도), 〈메르 브라지에Mère Brazier〉(리옹의 두 곳), 〈피라미드Pyramide〉(비엔)이나 〈카페 드 파리〉, 〈푸아용〉, 〈라페루즈Lapérouse〉, 〈라뤼〉, 〈카르통LUCAS CARTON〉 〈투르 다르장〉(이상 파리)이 포함된다. 이리하여 쾌적한 숙박시설의 안내에 더해 미식의 안내를 겸하게 된 《미슐랭 가이드》 표지에는 요리사 모자를 쓴 비벤둠이 당당하게 그려져 있다.

1936년판에서는 "성인을 붙인 목적은 프랑스 내의 레스토랑에 우열의 순위를 매기기 위해서가 아니다"라고 잘라 말하며 평가방식을 자세히 설명하고 있다. 먼저 가격 차이에 주의해야 한다. 적절한 가격의 레스토랑에 별 하나나 둘이 붙어 있는 경우는 그 가격대에서는 지역의 다른 레스토랑보다 명백하게 요리의 질이 높다는 것을 의미한다. 그에 비해 가격이 높은 레스토랑에 별 하나, 둘이 붙어 있는 경우는 일급 레스토랑이라고 생각해도 된다. 말하자면 15프랑의 레스토랑에 별이 하나나 둘 붙어 있다 해도, 별이 없는 40프랑짜리 고급 레스토랑과는 비교가 되지 않는다. 또한 지역별 차이에도 주의를 촉구하고 있다. 어디에 들어가도 후회하지 않는 리옹 같은 지방에서 별이 붙어 있는 레스토랑이라면 상당히 수준이 높다. 한편, 미식에 궁색한 지방의 경우 발길 닿는 대로 아무 레스토랑이나 들어갔다간 실망하는 일이 많지만 별이 붙어 있는 레스토랑을 선택한다면 맛있게 먹을 수 있는 가능성이 높다. 마지막으로, 별 셋은 지역을 불문하고 특별한 레스토랑을 표시하고 있다. 프랑스요리의 정수라고도 부를 만한 별 셋짜리 레스토랑에서는 요리와 와인, 서비스, 분위기 등 모든 것이 완벽해야만 한다. 가격은 거기서 더 이상 문제가 아니다.

이것을 보면 별 하나와 둘은 상대평가이며 별 셋은 절대평가로, 평가방법이 서로 다르다. 독자가 바라고 있는 것이 프랑스의 베스트100 레스토랑 순위가 아니라 방문한 지역에서 확실하게 맛있게 먹을 수 있는 레스토랑의 정보였음을 생각하면, 현실적이고 타당한 평가기준이라고 말할 수 있을 것이다. 독자를 위한 정보 제공을 강조한《미슐랭 가이드》가 신뢰를 획득한 이유도 거기에 있을 것이다. 다음 장에서 소개할 대항마《고-미요 가이드》가 점수에 의한 랭킹을 제시하고 철저히 주관적 평가로 새로운 잣대를 내세운 것과는 대조적이다.

세기와 더불어 살며

두 번의 세계대전 동안에 통상적인《미슐랭 가이드》발행은 중단되지만 지도를 중심으로 하는 정보의 전략적 가치가 인정되어 군사적으로 활용되었다. 1904년에 간행된 벨기에 편을 시작으로 스위스, 독일, 스페인, 포르투갈 등《미슐랭 가이드》해외 편이 간행되고 있었는데 프랑스군이 알사스 · 로렌의 탈환을 노린 제1차 세계대전 중인 1915년에는 특별편집한 독일 서부 편과 벨기에 편, 룩셈부르크 편이 간행되었다. 통상판의 호텔 등의 정보를 삭제한 대신에 마을별로 인구나 가옥 수, 공공건물을 표기하고 항행가능한 하천과 다리의 지도도 수록한 것이다. 1944년, 이번에는 노르망디 상륙작전에 《미슐랭 가이드》의 지도가 한몫을 했다. 연합군 참모본부가 미슐랭 본사의 허가를 얻어 전쟁이 시작되기 전에 마지막으로 간행된 1939년판을 워싱턴에서 인쇄하여 장교들에게 배포한 것이다. '공무용 한정For Official Use Only' 이라고 표지에 명기된 특별판이었다.

1945년 5월의 휴전협정 조인 다음 날 일찌감치 《미슐랭 가이드》는 복간되었다. 단, 파괴되거나 접수된 호텔, 레스토랑을 나타내는 특별 표시나 파괴된 다리나 건물, 출입금지구역이 명시된 지도는 전쟁이 할퀴고 간 상처를 생생하게 느끼게 했다. 레스토랑 정보도 처음부터 다시 만들어야 했다. 조금씩 별이 부활하여 전쟁 뒤에 최초의 별 셋이 부여된 것은 1951년으로, 〈메르 브라지에〉(리옹), 알렉상드르 뒤멘Alexandre Dumaine의 〈코트 도르Côte d'Or〉(솔리외Saulieu), 〈오베르주 뒤 페르 비즈Auberge du Pere Bise〉(탈루아르Talloires), 페르낭 푸엥의 〈피라미드〉(비엔), 〈카페 드 파리〉, 〈투르 다르장〉, 〈라페루즈〉(이상 파리) 등 일곱 군데가 선택되었다.

전후의 부흥기에 《미슐랭 가이드》도 재출발을 한다. 20명 정도로 증원된 심사원을 통솔하는 편집장의 영향력이 커졌다. 그것은 《미슐랭 가이드》가 더 이상 운전자를 위한 가이드북이 아니라 명백하게 호텔과, 특히 레스토랑 가이드북이 되었음을 의미하고 있었다. 《미슐랭 가이드》에서 높이 평가받는 것이 요리인에게는 사회적 지위가 되었고, 그런 요리인을 프랑스요리의 담당자로서 세상에 널리 알림으로써 책 자체의 권위도 높아졌다. 퀴르농스키가 발굴한 멜라니 루아처럼 미식가 사이에서 평판이 높은 요리인은 이미 존재하고 있었지만, 전국적인 지명도를 얻는 일은 드물었다. 《미슐랭 가이드》의 별은 공식적인 낙점에 가까운 가치를 가졌으므로 별에 빛나는 요리인에게 스포트라이트를 비춰주어 결과적으로 그 직업의 사회적 인지도를 높이는 역할을 했다. 일찍부터 별 셋에 빛나는 3대 요리인으로 일컬어졌던 페르낭 푸엥, 알렉상드르 뒤멘, 앙드레 픽Andre Pic은 모두가 스타 셰프였다.

프랑스에서는 해마다 적지 않은 수의 요리인이 레종 도뇌르 훈장을 받으며, 뛰어난 기능을 가진 장인이라는 증거인 프랑스 최우수 장인MOF의 칭호도 있지만, 요리인에게 물어보면 《미슐랭 가이드》의 별 셋이야말로 최고의 영예이자 평생의 꿈이라고 대답한다. 일개 민간기업의 발상에 따른 그 평가가 100년의 역사를 거쳐 갖게 된 사회적인 무게를 말해주고 있다.

《미슐랭 가이드》의 사회적 영향력이 커짐에 따라 해마다 봄에 프랑스 편이 나와서 레스토랑의 등급이 발표될 때마다 커다란 반향을 불러일으켰다. 1950~1985년까지 오랫동안 심사원을 통솔했던 앙드레 트리쇼André Trichot나 그 뒤를 이어 2001년까지 그 직책에 있었던 베르나르 네줄랑Bernard Naegellen은 명편집장으로 알려져 있다. 트리쇼는 1972년에 브뤼셀의 〈빌라 로렌〉에 해외 레스토랑으로는 최초로 별 셋을 부여해, 이후 독일, 영국, 이탈리아, 스페인 등 미식지도를 유럽 전역으로 확대하는 계기를 만들었다. 네줄랑은 간결한 표기를 유지하기 바라는 회사 내부의 반대를 무릅쓰고 100주년 기념인 2000년판부터 레스토랑의 역사와 입지, 내부장식, 요리 등을 소개하는 몇 줄의 문장을 도입했다.

《미슐랭 가이드》의 공적

사회적인 신뢰를 획득한 《미슐랭 가이드》는 가스트로노미의 역사에 몇 가지 중요한 역할을 해냈다.

먼저 소비자인 손님에게 도시에서 지방까지, 고급 레스토랑에서 별이 없는 평범한 레스토랑까지, 광범위하고 정확해서 신뢰할 수 있는 정보를 제공한 것이다. 다음으로 레스토랑 경영자는 물론 요리인이나 서비스에 관여하는 사람들에게 높은 동기를 부여하여 레스토랑업계를 활성화시킨 것이다. 또한 지방 레스토랑으로 손님을 이끄는 시스템을 확립했을 뿐만 아니라 표기가 간결하고 이해하기 쉬웠다는 점에서 외국인이 프랑스의 가스트로노미를 발견하는 입문서도 되었다. 즉, 퀴르농스키가 지향한 관광과 미식의 융화를 촉진하는 더할 나위 없이 중요한 장치가 되었던 것이다. 자신들의 빨간 책이 프랑스 각지에 미식의 순례지를 낳을 줄 미슐랭 형제는 예상하지 못했을 것이다. 그러나 맛있는 음식이 있는 곳까지 가는 것이 당연하다는, 세계에서 비슷한 예를 찾아보기 힘든 상황이 프랑스에서 벌어진 데에 이 책의 존재를 빠뜨릴 수는 없다. 마지막으로, 레스토랑요리를 통해 프랑스 각지에서 지켜온 토산물에 사람들의 눈길을 향하게 한 공적도 크다. 지방의 음식문화에 빛을 비춘 가이드북의 존재는 토지의 고유한 토산물을 보호하는 원산지 관리호칭AOC 제도와 더불어 농업국 프랑스의 전통 유지에 이바지했다.

《미슐랭 가이드》가 권위 있는 가이드북으로 인정받은 것은 공정하고 객관적인 심사방법에 대한 신뢰감이 기여하는 부분이 크다. 심사원들이 복면심사원이라 불리며 '청렴한 사람'이라는 별명을 가진 것은, 자신을 밝히지 않고 평범한 손님으로서 식사를 하고 식사비용도 확실하게 지불하기 때문이다. 이들이 평범한 손님이 받는 일반적인 서비스를 평가할 수 있어서 음식점과의 뒷거래나 부정이 생기지 않는 것이다. 단, 식후에 이름을 밝히며 더욱 자세한 심사를 하는 일은 있다.

심사원은 미리 훈련을 받고 레스토랑을 방문할 때에 체크해야 하는 항목과 평가의 척도가 되는 미슐랭 기준을 익힌다. 말하자면 심사 전문가다. 프랑스 전역을 15곳 정도로 나눠서 각 지역을 반드시 두 명 이상의 심사원이 조사하며, 결과는 하나하나 보고서로 정리해서 제출한다. 그 결과를 토대로 하고 독자들이 보내온 앙케트 결과도 가미하여, 평가는 합의제로 결정한다. 특히 별 셋 후보에 오른 레스토랑에는 여러 번 방문하여 언제나 일정 수준의 요리와 서비스가 제공되고 있는지를 엄격하게 판정한다.

프랑스 전역의 레스토랑을 평가대상으로 삼은 시점에서, 이것이 개인의 힘을 넘어서는 일이라는 사실은 명백했다. 그러나 여러 명의 인간이 관련된 경우에는 어떻게 주관을 억제하고, 편향을 피하고, 똑같은 기준을 공유해서 평가할 것인가가 문제였다. 공정한 평가를 추구하는 가운데 미슐랭 특유의 시스템이 세련되게 바뀌어갔다고도 말할 수 있을 것이다. 세계에서 가장 신뢰받고 가장 권위 있는 가이드북이라는 지위가 지금도 흔들리지 않는 것은, 100년 전의 그 발명이 실로 탁월했음과 동시에, 그 이념 그대로 해마다 실천하기가 결코 쉽지는 않았으리라는 점도 말해주고 있다.

제2차 세계대전 후에 경제부흥이 진행됨과 더불어 대중소비사회가 도래하자 별 셋, 별 둘은 무리일지라도 레스토랑에서 식사를 한다는 행위 자체는 레저로서 좀 더 넓은 층, 넓은 지역으로 확장되어갔다(단, 일본보다도 엄격한 계급차가 존재하는 프랑스에서는 별 셋 레스토랑에 가는 이들은 고수입에 한정된 계층의 사람이며, 소규모 자영업자라면 결혼기념일이나 축하할 일이 있을 때에는 별 둘 레스토랑, 이런 식으로 이용하는 음식점의 가격대와 수입이 명백하게 비례한다). 그런 사람들에게 별이 부여되지 않은 레스토랑까지 포함하여 다양한 선택지를 제시하고 폭넓은 독자를 만족시킨 《미슐랭 가이드》의 평가는 받아들여지기 쉬웠다.

그러나 겉으로는 합의제를 내세움에도 불구하고, 네줄랑은 당시에는 너무 전위적이어서 반대의견이 많았던 〈피에르 가니에르〉를 편집장 권한으로 추천하여 최종적으로 1993년에 별 셋으로 승격시켰다고 한다. 이 이야기는 요리와 서비스의 품질 높음과 고객 만족도를 어디까지나 객관적으로 측정하는 것—최대공약수적 평가로 이어지는—을 대전제로 하고 있던 《미슐랭 가이드》가 조금씩 방향 전환을 해야만 하는 시대가 찾아왔음을 시사하는 대목이라 흥미롭다. 《미슐랭 가이드》의 평가는 객관적이지만 반대로 몰개성적으로 보일 수도 있다. 소비사회가 성숙하고 사람들이 자신의 가치관에 맞는 즐거움, 다른 사람과는 구별되는 자신만의 즐거움을 추구하는 단계에 이르자 기호만으로는 모두 전달할 수 없는 정보가 요구된 것이다.

네줄랑이 편집장을 지냈던 1980년 후반 이후는 공통된 슬로건을 내걸고 일대 조류를 만들었던 누벨 퀴진이 쇠퇴하고 프랑스요리가 몇 가지 방향으로 나뉘어 다양한 개성과 가치관이 생겨난 시대다. 그런 다양성을 앞에 둔 먹는 쪽에는 분명 망설임이 있었을 것이다. 따라서 질적 수준에 따라 선 긋기만 하는 것이 아니라 다양한 개성을 해석한 데 더해 어떤 것을 적극적으로 평가할 것인지를 명백하게 하지 않고서는 독자의 기대에 충분히 부응할 수 없는 상황이 되었다.

그것은 태어난 지 100년 가까이 순풍에 돛 단 듯 승승장구해온 《미슐랭 가이드》가 처음으로 경험한 씁쓸한 망설임의 시기였다고 말할 수 있을지도 모르겠다. 그렇다면 《미슐랭 가이드》와 전혀 다른 평가 스타일을 확립해서 누벨 퀴진을 주도하고 20세기 후반의 프랑스요리 융성에 크게 이바지한 또 하나의 가이드북 《고-미요 가이드》는 어땠을까? 이어서 《고-미요 가이드》와 누벨 퀴진의 시대를 돌아보자.

ㅣ 제7장 ㅣ

비평이 열어젖힌 요리의 신시대

—《고-미요 가이드》

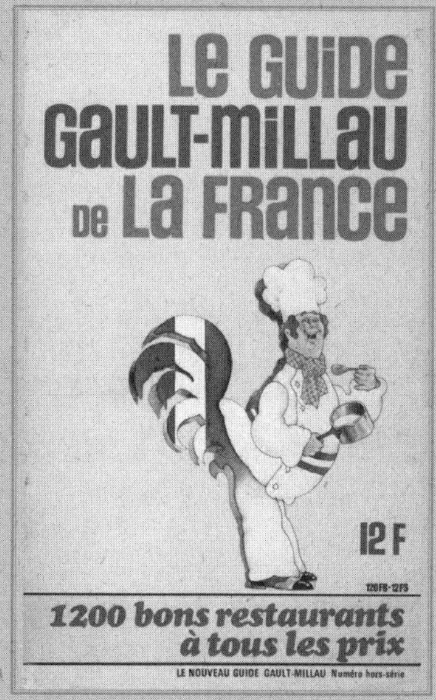

《고-미요 프랑스 가이드》 창간호(1972년 발행)

누벨 퀴진의 시대

20세기 프랑스를 대표하는 요리인 폴 보퀴즈Paul Bocuse의 걸작 요리에 '파이로 감싼 농어구이'가 있다. 바닷가재 무스를 채운 농어를 생선 모양 파이 반죽에 통째로 싸서 구운, 보기에도 호화로운 요리다. 눈 앞에서 상쾌한 손놀림으로 서비스해주는 것도 별 셋 레스토랑에 걸맞은 발상이며 향긋하게 구워진 파이에서 피어오르는 버터의 향기, 파이를 자를 때 나는 파삭한 소리, 새하얀 농어의 몸체 틈으로 엿보이는 담홍색 무스가 코를, 귀를 그리고 눈을 간지럽힌다.

이 걸작 요리에 대해 보퀴즈는 자신의 책 《시장의 요리(퀴진 뒤 마르셰Cuisine du Marche)》(1976)에서 다음과 같이 쓰고 있다. "파이 껍질은 농어의 향이 달아나지 않도록 하기 위해 사용한 것뿐이므로 억지로 먹을 필요는 없다. 무스 역시 생선이 마르지 않도록 확실하게 마무리하기 위해서 넣었을 뿐이므로, 반드시 먹지 않아도 상관없다."

농어를 맛있게 먹기 위한 보조역으로 바닷가재를 사용하다니,

대담하고도 사치스럽다고밖에 할 말이 없다. 그것이야말로 보퀴즈가 기수가 된 '새로운 프랑스요리(누벨 퀴진 프랑세즈)'의 궁극적인 모습이었다. 그때까지의 요리를 뿌리부터 혁신한, 그야말로 요리의 혁명이라고 불러야 마땅할 '누벨 퀴진'이 지향한 것은 최고의 재료를 사용하여 그것이 갖고 있는 맛을 최대한으로 살려내 재료의 본질에 다가서는 요리를 만드는 것이었다. 섬세한 농어의 맛을 얼마나 끌어낼 수 있는가 그것이 지상과제이며, 파이 껍질이나 무스는 단지 그것을 위한 수단에 지나지 않았다.

누벨 퀴진이 요리 분야에서는 과거에 예를 찾아볼 수 없는 붐을 일으킨 것은 벌써 40여 년 전의 일이다. 폴 보퀴즈를 시작으로 미셸 게라르Michel Guérard, 트와그로 형제Jean Troisgros & Pierre Troisgros 등, 참신한 감각으로 요리에 도전한 재능 있는 젊은이들이 혜성처럼 등장하여 새로운 시대의 도래를 선명하고 강렬하게 인상 지었다. 속속 생겨난 주목할 만한 레스토랑이나 신작 요리가 화제를 불러일으키고 시대의 총아가 된 스타 셰프의 얼굴이 잇따라 잡지 표지를 장식했다. 그 영향은 프랑스에 그치지 않고 극동의 일본에 이르기까지 세계 각지에 미쳤다. 이시나베 유타카石鍋裕나 가마타 아키오鎌田昭夫 등, 20세기 후반 일본의 프랑스요리의 발전을 지탱한 많은 요리인들은 이 시기에 프랑스 각지의 레스토랑에서 연수하고 변혁의 한가운데에 몸을 던져 최첨단 요리를 배워왔다.

그런데 1970년대에 한 시대를 풍미한 것이 '새로운' 요리라고 한다면 그것에 대한 '낡은' 요리가 존재했을까? 답은 '그렇다'이

오귀스트 에스코피에

다. 누벨 퀴진은 20세기 초에 거장 오귀스트 에스코피에Georges Auguste Escoffier(1846~1935)가 집대성한 고전적 프랑스요리에 대한, 이른바 앙티 테제였다. 에스코피에는 19세기까지 구축된 프랑스요리의 기법을 대략적으로 계승하면서도 20세기라는 시대의 요청을 딛고 그것을 합리적으로 재구축하고 체계화시켰다. 그 금자탑적 저작인 《요리의 길잡이(기드 퀼리네르Guide Culinaire)》(1903)는 '프랑스요리의 성서'라 일컬어졌다.

얼마 전까지 일본에서도 《요리의 길잡이》는 프랑스요리에 종사하는 요리인의 필독서였다. 21세기를 맞이한 오늘날, 아무래도 조리법은 낡은 느낌이 들지만 프랑스에서는 지금도 판을 거듭하고 있으므로 고전으로서의 가치에 흔들림은 없으리라 생각해도 될 것이다. 이 책에 수록된 레시피는 5,000종이 넘는다. 고전적 요리의 중핵을 이루는 280종 이상의 소스가 기본 소스에서 파생 소스까지 분류되어 총망라되어 있으며 요리도 조리법별, 재료별로 체계적으로 정리되어 있다. 20세기 초까지의 요리기술의 고갱이가 담긴 일대 데이터베이스이므로 이것을 이용하지 않을 사람은 없다. 실제로 2007년에 《미슐랭 가이드》 별 셋을 획득한 야니크 알레노Yannick Alléno처럼 현재 한창 위세를 떨치고 있는 최고의 셰프도 《요리의 길잡이》를 가까이 두고 기술적 확인을 위해 활용하기도 하고 새로운 아이디어의 힌트를 얻기도 한다고 말한다.

에스코피에는 프랑스요리가 일관되게 구축해온 규범의, 이른바 완성자였다. 그의 책을 읽으면 프랑스요리의 모든 것을 알 수 있고 무엇이든 이해할 수 있었다. 호텔왕 세자르 리츠Cesar Ritz와 손잡고 고급 호텔이라는 국제적 무대에서 활약한 그가 기술적 규범을 체계화한 덕분에 프랑스요리의 테크닉 자체가 수출가능한 보편성을 획득했다고 말할 수 있다. 기술적 규범은 프랑스요리를 습득하기 위한 이른바 '문법'이었다.

그러나 절대적인 권위를 인정받은 규범은, 그 때문에 어느 정도 자유를 속박하는 족쇄도 되었다. 에스코피에의 책에는 100종 이상의 곁들이는 음식이 소개되어 있다. 프로방스풍 요리에 곁들이는 음식은 토마토, 부르고뉴풍 요리에 곁들이는 음식은 작은양파 글라세glacé(조림)와 샹피뇽(양송이버섯), 소금에 절인 돼지 삼겹살이라고 정해져 있었다. 당시는 주재료와 그 조리법(로스트, 그리예, 삶기, 찌기 등), 곁들이는 음식, 소스를 어우러지게 함으로써 하나의 요리를 구성하는 것이 일반적이었으므로 에스코피에의 안내를 참조하면 한없이 조합을 늘려갈 수 있었다. 그러나 뒤집어 생각해보면 엄격한 규범에 따르는 한, 자유롭게 놀 수 있는 여지는 없다. 요리인이 창조력을 발휘할 여지가 없는 것이다.

새로운 요리를 불러온 것

에스코피에풍의 옛 요리에 비해서 신세대가 만드는 요리의 키워드는 '가벼움'과 '재료 존중' 그리고 '창조성'이었다. 보퀴즈의 《시장의 요리》 콘셉트는 요리인이 몸소 시장에 가서 발견한 신선한 제철 식재료를 사용해서 그것이 가진 맛을 최대한으로 살린 요리를 만드는 것에 있다. '저장된 식재료를 사용하여 정해진 메뉴를 만드는 것이 아니라 재료가 불러일으키는 발상에 따라 자신이 만들고 싶은 요리를 만든다.' 오늘날에야 당연한 일이지만 당시에는 180도 발상의 전환이었다. "누벨 퀴진, 그것은 무엇보다도 먼저 만드는 셰프 자신이 만들고 싶다고 생각하는 요리다." 그 새로운 요리의 대변인이 된 앙리 고와 크리스티앙 미요는 그렇게 정의했다.

씹은 순간 아삭 하는 소리가 날 정도의 식감이 느껴질 만큼만 삶은 꼬투리 강낭콩이 가진 녹색 채소 본래의 향, 완전히 불에 익혀지기 직전의 아슬아슬한 순간에 마무리한 생선 특유의 감촉과 맛. 그것은 바로 얼마 전까지 프랑스요리에서는 도저히 생각할 수 없는 일이었다. 거기에는 고정관념에 사로잡히지 않고 푸드 프로

세서나 전자레인지 등 첨단기술의 성과도 내 편으로 끌어들이고, 영감靈感에 의지하여 새로운 요리를 개척하려는 창조에의 왕성한 의욕이 넘쳐흐르고 있었다.

누벨 퀴진의 등장에는 당시 상황과 사회의 변화가 깊숙이 관련되어 있다. 1968년의 이른바 5월 혁명은 대학의 관리 강화에 대한 학생들의 반발과 베트남 전쟁에 대한 비판이 맞물려서 대학 점거, 경찰과의 충돌로 발전하고, 노동자도 휘말려서 시위와 파업이 각지로 번져갔다. 이후, 경직된 기성의 질서에 대한 예리한 문제의식이 사회 각 방면에서 높아져서 권위나 규범에 대해 거의 반사적이라고까지 말할 수 있는 반발이 시대의 공기 속에 스며들어 있었다. 요리의 세계도 예외가 아니었다. 그러므로 누벨 퀴진은 그야말로 시대정신이 낳은 요리라고 말할 수 있을 것이다.

한편 과학기술의 발전과 경제성장에 따른 생활수준의 향상, 산업구조의 변화는 사람들의 생활 자체를 송두리째 바꿨다. 일본에서도 쇼와昭和* 30년대 이후, 고도성장기에 들어선 일본에서 세탁기, 냉장고, 전기밥솥 등 가전제품의 등장이 가사노동을 크게 줄이고 일상생활이 두드러지게 변화한 상황과 겹쳐볼 수 있다. 가정에서도 직장에서도 몸을 움직일 기회가 적어진 현대인은 비만을 두려워하고, 맛있는 것을 먹고 싶어 하는 한편 날씬한 몸매도 유지하고 싶다는 딜레마를 안게 되었다. 그러므로 소화를 돕기 위해 조깅이 필요한 요리는 기피하게 되었다.

다 읽을 수 없을 정도의 요리명이 줄줄이 적힌 두툼한 메뉴, 거

* 일본 히로히토裕仁 천황 시대의 연호로 1926년에서 1989년까지이다.

만한 서비스, 큰 접시에 수북하게 담은 요리. 19세기 후반부터 20세기 전반의 프랑스요리를 지탱했던 이름난 고급 레스토랑은 어느 샌가 시대에 뒤떨어지게 되었다. 새로운 라이프 스타일을 즐기는 사람들에게 어울리는, 지금까지와는 다른 요리에의 기대가 높아지고 있었던 것이다.

단, 역사를 돌아보면 새로운 프랑스요리가 제창된 것이 이번이 처음은 아니다. 그렇기는커녕, 프랑스요리의 역사는 '낡은 요리' 대 '새로운 요리'의 지칠 줄 모르는 신구 항쟁의 역사였다고까지 말할 수 있다. 17세기 이후의 요리책을 순서대로 더듬어가보면 1674년에 《향응술L'Art de bien traiter》에서 라 바렌François Pierre de la Varenne(1615~1678)•을 예리하게 비판했던 L. S. R.•• 이래, 동시대 또는 이전 시대의 요리인을 철저히 부정한 위에 어떤 새로운 기축을 내세워 '나야말로 새로운 요리를 맡은 사람이 되리라'고 소리 높여 선언한 요리인이 적지 않다. 낡은 요리라고 몰아붙여진 쪽에서도 철저하게 반론했다. 과격하기까지 한 이러한 대응의 반복이 창조에의 열기를 북돋우고 요리를 진화시킨 원동력이 되었다고 해도 지나친 말은 아닐 것이다.

1970년대의 '누벨 퀴진'이 그 이전의 수많은 '새로운 요리'와 크게 달랐던 것은 일종의 사회현상으로까지 발전하고 단숨에 세계적인 조류가 되었다는 점이다. 그때까지 한 줌의 엘리트층을 위한 고급요리로서 세계에 군림하고 있던 프랑스요리는 일반 서민들이 보기에는 격식에 치우쳐 거북살스러운 오만한 요리였다. 그것이 혁

• 오트 퀴진의 기틀을 다진 셰프로, 프랑스 최초 요리책의 저자
•• 이니셜 외에는 알려지지 않은 신원미상의 저자

신되어 현대인의 라이프 스타일이 된 것으로 재확인되었을 때, 프랑스요리는 새로이 받아들여져 시장은 대도시를 중심으로 세계적으로 확대되었다. 1970년대 이후 일본에서 프랑스요리 전문 레스토랑의 급증과 성공이 그것을 여실히 말해주고 있다.

누벨 퀴진이 그 정도로 영향력을 갖게 된 배경에는 그때까지 아무도 명확하게 포착하지 못했던 그 조류에 일찌감치 이름을 붙여주고, 이론적으로 뒷받침하고, 활자미디어를 이용해서 강력하게 주도한 존재가 있었음을 잊어서는 안 될 것이다. 요리를 만드는 사람도, 단순히 먹는 사람도 아닌, 양자의 다리 역할을 하는 제3의 존재 '비평가'가 그것이었다.

가스트로노미 비평가 앙리 고

누벨 퀴진의 탄생과 진전의 열쇠를 쥔 비평가의 이름은 앙리 고 Henri Gault(1929~2000)다. 동료 크리스티앙 미요Christian Millau(1928~)와 콤비를 이루어 《미슐랭 가이드》와 나란히 언급되는 호텔 · 레스토랑 가이드북 《고-미요 프랑스 가이드》를 창간하여 20세기 후반 프랑스요리의 추이에 막대한 영향을 끼친 카리스마적인 인물이다.

1929년에 태어난 고는 제2차 세계대전 때의 독일에 의한 점령에서 종전까지의 식량난 속에서 소년시대를 보낸, 굶주림을 경험한 세대다. 당시 식탁은 날이면 날마다 루타바가rutabaga* 일색이었다

• 스웨덴 순무

고 한다. 보통 때라면 소의 사료로나 쓰는 채소다. 아주 가끔 손에 들어온 달걀을 어머니가 삶아주었을 때의 가슴 설렘을 후년 "캐비어를 앞에 두었을 때와는 비교할 수도 없었다"라고 고는 절실하게 술회하고 있다.

대학에서 의학과 법률을 공부하는 동안에 입대할 나이가 되었는데, 외과의사였던 아버지를 제2차 세계대전 직전에 잃고 어머니도 전쟁이 끝나고 얼마 지나지 않아 타계했기 때문에 병역을 면제받았다. 그것을 계기로 뭔가를 해보자고 결심, 탐험가가 되거나 그렇지 않으면 사업을 해보려고 영국령 황금해안Gold Coast(현 가나)으로 여행을 떠난다. 결국 탐험가는 포기하고 아크라Accra•에서 월급쟁이 생활을 하다가 마침내 프랑스에 돌아와서 일간지 《파리 프레스Paris Presse》의 스포츠 기자가 되었다.

고가 담당했던 대형 연재가 호평을 얻어서 사장의 눈에 들어 이번에는 여행과 음식에 대한 기사를 쓰라는 말을 들었다. 재빨리 어떤 강변의 여관을 취재하여 소개했는데, 기사가 실린 다음 주에 주인이 몹시 화가 나서 전화를 걸어왔다. 미리 연락도 없이 손님들이 들이닥치는 바람에 순식간에 요리가 다 팔려버려 단골손님들이 화를 내면서 돌아가버렸다는 것이었다. 이리하여 가스트로노미 비평가 앙리 고가 탄생했다. 그가 한마디만 썼다 하면 파리를 날리고 있던 식당에 사람들이 길게 줄을 섰고 손님은 모두 약속이라도 한 듯이 기사에 소개된 요리를 주문하여 새로이 발견한 맛에 빠져들었다. 저널리스트로서 행복한 비명을 질렀다고나 할까, 마치 때리

• 가나의 수도

면 울리듯이 빠른 속도로 돌아오는 반향에 일일이 대처할 수 없을 지경이었다. 물론 그때까지도 음식 관련 저널리스트는 있었지만 나이 든 사람이 많았고 요리 만드는 법을 쓰거나 공짜로 먹여주는 일부 유명 레스토랑을 소개할 뿐이었다. 자기 발로 뛰고 자신의 혀로 발굴한 레스토랑을 자기 나름의 관점에서 논평하는 형식의 기사는 전무했던 것이다.

그 이전의 음식 저널리즘에 대해서는 고 자신이 말하고 있다. 전쟁 중에 점령하고 있던 독일군의 허가를 얻은 신문에서 일하고 있던 저널리스트는 전후의 숙청 결과 일거리가 떨어지고 아무리 유능해도 미술이나 음식 관련 기사밖에 쓸 수 없었다. 전후의 음식 칼럼은 원래 그렇게 연명한 '대독 협력자'의 영역이었다. 그밖에는 시몬 아르벨로, 프랑시스 아뮈나토기, 앙리 클로주브Henry Clos-Jouve 등이 비주류 신문이나 잡지에 기고하고 있었지만, 그들은 비평가라기보다는 요리나 역사 전문가였다. 아무래도 고가 인정한 것은 《르몽드》에 신랄한 비평을 전개했던 석학 로베르 J. 쿠르틴(《라루스 가스트로노믹》 개정판의 편집을 맡은)뿐이었던 것 같다.

그런 이유로 역시 《파리 프레스》 기자였던 미요와 함께 음식 칼럼을 매일 담당하는 한편, 역시 미요와 손잡고 줄리아르 사로부터 추천 레스토랑이나 호텔, 식품점을 소개하는 《줄리아르 가이드 Julliard Guide》를 간행했다. 이것이 생각지도 못하게 팔려서 파리 편 이외에도 코트다쥐르 편, 런던 편, 뉴욕 편 등 14권을 내고 고와 미요도 일약 유명해졌다. 얼마 후 파리 프레스 사가 망했기 때문에 고는 자신이 돈을 대서 잡지를 펴내겠다고 결심했다. 그리하여 1969년 3월에 창간한 것이 월간지《고-미요 누보 가이드》다.

1973년의 누벨 퀴진 선언

《고-미요 누보 가이드》 창간호 첫머리에 실린 사진에는 요리인, 과자장인, 생선가게 주인, 와인상 등에 둘러싸인 고와 미요가 찍혀 있다. 자신의 일을 사랑하는 진정한 장인들과 더불어 삶에 즐거움을 가져다주는 소중한 것을 지키겠다는 메시지가 담겨 있었다. 당시 고가 서른아홉 살, 미요는 마흔 살이었다. 당시의 고는 날렵하고 사나운 이목구비가 인상적이며, 나중에 일본을 방문했을 때 보여준 관록이 몸에 밴, 파이프를 빼끔거리는 호방한 이미지와는 아직 거리가 멀다. 발행의 말에는 "틀에 박힌 방식과 기존의 관념을 배제한다"라는 한 구절이 있다. 그것은 기존의 음식 저널리즘과는 분명하게 선을 긋는 평가와 정보의 제공을 지향하는 두 사람이 던진, 이른바 출사표였다. 숨은 레스토랑과 호텔 소개와 여행과 세계 각국의 먹거리 화제를 편집의 두 축으로 삼고, 건실하기 짝이 없는 《미슐랭 가이드》가 평가를 망설이는 레스토랑이라도 바로 여기다 하고 꽂히면 적극적으로 실어서 칭찬할 점은 칭찬하지만 문제점도 가차 없이 지적하는 것이 기본방침이자 최대의 판매전략이었다.

그 잡지 표지에 '누벨 퀴진 만세'라는 글자가 흐드러지게 박힌

《고-미요 누보 가이드》 1973년 10월호 표지. '누벨 퀴진 만세'라고 씌어 있다.

것은 1973년 10월이었다. 같은 슬로건을 내건 장발의 젊은 요리인이 번쩍번쩍하는 훈장을 늘어뜨린 요리인의 불룩한 배를 밟고 서 있는 일러스트로 시작되는 특집기사는 '가스트로놈 대공' 즉 퀴르농스키를 대변인으로 하는, 세계대전 이전부터 이어져 내려온 고리타분한 프랑스요리와 연을 끊고 요리의 새로운 시대가 도래했음을 소리 높여 선언하고 있었다. "재료가 가진 맛 따위는 아랑곳하지 않고 쓸데없이 세공한 요리가 환영받던 시대, 생선의 신선도에 상관없이 종이처럼 바스락거릴 때까지 익혀대던 시대와는 결별해야 마땅한 때가 왔다. …… 《타임스》의 비평가 양반이 지적하듯이 프랑스요리가 쇠망을 향하고 있다면 그것으로 됐다. 거기에서 다시금 새로운 프랑스요리가 태어나려 하고 있기 때문이다."

'새로운 프랑스요리'가 그때까지의 요리와 정반대 지점에 있음을 나타내기 위해 고와 미요는 기본원칙을 10개 항으로 정리했다. 다음은 모세의 십계가 아니라 '누벨 퀴진 십계'다. 가열시간의 단축, 요리하는 재료의 재발견과 '시장 요리'의 실천, 메뉴 개수 축소, 혁신에 적절히 대응, 첨단기술에 적극적으로 접근, 지비에 gibier(야생새와 들짐승)의 과도한 숙성과 매리네이드의 추방, 진하고 무거운 갈색 소스와 백색 소스로부터의 해방, 식이요법(다이어트)과의 양립, 겉만 번지르르한 장식 회피, 창조성 추구.

출발 시점에서 고와 미요가 자신들이 스스로 짊어져야 할 역할을 명확하게 한 것은 영리했다. 보퀴즈, 트와그로 형제, 애벌랭 Haeberlin, 페로, 게라르, 마니에르, 샤펠Alain Chapel, 심지어 상드랑 Alain Senderens, 밍케리, 바리에Barrier, 베르제, 드라벤 등 누벨 퀴진의 실천자를 전면에 내세우고 자신들은 그들이 지향하는 요리에 형상을 부여하려 하고 있음에 지나지 않는다고 분명하게 천명한 것이다. 비평가가 주역으로 떠받들어지면, 기껏 치솟았던 사기가 외침만으로 끝나고 만다는 점을 꿰뚫어보고 있었던 것이다.

새로운 비평의 출범

공통된 문제의식을 가진 요리인에 의한 새로운 요리의 모색은 1973년 이전부터 시작되고 있었으므로, 명백히 고와 미요는 그것의 발견자에 지나지 않는다. 그러나 그것을 적확한 언어로 정의하고 그 흐름이 지향하는 방향을 먹는 쪽에 알기 쉽게 전달한 의의는 크다. 먹는 쪽에도 새로운 요리에 대한 기대감이 있었으므로 그 센세이셔널한 선언을 계기로 '누벨 퀴진'이라 이름 붙여진 요리의 새로운 조류는 단숨에 사회적으로 인지되었다. 요리의 추세에 미디어가 미치는 영향력은 오늘날에 이르기까지 확대일로를 걷고 있지만 그 힘이 처음으로 강렬하게 인식된 순간이었다. 요리와 가스트로노미 비평에서 신시대의 개막을 알린 고와 미요의 누벨 퀴진 선언에는 무엇 하나 두려워하지 않는 패기만만함이 있었다.

이미 보았듯이 《미슐랭 가이드》는 사람들의 눈길이 지방으로 쏠리기 시작한 시대에 프랑스 전역을 그물눈처럼 뒤덮은 미식지도를 그려냄으로써 프랑스요리의 잠재력을 최대한으로 끌어냈다. 또한 에스코피에가 프랑스요리를 체계화했듯이 《미슐랭 가이드》는 요리의 평가기준을 체계화하여 프랑스요리의 발전과 보급에 이바지했다. 그러나 고정화된 에스코피에의 요리가 차츰 시대와 동떨어져 어느샌가 위화감을 주게 된 것과 마찬가지로 《미슐랭 가이드》의 시스템화한 평가기준으로는 시대의 공기나 사람들의 욕구를 민감하게 모두 포착하지는 못하게 되었다. 일대 권위가 된 이상 《미슐랭 가이드》는 일시적이고 변덕스러운 유행에 좌우될 수도 없었다.

1973년 여름, 경직화된 프랑스요리에 철퇴를 내리친 것은 바다 건너편 미국과 영국의 미디어였다. 앞에서 인용한 《고-미요 누보 가이드》 특집기사에 있는 《타임스》 운운하는 대목은 그것을 가리킨다. 새로운 레스토랑부터 온 세상에 알려진 전통 있는 레스토랑까지, 시대에 뒤떨어진 무거운 프랑스요리는 창조력이라곤 한 조각도 없다는 것이었다. 고와 미요의 누벨 퀴진 선언은 그런 비평에 대한 프랑스 측의 반론이자 태동하기 시작한 새로운 프랑스요리를 옹호하는 마니페스토(성명서)였다. 고와 미요는 어느샌가 조금씩 창조력을 잃고 시대의 발걸음에 뒤처진 구태의연한 프랑스요리의 한계를 솔직하게 인정하고 혁신해야 마땅한 점을 제시하고 몸소 선두에 서서 활로를 열어젖히려 했던 것이다.

그들은 고리타분한 주방의 속박으로부터 자유로운 요리인의 출현을 주변에서 보고 있었다. 그동안에 〈보퀴즈〉나 〈애벌랭〉, 〈트와그로〉, 〈우티에Outhier〉 등은 이미 별 셋에 빛나고 있었지만 재능을 알릴 방법이 없는 요리인도 많았다. 그렇게 되면 마니페스토만으로는 불충분하며 유능한 신인에게 스포트라이트를 비춰줄 장이 필요했다. 고와 미요가 그 전 해(1972년)에 창간한 《고-미요 프랑스 가이드》가 그야말로 그런 무대가 되었다.

《미슐랭 가이드》에 도전하다

다음은 《고-미요 프랑스 가이드》(이하 《고-미요》) 창간호 머리말이다. "모두가 기대하고 우리의 오랜 꿈이기도 했던 프랑스 가이드를 여기에 내놓는다. 우리가 '객관성'과 완벽함을 추구했다고 한다면 그것은 무모한, 아니 광기의 사태, 또는 사기에 불과할 것이다. 보시다시피, 기존의 이름 높고 야심 찬 가이드북과의 차이는 편집적이라고 할 정도로 객관성과 망라성을 무시했다는 점이다. 우리는 프랑스의 주요 레스토랑을 모조리 소개하고 그것을 비평할 생각은 없다. 단지 우리 나름대로 프랑스 레스토랑을 소개할 뿐이다. …… 복면탐정도 없고 타이어회사의 주재원도 없으며 우리의 선택을 결정하는 것은 우리 자신이다. 그러므로 우리와 취향이 맞는 사람이 따라오면 된다."

이것이 권위 있는 '레드 가이드'에 대한 도전장이 아니면 무엇이겠는가? 객관성 따위는 깡그리 무시하고 자신들 마음에 드는 레스토랑을 소개하겠다고 당당히 밝히고 있다. 평가기준은 엄격하지만 자신들이 인정한 곳을 소개하는 것이 목적이므로 일부러 맛없는 레스토랑을 실어서 헐뜯지는 않았다. 다음 해부터 20점 만점으로 채점하게 되는데, 창간호는 요리사 모자의 개수만으로 레벨을 표시하고 상위부터 빨간 모자 셋, 검정 모자 셋, 빨간 모자 둘, 검정 모자 둘, 검정 모자 하나, 모자 없음 등 여섯 단계로 나뉘어 있었다. 모자 도장은 어디까지나 요리의 품질과 세련됨의 평가이고 레스토랑의 호화로움이나 쾌적함은 다른 도장으로 표시했다. 창간호에 실린 레스토랑은 1,200곳이며 빨간 모자 셋을 획득한 곳은 〈보퀴즈〉, 〈애벌랭〉, 〈트와그로〉 세 곳이었다.

마을 이름을 알파벳 순서대로 차례를 세우고, 레스토랑과 호텔의 이름을 실은 것은 《미슐랭 가이드》와 같은 방식이다. 그러나 기호와 약자로 표시한 기초정보에 더해서 반드시 코멘트가 붙어 있었다. 책의 평판은 아주 좋아서 이내 쇄를 거듭했으며 다음 해에는 판형도 커지고 소개하는 레스토랑 수도 1,600곳 이상으로 늘었다. 처음에는 기호로 미처 다 표시하지 못했던 정보나 뉘앙스를 보충하는 정도의 간단한 코멘트가 달렸으나 이윽고 기나긴 코멘트도 등장하게 되었다.

1973년판 〈트와그로〉(모자 셋, 19점)에 대한 코멘트를 읽어보자. "트와그로 형제가 세계에서 손꼽히는 요리사임은 진작부터 알고 있었지만 나흘 동안 함께 주방에 들어가보니 절로 고개가 끄덕여졌다. 식재료를 구입할 때에도 다른 사람보다 몇 배는 엄격하고, 요리나 소스를 내놓기 직전에 마무리한다는 지극히 단순한 비결이 있었다. 그것에 천부적인 재능이 더해지면, 그다지 호화롭지 않은 이 레스토랑이 전세계의 손님을 끌어들이는 것도 수긍이 간다." 1976년, 모자 넷(모자 넷이 최고가 되었다), 19점을 매긴 알랭 샤펠에 대한 코멘트에서는 "닭의 백간(지방간)으로 만든 가토gâteau(케이크)가 어찌나 맛있던지 나도 모르게 눈물이 나올 것 같았다"라고 감격을 드러내고 있다. 그렇게까지 씌어 있다면 리옹 근교의 미오네Mionnay까지 먹으러 가지 않을 수가 없다. 이제 사람들에게 여행을 하게 하는 것은 별의 힘이 아니라 그들의 펜의 힘이었다. 《고-미요》가 무엇에 가치를 두고 평가했는지는 일목요연했으므로, 초판 머리말에 있듯이 독자들의 가치관이 일치하면 그것으로 족하고, 그렇지 않다면 평가에 따르지 않으면 그뿐이었다.

그들이 제시한 명확한 가치관은 손님을 이끌었을 뿐만 아니라 요리인들의 요리관에도 커다란 영향을 끼쳐, 누벨 퀴진의 흐름에 가담하는 이들이 속속 나타났다. 이리하여 《고-미요》는 단지 레스토랑의 좋고 나쁨의 평가를 넘어 프랑스요리 전체의 방향성을 좌우하게까지 되어 사회적 영향력에서 《미슐랭 가이드》와 어깨를 나란히 하게 되었다. 이후로 한동안 양대 라이벌의 평가에서 눈을 뗄 수 없는 시대가 이어진 것이다.

주관적 평가를 표방하는 《고-미요》는 물어뜯는 듯한, 도발적이라고도 할 수 있는 비평을 전개했다. 누벨 퀴진의 기수라 일컬어졌던 폴 보퀴즈가 어느덧 최첨단이 아니게 되었을 때에는 그 평가를 둘러싸고 거장과의 사이에 긴장관계가 생겼지만 기지가 풍부하고 신랄하고 비아냥이 가능한 양쪽의 응수가 많은 사람들을 즐겁게 했다. 상대방인 보퀴즈 역시 누구보다도 빨리 미디어의 힘을 최대한으로 이용했을 정도이니, 저널리스트와 옥신각신하며 화제에 오르는 것쯤이야 아프지도 가렵지도 않았다.

원래 최첨단에 서 있던 이가 어느샌가 낡게 되는 것은 세상의 상식이다. 그래서 《고-미요》가 짜낸 고육책은 같은 척도로는 채 측정할 수 없는 요리를 각각 따로 평가하는 것이었다. 빨간 모자를 창의성이 풍부한 요리, 검정 모자를 전통적 요리로 구별한 1983년에 보퀴즈는 검정 모자가 된다. 더욱 시간이 흘러 제왕 보퀴즈의 이름에 걸맞은 점수를 계속 매기기가 힘들어지는 사태를 우려했는지 《고-미요》는 대담한 행동을 취한다. 카리스마에게는 채점 불가능이라며, 보퀴즈의 점수를 매기는 것을 포기했다. '무슈 프랑스요리'는 언터처블이라는 것이었다.

《고-미요》, 창의적인 요리의 거점

한 시대를 풍미한 누벨 퀴진 덕분에 프랑스요리는 되살아났다. 그러나 고와 미요가 내세운 십계의 본질을 이해하지 못하고 단지 기발한 생각만 해낸다거나 형태만 모방한 가짜 요리를 만드는 요리인도 적지 않았다. 누벨 퀴진의 세례를 받은 일본에서 한때 어떤 레스토랑을 가도 키위 소스나 딸기 소스를 뿌린 생선과 조개 샐러드가 나왔던 기억이 난다. 새로운 것, 독창적인 것을 지향해서 출발했지만 여기저기서 복제가 출현한 결과 누벨 퀴진은 독창성을 잃고 사람들의 열기도 급속히 식어갔다.

1983년에 《고-미요》가 창의성이 풍부한 요리에 빨간 모자를 부여하기로 한 것도 다음 세대를 짊어질 진정 창조적인 요리인을 발굴하고 싶다는 절실한 마음을 드러낸 것이리라. 실제로 1986년에 《고-미요》가 '올해 최고의 요리인'으로 선택하고 빨간 모자 넷인 19점으로 승격시킨 미셸 브라, 피에르 가니에르Pierre Gagnaire, 베르나르 루아조Bernard Loiseau는 기존의 어떤 유파에도 속하지 않는 독특한 요리를 만드는 사람들이었다. 혼자서 요리를 공부한 브라는 들판의 채소를 활용한 요리로 독자적인 경지를 열어젖혔고, 가니에르는 수북이 쌓아올린다는 상식을 깨고 접시 가장자리까지 사용해서 그림을 그리는 듯한 스타일리시한 요리를 만들어냈으며, 루아조는 육수를 사용하지 않은 물의 요리•로 일약 이름을 날렸다.

누벨 퀴진은 일회성 사태로 끝났지만 그 요리의 혁명을 경험함으로써 어떤 대담한 시도나 발상의 전환도 용서되는 토양이 만들어진 것은 참으로 커다란 의의를 갖는다. 《고-미요》의 공적은 몇 가지를 들 수 있다. 누벨 퀴진의 주도적 거점이 되어 새로운 요리의 조류를 만들어낸 것이 하나이다. 또한 누벨 퀴진이 예상 밖으로 일찍 쇠퇴한 다음에도 포스트 누벨 퀴진의 담당자가 될 새로운 재능을 의욕적으로 발굴했다. 지금이야 누벨 퀴진 같은 조류가 있지도 않고, 브라나 가니에르가 그랬듯이 요리인들이 지향하는 방향은 각자 다르며 때로는 전위적이기까지 하다. 평가의 열쇠는 그런 번뜩이는 재능을 알아차리고 감성에 공명할 수 있을지 어떨지가 쥐고 있었다. 《미슐랭 가이드》와 같은 시스템화된 평가기준으로는 감성을 평가하기가 어려웠다.

전위적인 것이 일반에게 받아들여지는 데에는 시간이 필요하다. 1986년에 《고-미요》가 스포트라이트를 비춘 세 사람이 미슐랭의 별 셋을 획득한 것은 루아조가 1991년, 가니에르가 1993년, 브라는 1999년으로 시간차가 있다. 보수파인 《미슐랭 가이드》 대 혁신파인 《고-미요 가이드》라는 구도가 완성되어 있을 때이다. 독자들은 《고-미요》가 발굴한 신인 정보에 몰려들면서도 혹시나 하는 마음에 《미슐랭 가이드》로 실력을 확인하는 전략을 구사했다. 양쪽이

• 부르고뉴에 눌러앉은 이유가 바로 수질 때문이라고 할 정도로 루아조는 '물의 맛'에 까다로웠던 셰프로 유명하다.

경합하고 서로 보완함으로써 사람들의 관심을 높이고 결과적으로 레스토랑업계를 활성화시키는 역할을 해낸 것이다.

고와 미요의 분석적인 관점은 접시에 담긴 요리에만 머물지 않았다. 그것을 만들어내는 사람에게도 관심을 기울여 요리에 대한 사고방식이나 그들의 삶을 저널리스틱하게 그려낸 것이다. 그 결과, 독자의 관심도 요리를 넘어 요리인에게 미쳐, 요리인에게 장인의 측면만이 아니라 요리를 통해 자기를 표현하는 예술가적인 측면도 있음을 알게 되었다. 그런 의미에서 요리인의 일에 보다 깊은 이해를 촉구했다고 말할 수 있을 것이다.

또한 그들이 요리를 보는 관점은 지금까지 무의식적으로 먹고 있던 한 사람 한 사람의 먹는 쪽에게도 자기 나름대로 요리를 보는 관점을 갖게 했다. 말하자면, 모두가 비평가적인 눈을 갖게 된 것인데, 여기에는 부정적인 측면도 있다. 예를 들면 가이드북이 깊이 뿌리박고 있지 못한 일본의 경우, 레스토랑을 다루는 블로그가 많아진 것이 먹는 쪽에 비평적인 관점을 촉구하는 데 한몫했다. 문제는 과연 그것이 비평의 수준에 이르러 있는지, 단지 좋고 싫음을 비평과 착각하고 있는 건 아닌지 알 수 없다는 점이다. 지금은 인터넷상의 정보가 인쇄미디어 이상의 영향력을 갖는다는 것만으로도 주의할 필요가 있을 것이다.

오늘날 손님은, 요리는 물론이고 요리인의 생각이나 삶에 대한 정보까지 뭉뚱그려서 레스토랑을 즐기고 있다. 그러므로 가이드북 등의 미디어를 제쳐두고 레스토랑업을 말할 수는 없다. 그런 미디어 시대 최초의 스타가 보퀴즈였다. 보퀴즈를 시작으로, 누벨 퀴진 요리인의 대다수는 고용된 셰프가 아니라 오너였으므로 손님 앞에 적극적으로 모습을 드러냈다. 레스토랑 홀에 보퀴즈가 등장하여 사진으로밖에 본 적이 없는 이미지가 현실화되었을 때, 드디어 레스토랑 〈보퀴즈〉의 식사가 완결되는 것이다. 물론 주방에만 머무는 요리인도 있었지만 더 이상 미디어를 무시할 수 없는 시대가 찾아오고 있었다.

20세기 프랑스요리의 발전은 가이드북에 빚진 부분이 많았음이 틀림없다. 그러나 다시금 세기의 전환점이 찾아왔을 때 가이드북에도 그리고 프랑스요리에도 시련이 닥쳐온다.

| 제8장 |

새로운 요리와 가스트로노미를 찾아서

《아피키우스》 프랑스어판 창간호(2007년 11월 발행)

프랑스요리 위기일발

2003년 8월, "혁신적 요리인의 배출과 대두가 두드러지는 스페인요리에 비해서 과거의 영광에 안주하는 프랑스요리는 쇠약해져만 가고 있다. 요리 분야에서 프랑스의 창조력은 이젠 고갈되었다"라는 취지의 기사가 《뉴욕 타임스》에 실렸을 때, 프랑스요리계는 충격에 빠지고 소란스러운 분위기에 휩싸였다. 1973년 영미 쪽으로부터 프랑스요리 비판이 흘러나온 지 30년이 지나 악몽이 되살아난 것 같았다.

그냥 흘려들을 수 없는 생트집이라며 프랑스 측에서는 소리 높여 반론이 이어졌다. 요리업계를 향한 적극적인 제언으로 주목받는 물리화학자 에르베 티스Hervé This(1955~)가 포문을 열었다. "문제는 창조성을 어떻게 포착할 것인가이다. 아무래도 자동차 산업이나 IT 산업처럼 요리에도 혁신이 필요하다고 생각하고 있는 것 같다. …… 그러나 요리는 무엇보다 먼저 예술이며, 진보라는 생각은 예술과는 서로 용납할 수 없다. …… 불레즈Pierre Boulez•가 모차

• 프랑스의 작곡가 · 지휘자. 현대음악의 거장

르트보다 창조적이라고 말한다면 틀렸다. 모차르트가 어디까지나 모차르트이듯이, 불레즈는 불레즈일 수밖에 없다."

뒤에서 밝히듯이, 티스는 《뉴욕 타임스》가 칭찬한 스페인의 혁신적 요리인들을 이론적으로 지지하는 입장에 있다. 그러나 앞의 발언은 무엇보다 요리를 예술이라고 생각하는 데에서 비롯된 것이었다. 티스의 주장에도 일리가 있지만, 지금까지 본 적이 없는 에스푸마Espuma(거품) 요리로 세계를 감탄케 한 레스토랑 〈엘 불리El Bulli〉의 페란 아드리아Ferran Adrià i Acosta에 이어서 독창적인 요리를 만드는 젊은이가 속속 스페인에서 출현한 것은 사실이며, 이제 전 세계 요리인의 뜨거운 시선은 프랑스가 아니라 스페인으로 향하고 있었다.

과거 몇 백 년 동안이나 가스트로노미 세계에서 군림해온 프랑스의 왕좌를 노리는 이가 21세기를 맞아 나타날 줄을, 감히 누가 예상이나 했을까? 다른 누구보다도 프랑스인 자신들이 그 유례없는 사태에 경악하고 과격한 반응을 보였다. 프랑스인에게 요리란 자신들의 정체성을 구성하는 기본적인 요소이자 고도로 세련된 문화의 상징이므로 프랑스요리가 빛을 잃는 것은 말하자면 정체성의 위기를 의미했다. 요리의 결점을 지적당한 것은 패션 센스를 비난받는 것보다도, 프랑스 자동차가 뒤에서 손가락질 당하는 것보다도 그들의 자존심에 더 깊은 생채기를 냈다.

프랑스요리의 '쇠락'은 지나친 말이라 해도 '침체'를 부른 원인은 무엇일까? 누벨 퀴진은 창조적인 요리를 만들 가능성을 열었지만 새로운 요리가 진부해지는 데에 시간이 걸리지 않는다는 것은 그것이 쇠약해진 속도가 고스란히 보여주고 있다. 애시당초 하늘 아래 완전히 새로운 요리가 세상에 있겠는가.

페란 아드리아가 낳은 걸작 요리 가운데 하나에 냉동분말로 만든 푸아그라에 뜨거운 콩소메를 부어서 먹는 것이 있다. 푸아그라 하면 찐득하고 끈적하게 부드러운 감촉밖에 몰랐던 손님은, 사르르 차가운 그 푸아그라의 감촉과 녹아감에 따라 피어오르는 향기에 허를 찔렸다. 단, 아무리 감촉이 혁신적이라도 콩소메와 푸아그라의 조합 자체는 에스코피에의 《요리의 길잡이》에도 나와 있으며 아드리아는 그것을 초현대적으로 변화시킨 것에 지나지 않는다. 티스의 지적대로 아드리아의 요리를 진보로 보아야 마땅하지 어떨지는 의문이지만, 콩소메와 푸아그라의 조합 가능성을 넓혔다는 의미에서 독창적이기도 하며 먹거리의 감촉에 대한 고정관념을 역이용하여 먹는 쪽에게 놀라움을 주는 그의 요리는 독자적인 표현 세계를 갖는다.

창조적인 요리란 지금까지 세상에 존재하지 않았던 요리가 아니라 진정 개성적인 자신만의 스타일을 갖는 요리일 것이다. 프랑스의 루아조나 가니에르, 브라 등의 요리인도 독자적인 세계를 갖고 있었다. 그러나 재능을 뽐내는 하나의 요리를 만드는 것은 가능하지만 자신만의 스타일을 확립하는 것은 쉽지는 않으므로, 그들을 잇는 진정한 개성은 좀처럼 나타나지 않았다. 이리하여 프랑스요리는 창조성의 미로를 헤매게 되었다.

기로에 선 가이드북

새로운 재능의 발굴을 간판으로 내세운 《고-미요》에도 그런 프랑스요리의 비틀거림이 그대로 반영되었다. 1999년판에서는 기존 '전통파'와 '혁신파' 요리의 유형별 구분을 포기하고 인생의 특정한 시기를 축하하는 데에 걸맞은 국제적 그랑 메종Grande Maison, 일상적으로 찾아가는 고급 레스토랑, 동료와 즐기는 캐주얼한 비스트로 등 세 가지로 분류를 변경했다. 때와 장소와 목적에 맞춰서 레스토랑을 분류하기에는 편리하지만 이렇게 되면 각 레스토랑의 요리 어디를 평가했는지 알 수 없다. 이처럼 판단기준을 모호하게 함으로써 마침내 주관적 평가라는 깃발을 내리고 만 것이다. 게다가 1985년에 앙리 고가 미요와 결별하고 가이드북을 떠났다. 앙리 고라는 강렬한 개성을 잃고 온건해진 《고-미요》의 평가 임팩트는 차츰 희미해져갔다. 2010년판에서는 점수도 폐지하고 5개부터 1개까지 요리사 모자로만 평가를 하고 있다.

한편 《미슐랭 가이드》에도 시련이 찾아왔다. 이미 말한, 2003년 2월 24일에 루아조가 사냥총으로 자살한 사건이다. 그해에 루아조의 레스토랑 〈코트 도르〉는 이미 《고-미요》 평가가 19점에서 17점으로 떨어져 있었고 《미슐랭 가이드》 발매 직전에 일어난 사건이었다는 점 때문에 별 둘로의 강등 소문에 속앓이를 한 것이 원인이라는 억측이 시끄러웠다. 경영상의 문제도 안고 있었던 것 같다. 진상은 알 수가 없지만, 예전에 쓰지초 그룹 학교의 초청으로 일본에

왔을 때에 그가 했던 말이 기억난다. 1983년 당시, 서른두 살의 그는 이제 막 별 둘을 획득한 참이었다. "나는 별 셋을 딸 때까지는 단 하루도 쉴 생각이 없다. 레스토랑이 쉬는 날에는 페인트를 칠하거나 실내를 더 멋지게 만들려고 생각하면 얼마든지 할 일이 있기 때문이다"라고 말하는 눈이 반짝반짝 빛나고 있었다. 숙원이었던 별 셋을 딴 것은 그로부터 8년 뒤였다.

절대적인 영향력을 가진 《미슐랭 가이드》에서 별 셋으로 승격되면 어떤 일이 일어날까? 그 순간부터 끊임없이 예약전화가 울려대고 매출은 2배, 3배로 늘어난다고 한다. 공정하고 엄정한 평가가 대원칙이며 《고-미요》와 같은 주관성을 갖고 있지 않은 《미슐랭 가이드》는 강등도 가차 없이 행한다. 그렇게 되면 당연히 손님 감소와 매출 감소는 피할 수 없다. 이 책 앞부분에서 소개한 레스토랑 〈픽〉의 안느 소피 픽도 별 둘로 강등되었을 때에는 정신적 타격과 더불어 경영부진이라는 곤란에 직면했을 터였다. 레스토랑 경영이나 사람의 인생까지 좌우하는 평가가 정말로 올바르게 행해지고 있는지에 대해 회의의 목소리가 솟구쳐 올랐다.

네줄랑의 후임인 영국인 데릭 브라운Derek Brown이 2001년부터 《미슐랭 가이드》 편집장을 맡고 있었는데, 사태가 이렇게 흘러가자 평가가 어느 정도 어정쩡해졌다고 해도 어쩔 수 없을 것이다. 《미슐랭 가이드》가 기 사부아Guy Savoy나 미셸 트라마Michel Trama처럼 오랫동안 별 둘에 그치고 있던 셰프를 새삼스럽게 별 셋으로 승격시키자 반대의 논란이 일었다. 도대체 무엇이 별 둘과 별 셋을 나누는지, 왜 그때까지 별 셋이 아니었는지 의문을 불러일으킨 것이다. 압도적인 실력과 개성을 가진 샛별이 등장하지 않아서 그렇게 되었다고 한다면, 평가 시스템 자체가 완전히 벽에 부딪친 상태가 된다. 《고-미요》뿐만 아니라 《미슐랭 가이드》도 어느 정도는 스타 시스템에 빚진 부분이 있었기 때문이다.

신생 《미슐랭 가이드》의 세계전략

《미슐랭 가이드》는 기사회생의 묘수로 정년퇴직하는 브라운을 대신해 장 뤽 나레Jean-Luc Naret를 편집장으로 발탁했다. 43세라는 젊음에 더해, 오리엔트 특급열차의 지배인으로 시작해서 외국의 호텔을 섭렵해온 비즈니스 수완과 넓은 시야가 높이 평가되었으리라.

앞에서 말한 대로 나레는 기대에 부응해 청신한 바람을 요구하는 독자의 욕구를 읽어내고, 2007년 프랑스 편에서는 파스칼 발보Pascal Barbot, 야니크 알레노, 안느 소피 픽 등 젊은 요리인을 적극적으로 평가했다. 그 가운데 발보의 〈아스트랑스Astrance〉는 좌석이 25석밖에 안 되는 비좁은 가게로, 종래의 별 셋 레스토랑에 요구되었던 호화로운 규모와는 동떨어져 있다. 모든 면의 완벽함에서 접시에 담긴 내용물 중심으로 평가기준을 바꾼 것은, 이제는 거액투자 없이는 불가능해진 별 셋 비즈니스 방식이 유능한 젊은이의 부상을 가로막고 있는 것에 대한 한 가지 대책이었다. 다른 한편으로 나레는 자국 중심의 전통적 가치관에 토대해서 《미슐랭 가이드》가 그려온 미식의 구도를 세계적인 시야에서 전략적으로 수정했다. 그것은 100년에 걸쳐서 키워온 평가 노하우를 해외에 적용하겠다는 과감한 전략이었다. 프랑스요리가 세계에 진출했듯이 이번에는 미슐랭 기준의 미식평가로 세계에 나서겠다는 것이다.

《미슐랭 가이드》 유럽 각국 편은 이탈리아 편이든 독일 편이든, 프랑스요리에 가까운 요리, 또는 프랑스요리와 가치관을 공유하는 요리를 내는 레스토랑을 별 셋으로 선택해왔다. 그러나 나레는 프랑스적인 요리만이 아니라 그 나라의 미식 전체를 미슐랭의 평가 시스템으로 측정하는 것을 구상했다. 그리고 북미에서의 예행연습을 거쳐 음식문화가 크게 다른 아시아에 진출한 것이었다. 뉴욕 편, 샌프란시스코 편, 도쿄 편, 홍콩 · 마카오 편 등에서는 프랑스요리 전문점이 아닌 레스토랑에서도 별 셋이 태어났고, 도쿄 편(2010년판)에 이르러서는 별 셋을 획득한 11곳의 가게 가운데 일본요리(회를 포함) 전문점이 8곳을 차지하고 있다. 《미슐랭 가이드》는 이리하여 미식의 스타를 키워내는 토양을 널리 세계에 확보했다.

2007년에 도쿄 편이 창간되었을 때 그 평가가 물의를 일으켰던 것이 기억에 새롭다. 그리고 교토 · 오사카 편이 나왔을 때도 똑같은 일이 되풀이되었다. 프랑스요리가 세계에서 으뜸가는 요리라는 것은 인정하지만, 그렇다고 해서 프랑스의 평가기준을 전세계의 요리에 적용시킬 수 있을까? 《미슐랭 가이드》의 평가 시스템은 분명 세련되었지만, 그들이 근거로 삼고 있는 명확한 가치기준을 일본요리에 대해서도 갖고 있을까? 요리를 문화로 보는 프랑스이니만큼, 배경에 있는 역사나 전통을 알지 못하면 요리를 이해할 수 없다는 것은 분명히 알고 있겠지만 과연 심사원이 그 정도의 수준에 이르러 있을까?

맥도널드로 상징되는 글로벌리즘이나 획일화된 가치관의 압박에 격렬하게 저항해온 프랑스이지만, 한편으로 패션을 필두로 고급품 시장에서는 일찍부터 세계에 진출하고 있다. 로뷔숑이나 뒤카스, 가니에르가 미국이나 아시아 각지에 레스토랑을 내고 있는 것은 고급 브랜드의 교묘한 세계전략의 한 예다. 프랑스에 대한 동경이 강한 일본인은 패션 분야에서도 미식 분야에서도 오히려 그 진출을 환영해서, 일본은 그런 글로벌 전략의 중요 거점이 되기까지 했다. 그런 일본에서도 역시나 미식평가의 글로벌화에 대한 거부감은 강해서, '프랑스인이 일본요리를 알겠는가'라는 것이 대부분의 반응이었다.

그러나 입장을 바꾸어서, 일본요리를 평가하는 명확한 기준이나 방법론이 우리들(일본인) 자신에게 있느냐 하면 그것도 참으로 미덥지 않다. 지나가다 우연히 들어온 손님은 거부하는 요정에서부터 정통 고급요리, 회, 메밀국수, 튀김 등의 전문점에 이르기까지 다양한 업종과 업태를 포괄하는 일본요리를 어떻게 평가할 것인가. 일본요리의 가치기준을 어디에 두어야 할 것인가, 《미슐랭 가이드》의 평가를 계기로 진지하게 생각해보아야 마땅한 문제일지도 모르겠다. 가스트로노미 비평이 확립되어 있지 않은 일본의 현 상황에 돌 하나를 던졌다는 의미에서도 그리고 요식업계에 대한 사회적 관심을 일깨우고 요리인에게 높은 동기를 부여했다는 의미에서도, 《미슐랭 가이드》의 일본 상륙은 마땅히 환영해야 할 일이라고 할 수 있다.

다만 유감스러운 것은 《미슐랭 가이드》가 출발한 시점에 당연히 자신의 사명으로 삼았어야 할, 지방에 대한 관심과 망라성이 미국과 아시아의 도시 편 가이드북에서는 사라져버렸다는 점이다. 미슐랭에 의존하지 않고 우리 자신이 생각해야 할 일이긴 하지만, 토지의 산물이나 전통을 소중히 하는 요리인이 늘어나고 있는 현재, 미식의 고향과 관광을 연관시켜 소개하는 가이드북이 일본에서 생긴다면 얼마나 좋을까? 도쿄 편과 교토 · 오사카 편의 경우, 별점이 매겨진 음식점밖에 실려 있지 않기 때문에 거기에 사는 사람들이 일상적으로 이용할 수 있는 가이드북이 되지 않은 점도 유감스럽다. 세월과 더불어 정보가 더욱 충실하게 확대되리라 기대해본다.

과학자가 선도하는 가스트로노미 비평

《뉴욕 타임스》의 프랑스요리 비판에 대한 반론의 선봉에 섰던 이가 에르베 티스였다는 것은 앞에서 말했다. 국립농업연구소에 적을 둔 물리화학자로, 어릴 때부터 요리에 대단히 흥미를 가졌다는 티스는, 과거의 요리책들을 섭렵하고 조리 과정을 과학적으로 검증하여 경험칙에 토대한 현장 지식의 오류를 바로잡아갔다. 그런 요리에의 과학적 접근을 '분자 가스트로노미'라고 이름 붙인 그는 식품 산업 종사자나 조리사 교육기관의 교원, 요리인을 대상으로 강의를 하는 등, 왕성하게 계몽활동을 벌이고 있다.

분자 가스트로노미는 요리인의 과학적 이해를 깊게 하고, 예전의 조리법을 개선할 수 있게끔 했을 뿐만 아니라 물질이 변화하는 구조에 눈을 뜨게 함으로써 그 구조를 이용하여 새로운 요리를 생각해내는 것도 가능케 했다. 페란 아드리아의 〈엘 불리〉 등의 요리에 이론적 기반을 제공하여 새로운 요리의 조류를 지탱하는 중요한 역할을 했다고 말할 수 있다. 이제 페란 아드리아나 영국의 헤스턴 블루멘털Heston Blumenthal 등의 요리인은 과학자와 협력하여 창작활동을 하고 있다. 티스 자신도 피에르 가니에르의 화학에서 발상한 요리의 창작에 협력하고 웹사이트에 성과를 발표하고 있다.

티스가 독특한 것은 여기서부터다. 그는 요리를 과정별로 분해해서 화학적으로 분석, 해설하는 것만으로는 만족하지 않는다. 가니에르와 함께 쓴 책《요리, 그것은 사랑, 예술, 기술La Cuisine : C'est de l'amour, de l'art, de la technique》 머리말에서 그는 이렇게 쓰고 있다. "어떻게 하면 눈앞에 있는 요리를 올바르게 판단하고, 좋고 싫음이 아닌 평가가 가능할 것인가. 친구 피에르 가니에르와 날이면 날마다 토론을 벌이면서 '분자 가스트로노미'라고 이름 붙인 연구를 지치지도 않고 계속해왔다. 그리하여 알게 된 것은, 미식의 세계가 명확한 판단기준을 지금 당장에 필요로 하고 있다는 것이다. ……"

그러기 위해서 그는 요리를 '미'의 실현, 말하자면 예술로 포착하고 평가하려 한다. 미학을 수용하여 회화나 음악, 문학처럼 요리를 이야기하고 미학적 가치관으로 요리를 측정한다. 요리를 올바르게 판단하고 평가하기 위해서 '요리의 미학'을 확립하려는 그의 시도는 야심적이며, 미학적 견지에서 프랑스요리의 역사를 되돌아보는 관점은 지적 호기심을 자극한다. 하지만 '요리가 과연 예술인가'에 대해서는 논쟁의 여지가 있을 것이다. 공저자인 가니에르 자신, 스스로를 예술가라 칭하고 자신이 생각한 요리를 예술이라 부르는 것에의 망설임을 솔직하게 털어놓고 있다. 요리를 예술의 영역으로 높이는 것에 정열을 쏟았던 카렘 이후, 위대한 요리인은 어딘지 예술성을 지향한 부분이 있었다. 먹는 쪽도 예술성이 느껴지는 요리를 높이 평가한다. 그러므로 요리에는 예술적 측면이 있다고 보는 정도가 타당하지 않을까? 미학적 가치관으로 요리를 평가한다는 티스의 방법론을 지금 시점에서 여러 사람이 공유하기는 힘들 것 같다.

일본에서는 과학자가 요리나 요식업계에 진심으로 몰두하는 일은 흔치 않다. 티스와 같이 상아탑에 갇히지 않고 현장으로 눈을 돌려 요리가 갖고 있어야 할 모습에 대해 사회를 향해 적극적으로 발언하는 것은 높이 평가할 수 있다. 미학을 말하는 '변종' 과학자가 출현할 수 있는 프랑스의 넓은 포용력이 오히려 부러워지기도 한다. 그러나 프랑스요리의 위기가 외쳐지던 때에 새로운 길을 제시하는 역할을 과학자가 떠맡고 있는 것에는 조금 문제의 여지도 있다. 만드는 쪽과 먹는 쪽을 이어주어야 할 비평가, 문제의 본질을 분석해서 전달해야 할 저널리스트는 어떻게 된 것일까?

프랑스에는 미슐랭과 고-미요 이외의 가이드북도 많이 있고 신문의 가스트로노미 꼭지를 담당하는 음식 저널리스트도 적지 않다. 그러나 루아조 충격 이후 비평가들 스스로에게 약간의 망설임이 생겨났다는 점은 부정할 수 없다. 어찌 되었든 1968년 5월 혁명이라는 '정치의 계절'을 살았던 고와 미요처럼 사회에 대해서 선명하고 강렬한 메시지를 던지는 존재는 아무래도 쉽게 눈에 띄지 않을 것 같다.

스페인에서 온 요리와 비평의 새로운 조류

21세기 요리의 조류를 스스로 주도하려는 야심을 가진 저널리스트가 나타난 곳은 다름 아닌 스페인이었다.

프랑스요리의 패권을 위협하는 스페인요리의 새로운 조류를 낳은 페란 아드리아는 요리의 창작방법 자체를 혁신했다. 처음에는 프랑스요리의 기술을 토대로 고전적 프랑스요리와 전통적 스페인요리의 소재 조합을 개혁하거나 제공방법을 바꿔서 세련되게 만들었다. 이어서 그가 채용해서 각광을 받은 것이 디컨스트럭션deconstruction(탈구축)이라는 방법이었다. 철학 용어를 빌려온 그 이름이

가리키는 것은 전통적 · 고전적 요리를 일단 요소로 분해하여 형상과 질감 등을 변형시킨 다음 재구축하는 방법이다. 원래 요리와 맛의 요소는 같아도 생김새나 감촉이 완전히 다른 요리가 되는 것이다.

그리고 최종적으로 아드리아의 요리를 다른 차원으로 도약시킨 것은 과학적 접근이 가능해진 신기술과 조리기구의 개발과 활용이었다. 그는 소다사이펀* 비슷한 도구를 사용하여 액체에 이산화질소를 주입하는 방식으로 에스푸마(거품)를 만들었다. 이것은 입술에 댔을 때 극히 가벼운 촉감이면서 확실하게 향기를 잘 감싸고 있어 먹었을 때 비강 안쪽부터 스며드는 강렬한 향기가 허를 찌르는, 전례 없는 감각이 평판을 불렀다. 그밖에 알긴산나트륨 수용액과 염화칼슘 수용액을 반응시켜서 연어알 비슷한 공 모양을 만들거나 여러 가지 응고제, 액체질소, 동결건조 등, 예전부터 식품가공에 이용되어왔지만 레스토랑의 주방과는 인연이 없었던 재료를 활용하고 기술을 구사해서 미지의 형상과 촉감을 실현해갔다. 지금까지의 요리의 틀을 뛰어넘은 창작의 가능성을 제시한 그의 시도는 유럽 요리계에 커다란 충격을 주었다.

요리학회라고도 일컬어지는 마드리드 푸시온Madrid Fusión 등의 이벤트에서 아드리아는 자신이 개발한 테크닉을 적극적으로 펼쳐 보였기 때문에, 같은 종류의 요리를 만드는 요리인이 스페인을 중심으로 세계 각지에 출현하고, '엘 불리 현상'이라고 부를 만한 유행이 생겨났다. 누벨 퀴진과 마찬가지로 손재주를 부려서 겉모양

• 탄산수를 만드는 도구

만 흉내 낸 싸구려도 많았기 때문에 스페인에서 시작된 21세기 요리 혁명을 위험시하고 비판하는 목소리도 작지 않지만 미래지향적인 요리의 가능성을 확장해 보였다는 의미에서 아드리아의 공적은 크다. 외관만으로는 판별할 수 없는 그의 요리를 맛볼 때, 사람은 미각뿐만 아니라 후각이나 촉각, 청각까지 모조리 작동시켜 새로운 음식체험에 발을 내딛는다. 단, 그 세계를 즐기기 위해서는 추상화를 보듯이 고정관념에 갇히지 않고 유연한 감각으로 받아들일 필요가 있다.

그런 초현대적인 요리를 사람들은 〈엘 불리〉풍 요리 등으로 불렀을 뿐, 정식 명칭도 없고 명확하게 정의되지도 않았다. 이때 스페인에서 창간된 잡지 《아피키우스Apicius》•를 통해 처음으로 그것을 '테크노 이모셔널 요리Techno-Emotional Cuisine'라고 명명하고 정의를 시도한 것은 스페인의 저널리스트 파우 아레노스Pau Arenós였다. 테크닉과 테크놀로지를 활용하여 이모션, 즉 감정에 호소하는 요리라는 뜻이라고 한다. 《아피키우스》 프랑스판 창간호(2007년 11월 발행)에서 아레노스의 테크노 이모셔널 요리에 대한 정의를 살펴보자.

"페란 아드리아로 대표되는, 21세기에 시작된 요리의 세계적인 조류를 가리킨다. 여기에는 나이와 국적이 다양한 요리인이 관련되어 있다. 손님의 마음을 뒤흔드는 요리를 지향하고 그것을 위해 새로운 테크닉과 테크놀로지를 스스로 개발하기도 하고, 단순히 그것을 이용만 하거나 타인이 만들어낸 시스템과 콘셉트의 힘을

• 4세기 말에서 5세기 초의 요리를 집대성한 요리책 제목 《아피키우스》를 참고한 제목으로 추정된다.

빌리기도 한다. ……" 아레노스는 이어서 테크노 이모셔널 요리는 아직 시시각각으로 변화하고 있으며 정의도 그에 따라 변화할 것이라고 단정했다. 또한 다음 호에서는 테크노 이모셔널 요리는 미각, 후각에 머물지 않고 오감에 모두 작용한다는 정의를 덧붙였다.

정의는 했지만 혈통이 없는 정체불명의 요리라는 비난을 받을 것을 예측했을까? 아레노스는 테크노 이모셔널 요리를 역사적 맥락 속에 위치 지을 목적으로 '20세기 이후의 서양 고급요리의 변화와 조류, 전위와 스타일'이라는 연표 작성을 시도하고 있다. 뉴욕 근대미술관의 초대 관장 알프레드 바Alfred H. Barr가 만들었던 근대미술의 발전도에서 힌트를 얻었다는 그 연표는 무척 흥미롭다. 여기에 간단히 그 흐름을 설명한다.

20세기 초에 근대 프랑스요리를 집대성해서 현대와의 다리를 놓은 오귀스트 에스코피에를 기점으로, 《미슐랭 가이드》 초창기 스타인 보퀴즈나 뒤멘, 앙드레 픽의 시기를 거쳐 누벨 퀴진이 싹트고 1973년 고와 미요의 선언에 의해 하나의 사회현상이 된다. 누벨 퀴진의 창시자인 보퀴즈, 트와그로, 우티에나 제1세대인 자크 픽Jacques Pic, 프레디 지라르데Freddy Girardet, 베르나르 루아조 등이 활약한 뒤 누벨 퀴진이 쇠퇴하자, 1980년대에는 그 기본이념을 계승하면서 독자적인 콘셉트에 토대한 요리세계를 구축한 요리인이 두각을 나타냈다. 조엘 로뷔숑(완벽주의), 자크 막시맹Jacques Maximin(개념주의), 피에르 가니에르(가니에르주의), 미셸 브라(자연주의), 알랭 뒤카스(지중해주의)다. 이들 거물 요리인을 마지막으로 프랑스가 지배적이던 시대는 종말을 고한다.

스페인의 시대가 찾아온 것은 1994년, 〈엘 불리〉의 아드리아가 주방에 응용할 목적으로 새로운 기술이나 콘셉트를 개발하기 시작했을 때였다. 그렇게 태어난 테크노 이모셔널 요리는 시간이 지남에 따라 명확한 콘셉트를 가진 요리의 조류가 되어 아드리아 이외에 후안 마리 아르삭Juan Mari Arzak, 페드로 수비하나Pedro Subijana 등의 동지도 나타났다.

물론 프랑스의 영향력이 약해졌다고 해도 흐름이 끊긴 건 아니다. 소재가 가진 맛을 존중한 요리의 가벼움을 중시하는 누벨 퀴진 정신은 제2세대(베르나르 파코Bernard Pacaud, 마르크 베라Marc Veyrat, 알랭 파사르Alain Passart 등)로 이어졌고 지금은 제3세대(레기스 마르콘Régis Marcon, 야니크 알레노, 안느 소피 픽 등)의 성장도 두드러진다. 연표는 누벨 퀴진 계통, 테크노 이모셔널 계통 둘 다에 프랑스, 스페인 이외의 요리인 이름도 헤아리고 있다. 아레노스는 프랑스에서 테크노 이모셔널파에 속하는 이로 2007년에 별 셋을 획득한 파스칼 발보의 이름을 올려놓고 있다.

1980년대 이후, 프랑스인은 자신들의 요리의 행방을 계속 잃어갔다. 로뷔숑으로 대표되는 요리를 '현대적 요리(퀴진 모데른)'라고 부르거나 브라적인 요리를 '토지의 요리(퀴진 뒤 테루아)'라고 부르기도 했지만 커다란 흐름 속에 위치 지을 수는 없었고, 세기가 바뀌어 스페인 요리인이 등장해도 그들의 요리를 '창작이라는 이름의 촌극'에 지나지 않는다고 비난만 해댈 뿐, 눈앞에서 일어나고 있는 사태를 냉정하게 분석하려 들지는 않았다.

테크노 이모셔널 요리를 표방하는 요리인이 모두 아드리아에 버금가는 재능을 갖고 있는 건 아니므로, 누벨 퀴진과 똑같은 운명을 겪고 일회성 유행으로 끝날 가능성도 있다. 그러나 확실하게 이름을 부여하고 콘셉트를 명확하게 해서 지향해야 할 방법을 제시한 아레노스의 비평은 30년도 더 전에 고와 미요가 새로운 국면을 열어젖힌 그것과 완전히 똑같다. 테크노 이모셔널파에는 지금은 《아피키우스》라는 기관지도 존재한다.

요리의 역사성을 소중히 여기고 언제나 역사를 뒤돌아보며 자신의 위치를 확인하면서 앞으로 나가는 것은 분명히 프랑스의 으뜸가는 진화 방정식이었을 텐데, 지금은 스페인에게 주도권을 빼앗긴 꼴이다. 아니, 스페인이 어느 틈엔가 프랑스의 방법론을 배웠다고 해야 할까? 어찌 되었든, 의욕적인 비평 담당자를 얻은 스페인이 프랑스를 위협하는 가스트로노미의 발신지가 된 것은 어느 누구도 부정할 수 없을 것이다. 갑자기 프랑스에서 스페인으로 패권이 옮겨간다는 요리사관은 프랑스인에게는 도저히 받아들이기 힘든 것이며, 분명히 마지못해 그대로 끌려가고 있는 것이지만, 그 점을 제외하면 아레노스의 연표는 세부에 이르기까지 아주 잘 만들어져 있다. 프랑스인이 이의를 제기하려면 그것을 대신하여 모두가 수긍할 수 있는 연표를 만들어낼 수밖에 없다.

궁정이라는 닫힌 세계에서 키워진 요리와 식문화로서의 가스트로노미는, 혁명을 경계로 사치품 시장에서 매매되는 상품으로서 사람들의 소비 대상이 되었다. 이후, 시대가 전환기를 맞을 때마다 그때를 살아가는 사람들의 시대정신을 반영하여 변화를 이루어왔다. 소비자의 욕구를 만드는 쪽에게 전달하여 보다 높은 동기를 부여함과 동시에 만드는 쪽의 생각을 먹는 쪽에게 전달해서 교화하는 역할을 다하고, 요리와 가스트로노미의 발전에 공헌해온 것이 비평가이며 가이드북이다. 요리가 예술인지 아닌지의 문제로 돌아가면, 비평이 성립하는 것 자체가 이미 요리가 예술적 측면을 갖고 있는 증거라고 말할 수도 있다.

비평정신은 특정한 가치체계가 위험에 빠졌을 때에 활발해진다고 한다. 21세기를 맞이하여 글로벌화, 하이테크화가 가속화되이 사람들의 생활이 바뀌고 그것의 부정적인 측면이 명백해진 현재, 지금까지와는 다른 가치관이 요구되고 있다. 우리는 다시금 시대의 전환기에 접어들고 있는 것 같다. 요리의 세계도 예외가 아니다. 지금까지 시대의 거친 파도를 헤쳐온 프랑스요리가 찬란한 지위를 되찾기 위해서는 새로운 시대의 가치관을 제시하고 자신감을 갖고 평가를 내릴 비평가의 등장이 절실히 요구된다.

세계인의 가이드북이 된《미슐랭 가이드》에는 프랑스적 가치관에 갇히지 않고 각국의 가치관을 융합하여 더욱 세련된 평가기준을 확립할 것을 기대하고 싶다. 또한 우리가 일본요리의 더 나은 발전과 세계 진출을 기대한다면 이 노련한 가이드북을 본보기 삼아 일본요리에 관해서는 먼저 일본인 자신의 가치관에 토대한 평가를 행하고, 신뢰할 만한 가이드북을 만들어냈으면 하는 바람이다.

21세기의 가스트로노미

마지막으로 다시금 브리야사바랭의 목소리에 귀를 기울이자. 《미각의 생리학》에서 그는 이렇게 말을 걸고 있다. "마음 가는 대로 마음껏 먹고, 이어서 어떤 조리법이 출현할까 가슴 설레고 있는 1825년의 가스트로놈들이여. 당신들이 1900년에 과학이 마련할 발견을 맛보는 일은 없으리라. …… 지금 아직 태어나지 않은 여행자들이 앞으로 발견하고 개척할 것인, 나머지 반구에서 운반되어 온 먹거리를 당신들은 볼 수 없으리라. 아아, 가엾게도." 이것은 얼마 남지 않은 인생을 생각한 그 자신의 감회일지도 모르지만 결코 비관적이지는 않았다. 마지막으로 가스트로노미 아카데미 설립에 대한 기대감을 적은 다음, 열린 세계를 향해 고개를 똑바로 치켜들고 자신감을 갖고 나아가라고, 뒤따라오는 사람들에게 소리치고 있기 때문이다.

그의 말대로, 이후 사람들은 잇따라 새로운 조리법을 생각해냈고, 지금은 글자 그대로 과학적 지식을 이용한 요리도 생겨나게 되었다. 또한 열대에서, 극지에서, 지구 반대편에서 가져온 식재료가 식탁에 오르고 있다. 그리고 지금 다시금 새로운 미각의 발견에 대한 사람들의 열의는 식을 줄을 모른다.

혁명 후의 프랑스에서 태어난 가스트로노미는 소비경제의 발달과 발걸음을 맞추어 발전을 이루고 그 나라 문화의 상징적 역할을 해냄과 동시에 주요한 산업으로 성장했다. 사치에는 경제를 이끄는 효과가 있기 때문이다. 가스트로노미가 프랑스의 문화로서 세계적으로 인지되기에 이른 배경은 이 책에서 소개한 시인, 요리인, 호사가, 저널리스트, 비평가 등 입장이 제각각인 가스트로놈들이 남긴 수많은 저작이 말해주고 있다. 19세기 초 이후로 보다 광범위한 사람들이 접할 수 있게 된 식탁의 즐거움을, 개인의 틀을 넘어서 사회 속에 위치 짓고 그 사회적 · 문화적 가치를 제시한 사람이 있었기 때문에 비로소 그 나라에서는 먹는다는 일이 그토록 막강한 지위를 계속 지킬 수 있었다.

그러나 그런 한편으로, 언제나 새로움을 추구하고 그것을 계속 누려온 프랑스요리가 최첨단이 아니게 되었을 때의 고뇌는 이미 살펴본 대로다. 지금까지와는 다른 요리를 실현하기 위해 페란 아드리아 등 스페인의 요리인이 내디딘 과학의 영역에 발을 들여놓는 것에 프랑스의 요리인은 아직 망설임이 있다. 야니크 알레노처럼 신중한 검증 뒤에 조금씩 새로운 도구나 방법을 받아들이는 사람도 있다. 그럼 프랑스요리가 앞으로 나아가는 데에 과학 아닌 어떤 방법이 있을까? 앞으로 한동안 모색이 필요할 것이다.

혁명 후 파리 사람들의 왕성한 식욕에 눈독을 들인 그리모 그 라레니에르가 음식 정보를 팔기 시작한 이래, 가스트로노미는 미디어와 손을 잡고 걸어왔다. 일단 미디어의 세례를 받은 이상에는 그 영향력에서 벗어날 수 없다. 스페인의 별 셋 셰프인 산티 산타마리아Santi Santamaria는 "신문에서도 잡지에서도 텔레비전에서도 다뤄주지 않는다면, 그것은 존재하지 않는 것과 마찬가지다. 지금은 그런 시대다"라고 말하고 있다. 그리고 지금은 미디어가 한 나라에 그치지 않고 세계적인 영향력을 미치게 되었다.《미슐랭 가이드》가 앞으로 어떤 세계적 행보를 보일 것인지도 주목된다. 이것을 단순히 글로벌리즘으로 치부해버릴 수 있을지 어떨지는 문제이다. 하지만 다른 가치관을 만나게 된 이번 기회에 자신들의 가치관 확립 및 창조와 연결 지을 수 있다면 글로벌화의 장점을 끌어낼 수도 있을 것이다.

실제로《미슐랭 가이드》도쿄 편과 교토 · 오사카 편에서 별 셋에 빛난 젊은 셰프를 통해 종래와 다른 프랑스요리에의 대처방식을 확인할 수 있다. 말하자면 프랑스산 식재료를 프랑스와 똑같은 테크닉을 이용해서 요리하고 프랑스인의 전통적 가치관에 들어맞는 요리를 '재현'하는 것이 아니라, 프랑스요리가 근거로 삼는 이론적이고 분석적인 사고법을 무기로 스스로의 가치관이 명하는 바에 따라서 독자적인 요리를 만들어내려 하고 있다. 테크닉조차도 빌리지 않고 시행착오를 거치면서 스스로 파악하려 하고 있는 것이다. 이제 마침내, 최고의 프랑스요리는 프랑스에서만 만들 수 있는 것도, 프랑스인만이 만들 수 있는 것도 아니게 되었다고 말할 수 있다. 그것이 프랑스요리가 패권을 상실했음을 의미하는 것은 아니다. 그 이론적이고 분석적인 사고법이야말로 프랑스요리에 보편성을 부여하고 또한 다양한 표현을 가능케 한다고 생각할 수 있기 때문이다.

세계를 하나의 가치관으로만 보게 되는 경향이 있는 글로벌 시대이기 때문에, 퀴르농스키가 모범을 보인 다양성에의 시선이 더욱더 중요할 것이다. 시간에 쫓기고 정보의 소용돌이 속에서 살아가는 현대인에게는, 그것과는 다른 시간의 흐름과 사람 사이의 관계를 되찾을 수 있는 장소가 더더욱 중요해지고 있다. 21세기에 프랑스요리가 생생하게 되살아날 길도 그런 데에서부터 열릴지도 모르겠다.

| 마치며 |

쓰지초 그룹 학교 창설자인 쓰지 시즈오가 프랑스요리를 본격적으로 연구하고 교육하기 시작한 지 어느덧 반세기가 지났다. 그동안 일본의 프랑스요리업계가 달성한 눈부신 발전은 《미슐랭 가이드 도쿄》와 《미슐랭 가이드 교토 · 오사카》의 간행을 통해 재인식될 수 있었다. 쓰지 시즈오는 세상을 떠났으니 일본 내 프랑스요리 레스토랑들의 빛나는 영예를 더불어 기뻐할 수는 없지만, 일본에서 프랑스요리에 관계해온 모든 사람들은 적잖은 감개무량함을 느꼈을 것이다.

일본에 첫선을 보인 《미슐랭 가이드》의 평가는 물의도 빚었지만 일정한 영향력을 미친 것은 부정할 수 없다. 레스토랑요리의 평가에 예전에 없었던 관심이 집중된 이번 기회에 가이드북과 비평, 저널리즘이 프랑스요리사에서 해낸 역할을 되짚어보자고 생각한 것이 이 책을 집필하게 된 한 가지 동기다. 덧붙여서, 21세기를 맞아 명백하게 새로운 시대의 요리가 그 조짐을 보이기 시작했다고 느끼기도 했다. 이 책에서는 레스토랑의 탄생과 더불어 요리비평이 태어나고 오늘날까지 발전해오는 동안 프랑스요리의 발걸음을 더듬어보고 그 발전에 이바지한 글쟁이들을 소개했다.

프랑스요리의 발전을 펜의 힘으로 지탱해온 글쟁이들은 비평가나 저널리스트만이 아니다. 브리야사바랭에서 현대의 에르베 티스까지, 다양한 전문 분야에서 활약하는 사람들이 보다 맛있게 먹는 일과 식탁에서의 행복을 추구했다. 또한 이전과는 다른 각도에서 먹는 것을 고찰하고 그것을 글로 써서 남김으로써 기술과 지식과 지혜로 이루어진 비옥한 음식문화가 키워졌다. 쓰지 시즈오는 진짜 프랑스요리를 일본에 도입했다고 종종 일컬어진다. 그러나 이미 메이지 말기부터 수많은 요리인이 프랑스에 건너가 본토의 요리를 배워온 역사적 사실이 있음을 생각하면, 그가 진정으로 일본에 전하려 했던 것은 조리기술이나 이론을 모두 포함한 문화로서의 프랑스요리, 즉 가스트로노미가 아니었을까 하는 생각이 든다. 1980년대에 요란하게 유행했던 '구르메'라는 단어의 사용을 그가 달가워하지 않았고, '맛있다, 맛없다'를 넘어선 풍요로운 음식세계를 여러 권의 책을 통해서 표현했던 것도 그것을 말해주고 있다.

그런 음식의 풍요로움에 다시금 눈을 돌렸으면 좋겠다, 그런 생각도 이 책의 집필을 뒷받침했다. 기술적으로 일본의 프랑스요리는 세계적으로도 보기 드물게 높은 수준에 이르렀다. 그렇다면 새로운 요리가 태동하기 시작한 오늘날, 먹는 쪽도 더욱 성숙해지고, 만드는 쪽과 먹는 쪽을 잇는 비평이나 저널리즘의 힘도 빌려서 새로운 세기에 걸맞은 풍성한 음식의 세계를 구축할 수 있다면 얼마나 좋을까? 그렇게 되는 데에 소소하지만 이 책이 쓸모가 있다면 그보다 기쁜 일은 없을 것이다.

2010년 9월

야기 나오코

| 관련 연표 |

1623 '가스트로노미'라는 단어가 아르케스트라토스의 시 〈가스트로노미아〉의 번역 제목으로 등장

1755 장 앙텔므 브리아사바랭 탄생

1758 알렉상드르 발타자르 로랑 그리모 드 라 레니에르 탄생

1765 무렵 블랑제, 파리에서 '레스토랑'을 팔기 시작

1782 보빌리에, 〈그랑 타베른 드 롱드르〉를 파리에 개점

1783 마리 앙토냉 카렘 탄생

1789 프랑스 대혁명 시작

1793 루이 16세 처형. 공포정치 시작

1794 브리아사바랭, 미국에 망명. 테르미도르 9일의 쿠데타로 로베스피에르 실각

1799 브뤼메르 18일의 쿠데타로 나폴레옹, 통령정부를 수립

1801 조제프 베르슈 《가스트로노미 또는 식탁에 앉은 전원의 사람》 간행

1803 그리모 드 라 레니에르, 《미식가 연감》 간행 시작(~1812). 대혁명 이전에는 100곳이 채 되지 못했던 레스토랑이 5배로 증가

1804 나폴레옹, 황제에 즉위

1806 그리모 드 라 레니에르 등, 《미식가와 미인의 신문 또는 프랑스의 에피큐리앙》 발행

뷔야르, 《제국의 요리인》 간행

1808 그리모 드 라 레니에르, 《손님접대 입문》 간행

1810 카렘, 최초의 책인 《파리의 왕실 과자장인》을 탈레랑 가의 집사장 부셰에게 헌정

1812 나폴레옹, 모스크바 원정 실패

1814 나폴레옹 퇴위, 엘바 섬에 유배. 루이 18세 즉위: 제1차 왕정복고

1815 나폴레옹, 엘바 섬을 탈출, 워털루 전투에서 패배. 루이 18세 복위: 제2차 왕정복고

1816 카렘, 영국의 섭정 왕세자(훗날의 조지 4세)를 섬김

1825 브리야사바랭, 《미각의 생리학》 간행

1833 카렘, 《19세기 프랑스요리 기술》 간행 시작

1852 나폴레옹 3세, 황제에 즉위. 제2제정 시작

1858 샤를 몽슬레, 일요신문 《구르메》 발행

1861 몽슬레, 《미식가 연감》 1862년판 간행

1870 프로이센-프랑스 전쟁 발발. 제2제정 붕괴

1871 파리 코뮌. 제3공화정 시작

1872 퀴르농스키, 즉 모리스 에드몽 사이양 탄생

1900 《미슐랭 가이드》 창간(무료배포)

1903 에스코피에, 《요리의 길잡이》 간행

1912 루이 포레, 자동차로 여행하는 것을 전제로 맛있는 레스토랑을 발굴하는 것을 목적으로 한 '백인클럽' 결성

1914 제1차 세계대전 발발(~1918)

1921 퀴르농스키 등, 《가스트로노미의 프랑스》 간행 시작

1933 퀴르농스키 등, 《프랑스 가스트로노미의 보물창고》 간행. 《미슐랭 가이드》, 프랑스 전역 레스토랑에 별 셋 등급 매기기를 시작

1938 몽타뉴와 고트샬크, 《라루스 가스트로노믹》 간행

1939 제2차 세계대전 발발(~1945)

1940 파리 함락. 비시 정부 수립

1944 연합군, 파리 해방

1947 잡지 《프랑스의 요리와 와인》 창간

1968 5월 혁명

1969 잡지 《고-미요 누보 가이드》 창간

1972 《고-미요 프랑스 가이드》 창간

1973 《고-미요 누보 가이드》 지에 누벨 퀴진 선언 게재

1990년대 중반 스페인의 페란 아드리아의 요리가 주목을 모으기 시작

2003 베르나르 루아조 사냥총 자살. 《뉴욕 타임스》, 스페인요리의 창조력이 프랑스요리를 능가한다는 취지의 기사를 게재

2007 《미슐랭 가이드 도쿄》 발간. 《아피키우스》 프랑스어판 창간

2009 《미슐랭 가이드 교토 · 오사카》 발간

| 주요 참고문헌 |

Joseph Berchoux: *La Gastronomie, ou L'Homme des champs à table, Pour servir de suite à l'Homme des champs par J. Delille*, seconde édition, Giguet et Michaud, 1803.

Joseph Berchoux: *La Gastronomie, ou L'Homme des champs à table, Poëme didactique en IV chants*, Glénat, 1989.

Pierre Andrieu: *Histoire du Restaurant en France*, La Journée vinicole, 1955.

Antoine Beauvilliers: *L'Art du cuisinier*, 2 vol., Pilet, 1814.

Antonin Carême: *Le Pâtissier royal parisien*, 3e édition, 2 vol., J. Renouard, 1841.

Antonin Carême, *Le Pâtissier pittoresque*, 4e édition, J. Renouard, 1842.

Antonin Carême: *Le Maître d'hôtel français*, nouvelle édition, 2 vol., J. Renouard, 1842.

Antonin Carême: *Le Cuisinier parisien*, 3e édition, J. Renouard, 1842.

Antonin Carême: *L'Art de la cuisine française au XIXe siècle*, 3 vol., J. Renouard, 1833-1835.

Georges Bernier: Antonin Carême 1783-1833, Grasset, 1989.

Philippe Alexandre & Béatrix de L'Aulnoit: *Le Roi Carême*, Albin Michel, 2003.

Alexandre Dumas: *Grand dictionnaire de cuisine*, Alphonse Lemerre, 1873.

Jean-Anthelme Brillat-Savarin: *Physiologie du goût*, 2 vol., A. Sautelet et Cie, 1826.

Germaine de Villeneuve: *Antelme Brillat-Savarin, 1755-1826*, Arc-en-Ciel, 1952.

Thierry Boissel: *Brillat-Savarin, Presses de la Renaissance*, 1989.

Grimod de la Reynière: *Almanach des gourmands*, seconde édition, Maradan, 1803.

Grimod de la Reynière: *Almanach des gourmands*, seconde année, Maradan, 1804.

Grimod de la Reynière: *Almanach des gourmands*, troisiéme année, Maradan, 1805.

Grimod de la Reynière: *Almanach des gourmands*, quatriéme année, Maradan, 1806.

Grimod de la Reynière: *Almanach des gourmands*, cinquiéme année, Maradan, 1807.

Grimod de la Reynière: *Almanach des gourmands*, sixiéme année, Maradan, 1808.

Grimod de la Reynière: *Almanach des gourmands*, septiéme année, Joseph Chaumerot, 1810.

Grimod de la Reynière: *Almanach des gourmands*, huitiéme année, Joseph Chaumerot, 1812.

Grimod de la Reynière: *Manuel des amphitryons*, Capelle et Renand, 1808.

Gustave Desnoiresterres: *Grimod de la Reynière et son groupe*, Didier et Cie, 1877.

Ned Rival: *Grimod de la Reynière, Le Gourmand Gentilhomme*, Le Pré aux clercs, 1983.

Honoré Blanc: *Le guide des dîneurs, ou Statistique des principaux restaurants de Paris*, Marchands de Nouveautés, 1815.

Eugène Briffault: *Paris à table*, J. Hetzel, 1846.

Charles Monselet: *La Cuisinière poétique*, Le Promeneur, 1988.

Charles Monselet: *Le Double almanach gourmand* pour 1866, Librairie du Petit Journal.

Charles Monselet: *Le Triple almanach gourmand* pour 1867, Librairie du Petit Journal.

Charles Monselet: *L'Almanach gourmand* pour 1868, Librairie du Petit Journal.

Charles Monselet: *L'Almanach gourmand* pour 1869, Librairie du Petit Journal.

Charles Monselet: *L'Almanach gourmand* pour 1870, Librairie Pagnerre.

Florence Arzel & Maryse Aupiais: *Le Monselet gourmand*, Jeanne Laffitte, 1988.

Curnonsky & Marcel Rouff: *La France gastronomique, Périgord*, 1921.

Curnonsky & Marcel Rouff: *La France gastronomique, Dauphiné*, 1928.

Curnonsky & Austin de Croze: *Le Trésor gastronomique de France*, Delagrave, 1933.

Curnonsky: *Cuisine et vins de France*, Larousse, 1953.

Simon Arbellot: *Curnonsky*, Les Productions de Paris, 1965.

Association des amis de Curnonsky: *Curnonsky et ses amis*, Edgar Soete, 1979.

Grandgousier, Revue de gastronomie médicale, Ire année, N° 1, avril 1934.

Prosper Montagné: *Larousse gastronomique*, Larousse, 1938.

Roger Lamoise: *La Vie et l'œuvre de Prosper Montagné*, Jacques Lanore, 1995.

Auguste Escoffier: *Le Guide Culinaire*, 1903.

Paul Bocuse: *La Cuisine du Marché*, Flammarion, 1976.

Jean-François Mesplède: *Trois étoiles au Michelin*, Gründ, 2004.

Hervé This & Pierre Gagnaire: *La Cuisine, c'est de l'amour, de l'art, de la technique*, Odile Jacob, 2006.

Alain Drouard: *Histoire des cuisiniers en France XIXe-XXe* siècle, CNRS Editions, 2004.

Pascal Ory: *Le Discours gastronomique français des origines à nos jours*, Gallimard & Julliard, 1998.

Maguelonne Toussaint-Samat & Mathias Lair: *Grande et petite histoire des cuisiniers*, Robert Laffont, 1989.

Georges Vicaire: *Bibliographie gastronomique*, P. Rouquette et fils, 1890.

Les Classiques de la table, 4e édition, E. Brière, 1848.

Les grandes recettes de la cuisine légère, Sélection du Reader's Digest, 1978.

Restaurants de Paris, Guides Gallimard, Editions Nouveaux-Loisirs, 1993.

Livres en bouche, Bibliothèque nationale de France & Hermann, 2001.

Le Guide Gault-Millau de la France, 1972.

Le Nouveau guide Gault-Millau, N° 54, octobre 1973.

Apicius, cahier de haute gastronomie, 01, Sens Gourmet, novembre 2007.

Apicius, cahier de haute gastronomie, 02, Sens Gourmet, mai 2008.

쓰지 시즈오, 《브리야사바랭 〈미식예찬〉을 읽는다》, 이와나미쇼텐, 1989년.

장 피에르 풀랭 & 에드몽 네뎅크, 《프로를 위한 프랑스요리의 역사》, 각슈켄큐샤, 2005년.

장 폴 아롱Jean-Paul Aron, 《먹는 프랑스사》, 진분쇼인, 1985년.

레베카 L. 스팽Rebecca L. Spang, 《레스토랑의 탄생》, 세이도샤, 2001년.

기타야마 세이이치北山晴一, 《미식의 사회사》, 아사히센쇼, 1991년.

이안 켈리Ian Kelly, 《궁정요리인 앙토냉 카렘Cooking for Kings》, 랜덤하우스 고단샤, 2005년.

그리모 드 라 레니에르, 《손님접대 필휴》(원제 《손님접대 입문》), 주오코론샤, 2004년.

브리야사바랭, 《미식예찬》(상, 하)(원제 《미각의 생리학》), 이와나미 문고, 1967년.

메르시에, 《18세기 파리 생활지》(하), 이와나미 문고, 1989년.

레티프 드 라 브레통, 《파리의 밤》, 이와나미 문고, 1988년.

하시모토 지카코橋本周子, 〈프랑스 혁명 직후의 '미식'에 대하여 — 그리모 드 라 레니에르의 《미식가 연감》을 중심으로〉, 교토대학 대학원 인문 · 환경학연구과 석사 논문 2000년

《산토리 쿼터리Suntory Quarterly》 36~42호, 1991~1993년.

| 인명 색인 |

ㄱ

ㄴ

ㅁ

ㅂ

ㅅ

ㅇ

ㅈ

ㅋ

ㅌ

ㅍ

ㅎ

레스토랑의 탄생에서 미슐랭 가이드까지
— 프랑스요리와 비평의 역사

지은이 | 야기 나오코
옮긴이 | 위정훈
초판 1쇄 발행 | 2011년 7월 15일

펴낸곳 | 도서출판 따비
펴낸이 | 박성경
편집 | 신수진
디자인 | 이수정

출판등록 | 2009년 5월 4일 제313-2010-256호
주소 | 서울시 마포구 서교동 460-14번지 1층
전화 | 02-326-3897
팩스 | 02-337-3897
메일 | tabibooks@hotmail.com

출력 | 스크린 출력센터
인쇄·제본 | 영신사

France Ryori to Hihyo no Rekishii(フランス料理と批評の歴史)

값 15,800원
ISBN 978-89-964175-4-5 03920